LE ROMAN DE LA LECTURE

 *PHILOSOPHIE ET LANGAGE*

Alain Trouvé

Le roman de la lecture

Critique de la raison littéraire

MARDAGA

Ouvrage publié
avec le concours du Centre de Recherches
sur la Lecture littéraire
(Université de Reims Champagne-Ardenne).

Christiane Mornettas m'a fait l'amitié
de relire l'ensemble de ce travail.

Qu'elle soit ici remerciée.

© 2004 Pierre Mardaga éditeur
Hayen, 11 - B-4140 Sprimont (Belgique)
D. 2004-0024-14

À la mémoire de ma mère.

Avant-propos

Le parcours réflexif proposé ici s'enrichit de quelques détours par les œuvres (chapitres 3, 5, 7, 9, 10, 11), passerelles vers la théorie, autant qu'illustrations. Libre au lecteur de les emprunter ou non, au gré de son humeur et de ses préférences...

Prologue

– Un roman de plus, à l'heure où le genre prolifère avec un inégal bonheur sous tant de plumes, nouvelles ou confirmées?

– N'en croyez rien : *roman de la lecture*, les deux termes ne sont pas à dissocier.

– Une nouvelle aventure dans une bibliothèque, alors, façon *Nom de la rose*, avec bénédictins, maléfices, premier et second degré?

– Puisqu'on vous dit qu'il s'agit de la lecture, cet acte banal et si difficile à décrire.

– Beaucoup s'y sont essayés avant vous. Est-il bien nécessaire d'allonger la liste et de nous infliger une nouvelle image, car c'est de cela qu'il s'agit, n'est-ce pas, d'une image pour approcher une réalité pas commode à cerner?

– En effet; je vous sens craindre le pire ou comme d'avisés critiques hausser les épaules de dédain, car le roman, cette auberge espagnole, ne jouit pas forcément d'une très bonne réputation : l'évoquer pour décrire la lecture exposerait l'un et l'autre à un discrédit définitif...

Peut-être faut-il seulement s'entendre sur le sens des mots.

PREMIÈRE PARTIE

PROPOSITIONS

Chapitre 1
De la lecture littéraire
au texte de lecture

> «Aucune activité n'est aussi humaine que celle qui se contente de compléter, de relier, de stimuler» (Friedrich Schlegel, *Idées*).

La réflexion qui va suivre n'a pas pour objet la lecture en général, pratique multiforme, aujourd'hui étendue à tous les systèmes de signes. Elle ne vise pas le premier apprentissage du déchiffrement, celui de la langue, ni même son perfectionnement, le décodage plus sophistiqué qui réduit encore le lecteur à la fonction de destinataire. Il s'agira de la lecture en tant qu'activité interprétative et pratique esthétique, donc de littérature. Divers travaux plus ou moins récents l'ont souligné : non seulement l'œuvre littéraire n'existe que parce qu'elle est lue, mais le lecteur participe à la création du sens[1]. La lecture ainsi comprise pourra alors, sans abus de langage, être désignée comme *littéraire*, selon le sens que lui ont donné, après Barthes, quelques théoriciens de la réception[2]. La *lecture littéraire* ne saurait sans dommage être confondue avec une simple «lecture de la littérature». Si la littérature, objet complexe et problématique, relève en tant qu'art de lectures spécialisées — linguistique, sociologique, ethnocritique, psychanalytique... —, l'adjectif littéraire appliqué à la lecture suppose au contraire une caractérisation globale d'ordre esthétique. Le syntagme *lecture littéraire* implique que cette dimension esthétique est au moins en partie inhérente à l'acte de lecture. Qu'elle soit naïve ou savante, une lecture vivante n'est-elle pas toujours plus ou moins littéraire par cette combinaison de processus? Émotions et affects y interfèrent avec les jeux de l'esprit : mémoire, analyse, intelligence critique... Activité synthétique, donc, requise par la dimension artistique du littéraire si souvent omise[3].

Cette lecture, pour qu'elle produise tous ses effets, ne peut se dispenser de construire à son tour un texte d'élucidation. Voilà qui se pratique aussi depuis longtemps, sur le mode de l'implicite. Toutes les études théoriques ou appliquées touchant à l'acte de lecture ont pris la forme d'écrits. Lapalissade?

Peut-être, mais beaucoup renâclent à l'admettre. Barthes préfère, dès que la lecture s'écrit, la nommer critique. Il n'appelle lecture que le déchiffrement muet, contemplatif (?), ainsi distingué de la critique :

> Seule la lecture aime l'œuvre, entretient avec elle un rapport de désir. Lire, c'est désirer l'œuvre, c'est vouloir être l'œuvre, c'est refuser de doubler l'œuvre en dehors de toute autre parole que la parole même de l'œuvre. [...] Passer de la lecture à la critique, c'est changer de désir, c'est désirer non plus l'œuvre, mais son propre langage[4].

«Lire, c'est désirer l'œuvre» : sans doute; mais «vouloir être l'œuvre» est un peu fort. Comme si le lecteur devait toujours se fondre dans le texte, abdiquer toute distance, tout recul, décidément réservés au critique. Et le critique, s'il «désire son propre langage», est-il encore digne d'intérêt, lui dont on attendrait, non l'oubli de soi, mais au moins une attention prioritaire au texte d'autrui? Voici le critique enfermé un peu vite dans la position narcissique[5], à laquelle ne se réduit pas l'acte créateur, même s'il y puise certaines énergies. Quant à la lecture, ainsi comprise, il n'y aurait rien de précis à en dire : pratique fusionnelle, elle renverrait chacun à un éprouvé particulier, sous l'emprise du texte.

L'opposition introduite dans *S/Z* entre *lisible* et *scriptible* propose une radicalité tout aussi problématique dont nous ne saurions nous satisfaire. Le *lisible*, réception passive de sens préfixés, est «ce qui peut être lu, mais non écrit». Sans doute est-il affirmé que «l'enjeu du travail littéraire [...], c'est de faire du lecteur, non plus un consommateur, mais un producteur du texte»[6]. Mais cette lecture active, à supposer qu'elle puisse se convertir en texte — et tel est en un sens le projet de *S/Z* à propos de la nouvelle de Balzac *Sarrasine* — s'apparente à un mode d'emploi structural susceptible d'alimenter une série indéfinie de lectures. Le suffixe de *scriptible* situe l'écrit du côté de l'ébauche indéfiniment reprise et marque l'antinomie avec ce que nous entendrons ici comme *texte de lecture* :

> Le texte scriptible est un présent perpétuel, sur lequel ne peut se poser aucune parole *conséquente* (qui le transformerait, fatalement, en passé); le texte scriptible, c'est *nous en train d'écrire*, avant que le jeu infini du monde (le monde comme jeu) ne soit traversé, arrêté, plastifié par quelque système singulier (Idéologie, Genre, Critique) qui en rabatte sur la pluralité des entrées, l'ouverture des réseaux, l'infini des langages.[7]

Se demandant «où [...] trouver» des textes scriptibles, Barthes précise d'ailleurs : «Certainement pas du côté de la lecture (ou du moins fort peu...)»[8]. Le travail sur le sens, indice du scriptible, serait incompatible avec la lecture.

Le *texte de lecture* conjugue pourtant une transformation créatrice, accordée au texte d'origine, et une mise en forme rationalisée, offerte à d'autres lecteurs. Pourquoi alors ne pas le nommer, conformément à la tradition, «commentaire» ou «texte critique»? Les notions sont en un sens fort proches. Mais «texte de lecture» paraît mieux désigner la globalité ici visée.

Le même Barthes avait distingué un peu plus tôt l'*écrivant* qui pose «une fin (témoigner, expliquer, enseigner) dont la parole n'est qu'un moyen» et l'*écrivain* «qui travaille sa parole (fût-il inspiré) et s'absorbe fonctionnellement dans ce travail»[9]. Mais il annonçait aussi dans le même article l'avènement de «l'écrivain-écrivant», catégorie mixte dont les productions s'apparentent au *texte de lecture*.

Michel Charles donne, au moins dans un premier temps, une extension plus large à la catégorie de la critique. Il recense trois «grands modèles» :

> la non-écriture, dont l'édition critique est l'exemple — proche de l'interprétation zéro qu'est la lecture à haute voix d'un texte; la contre-écriture du commentaire, qui se développe en marge, prolifère, mais jamais pour lui-même; l'écriture d'un certain nombre de genres critiques forts (ancrés dans une longue tradition proprement littéraire) : l'essai, la lettre, le dialogue.[10]

On va ainsi, selon cette échelle des trois discours critiques, du plus objectif — la non-écriture de l'édition ou de la lecture vocalisée — au plus subjectif — les genres critiques constitués. Le commentaire, respectueux du texte d'origine, est distingué des «genres critiques forts», plus créatifs : «l'essai, la lettre, le dialogue», réservés à l'*écrivain*, dirait Barthes. Quant à la lecture, elle est invitée au banquet critique sous la forme exclusive de la «lecture à haute voix», version orale du texte lu, peut-être un peu vite assimilée, pour les besoins de la construction logique, à «l'interprétation 0». Question de vocabulaire, sans doute. Ce que nous nommons «lecture» est assez proche du «commentaire» étudié dans *L'Arbre et la Source*. Charles scinde en effet la catégorie de «la contre-écriture du commentaire» en deux sous-groupes, la *rhétorique*, qui classe objectivement selon la démarche scientifique — «l'arbre» —, et le *commentaire* proprement dit, plus libre et plus interprétatif — «la source».

Le syntagme *texte de lecture* ne se résume pas à l'importation des dimensions analytique et interprétative du commentaire; il vise leur interaction; il permet encore d'envisager, sous la gouverne de l'émotion esthétique, une continuité entre la lecture courante et la lecture mise en texte. Il existe d'ailleurs une série de formes intermédiaires, tentant de rendre cette émotion ou ce plaisir : le commentaire lapidaire, le résumé d'un roman, à usage privé autant que public. Toute lecture soucieuse de se pérenniser et de se communiquer doit sans doute en passer par une «mise en mots», sans pour autant cesser de s'appeler lecture. Ce faisant, elle donne sens à l'œuvre lue.

Le *texte de lecture* fait également place au sujet lecteur, inséparable de l'interprétation vivante. Non cette entité abstraite présupposée par le texte, mais le lecteur dans son altérité fondamentale et son individualité. Wolfgang Iser, étudiant «l'acte de lecture», envisage deux pôles : «Le pôle artistique se réfère au texte produit par l'auteur tandis que le pôle esthétique se rapporte à la concrétisation réalisée par le lecteur»[11]. Mais son ouvrage de référence met surtout l'accent sur le *lecteur implicite* qui, sous la dépendance du pôle artistique, s'impose à la communauté des lecteurs. Le texte de lecture, quant à lui, renvoie au pôle esthétique, à la performance, fruit d'une interaction particulière.

«La lecture reconduit à l'écriture», note Jean Bellemin-Noël[12]. Ce qui pourrait passer pour un truisme, au regard de la tradition critique, prend une résonance différente, venant d'un spécialiste de l'écoute des textes. Voici donc enfin la lecture en acte, lecture écrite? En un sens oui : le fondateur de la textanalyse en a donné de belles illustrations. Mais, prolongeant Barthes et quelques autres, Bellemin-Noël en arrive à poser la question du style du critique. Le lecteur est un écrivain potentiel : de brillants travaux critiques en attestent. Inversement, l'écrivain porte en lui un critique, on le sait, au moins depuis Baudelaire : «Tous les grands poètes deviennent naturellement, fatalement, critiques»[13]. Valéry en fit le critère de la pérennité littéraire :

> Baudelaire, quoique romantique d'origine, et même romantique par ses goûts, peut quelquefois faire figure d'un *classique*. [...] *Classique est l'écrivain qui porte un critique en soi-même, et qui l'associe intimement à ses travaux.*[14]

N'est pas pour autant Proust ni Baudelaire qui veut. Aussi bien ne s'agira-t-il pas ici de chercher, après d'autres, l'écrivain dans le critique. Plutôt de donner toute sa dimension interprétative au commentaire afin de repenser différemment son statut. Un commentaire — on suivra Michel Charles sur ce point —, qui «se développe en marge, prolifère, mais jamais pour lui-même».

C'est alors que surgit le roman...

NOTES

[1] Création continue, certes. Bourdieu renchérit (*Les règles de l'art*, Seuil, 1992, p. 243) et note : «L'œuvre est bien faite non pas deux fois, mais cent fois, mille fois, par tous ceux qui s'y intéressent». Sans doute est-ce, de son point de vue sociologique, pour affirmer la suprématie de la communauté des interprètes sur l'acte individuel de lecture; tout en s'attachant à ce qui se joue dans l'acte singulier de lecture, on ne prétendra pas ici que telle lecture actualisée à un moment donné par un individu précis ait la moindre raison de se croire définitive.

[2] Michel Picard, *La lecture comme jeu*, Minuit, 1986; Jean Louis Dufays, *Stéréotype et lecture*, Mardaga, 1994.

[3] Gérard Genette le rappelait naguère (*Fiction et diction*, Seuil, «Poétique», 1991, p. 11) : «Il [...] est de consensus universel, quoique souvent oublié, que la littérature, entre autre choses, est un art».

[4] Roland Barthes, *Critique et vérité*, Seuil, 1966, rééd. «Points Essais», p. 85.

[5] Il conviendrait naturellement de replacer la formule dans son contexte polémique d'époque. Barthes défend ici, par cette définition du critique, le droit à ce que nous nommerions volontiers une lecture créatrice contre les tenants du sens établi par la tradition. Le texte fait suite à la polémique avec Raymond Picard au sujet de ce qu'on appelait alors la «nouvelle critique». Voir à ce sujet, *infra* notre chapitre 12, «Roman de l'auteur».

[6] Roland Barthes, *S/Z*, Seuil, 1970, repris dans *Œuvres complètes [OC]*, Seuil, III, p. 122.

[7] *Op. cit.*, p. 122.

[8] *Op. cit.*, p. 122.

[9] Roland Barthes, «Écrivains et écrivants», *Argument*, 1960, rééd. *Essais critiques*, Seuil, «Points Essais», 1964, p. 152-159.

[10] Michel Charles, *L'Arbre et la Source*, Seuil, 1985, p. 24.

[11] Wolfgang Iser, *Der Akt des Lesens*, Munich, 1972, *L'Acte de lecture : théorie de l'effet esthétique*, Mardaga, «Philosophie et langage», 1985, trad. E. Sznycer, p. 48.

[12] Jean Bellemin-Noël, *Plaisirs de vampire*, PUF, 2001, p. 6.

[13] Baudelaire, *Richard Wagner et Tannhäuser à Paris*, Revue européenne, 1861, rééd., *Œuvres Complètes*, Seuil, 1968, p. 517.

[14] Valéry, «Situation de Baudelaire», repris dans *Variété*, *Œuvres*, éd. La Pléiade, tome I, 604.

Chapitre 2
Roman de la lecture

«[La vraie critique] se comporte devant la réalité littéraire comme le romancier devant la réalité morale ou sociale», écrivait Albert Thibaudet dès 1930 dans sa *Physiologie de la critique*. Et Starobinski, qui le cite dans *La relation critique* (1970), de reprendre, en écho : «La relation, dis-je, et c'est donc toute une histoire!»[1] Des écrivains tiennent le même discours : Aragon évoque ainsi dans *Le Musée Grévin* le «roman des commentateurs d'épopées, de leurs songeries et de leurs découvertes»[2]. Sur un mode plus léger, Daniel Pennac dédie son livre *Comme un roman*[3], plaidoyer pour la libre lecture, à un «romanesque lecteur». L'idée d'un *roman de la lecture*, fort ancienne, affleure sous de nombreuses plumes, qui s'en éloignent, amusées ou comme effarées par l'abîme nouveau ainsi ouvert. Elle hante même la lecture au sens du discours savant sur les textes. Julia Kristeva note, en passant : «La métalangue peut cesser d'être un inventaire funèbre de signes toujours déjà là pour se laisser ébranler du même tourment de vie qui anime le texte littéraire»[4]. À l'aube du XIXe siècle, les romantiques allemands en avaient formulé le programme de façon plus nette : «Iéna, au fond, restera le lieu où s'est dit : la théorie du roman doit elle-même être un roman»[5]. Mais Iéna, qui rêve d'un «absolu littéraire» fondant en un seul discours tous les genres, littérature et philosophie, poésie, roman et critique, désigne un point de fuite, un horizon inatteignable qui sera bien vite oublié par les esprits en quête de catégories et de repères. Et peut-être convient-il de maintenir des discriminations. D'autant que le roman, promesse de connaissance pour beaucoup, semble receler aussi sa charge de méconnaissance fortement soulignée par quelques-uns[6].

Or c'est précisément pour désigner ce territoire où s'affrontent le processus de connaissance et son contraire que le mot *roman*, appliqué à la lecture, peut trouver une certaine pertinence. La lecture, telle qu'on l'entendra ici, relève de la «conduite esthétique» identifiée par Schaeffer comme «fait anthropologique»[7] : mieux, elle est cet acte complexe et synthétique par lequel le lecteur prolonge et fait vivre l'œuvre d'art[8]. Envisager la lecture sous l'angle du roman reviendrait donc à appréhender le jeu de la connaissance et de la méconnaissance qui s'établit concurremment au sein de son propre discours, dès lors que cette lecture s'offre à autrui à travers un texte second ou contre-texte, comme on voudra. Connaissance : les savoirs et compétences du lecteur ne peuvent qu'enrichir le plaisir esthétique qu'il tente de faire partager; méconnaissance : la transformation opérée à travers toute lecture comporte un noyau indéterminable qui peut contribuer à la relance du processus interprétatif par d'autres[9]. Il s'agit donc bien d'une entreprise critique qu'on associera dans l'esprit sinon dans le détail conceptuel à la démarche kantienne.

Hors de toute prétention à viser un nouvel absolu, le recours au «roman» peut néanmoins paraître hasardeux : on ajouterait le flou d'une catégorie esthétique fuyante à l'objet éminemment complexe que l'on prétend approcher par ce moyen. À moins que certains aspects de l'activité interprétative puissent être mieux cernés grâce à cette catégorie. On entendra ici par l'expression *roman de la lecture* un *objet de langage construit, à dimension partiellement fictive*, le produit d'une exploration mêlant des savoirs d'un type inédit à des zones d'ombre sans doute nécessaires. Cette définition reprend quelques-uns des critères le plus souvent avancés pour caractériser le roman dans son acception littéraire courante.

Aussi convient-il, afin de ne pas tout confondre, d'envisager des degrés de fiction. On ne s'arrogera pas les droits de l'écrivain. Mais se dessine comme une homologie formelle, entre le *genre littéraire du roman*, genre protéiforme, et ce qu'on propose de nommer *roman de la lecture*, pour mieux prendre en compte les limites de la connaissance inhérente à tout acte de lecture. De surcroît, l'emprunt à la littérature d'un terme générique choquera moins si l'on admet que la lecture est partie prenante du phénomène esthétique.

Une telle proposition demande à être vérifiée en acte. Aussi, sur un plan plus général, ne peut-il s'agir que d'ouvrir un espace de réflexion qui alternera l'examen critique des principes et leur illustration par quelques exemples célèbres.

Il faut affronter cette première objection : le recours à la métaphore du roman est-il bien fondé dans un écrit visant à un minimum de rigueur, on n'ose pas dire théorique? Bellemin-Noël[10] ne manque pas de rappeler l'abondance de cette figure dans le discours critique chez Jean-Pierre Richard en particulier. La théorie littéraire s'en empare, souvent pour le bien de tous. Citons au hasard : la focalisation, le palimpseste, l'énoncé fantôme... Et gardons en réserve quelques instants les métaphores de la lecture.

Ce trope nourrit aussi les sciences humaines et jusqu'aux sciences dites dures qui semblent difficilement pouvoir se passer de l'image pour modéliser leurs propositions. Tout langage comporterait ainsi une dimension poétique par laquelle les scientifiques rejoignent parfois l'intuition des écrivains. L'univers selon Pascal — «une sphère infinie dont le centre est partout, la circonférence nulle part»[11] — préfigure l'espace-temps courbe de la relativité générale. Stephen Hawking, dans un ouvrage de vulgarisation récent, emprunte à Shakespeare la métaphore de la «coquille de noix»[12] pour faire entrevoir un espace-temps à n dimensions.

Barthes souligne la convergence entre ce qu'on appelle les «deux types d'intelligence [...] la mathématique et la littéraire» :

> Dans la mathématique, il y a une richesse d'imagination énorme, des grands modèles de pensée logique, une pensée qui arrive à se faire d'une façon très vivante, uniquement sur les formes et sans tenir compte des contenus. Tout cela intéresse au plus haut point la littérature. Et, dans la littérature, il y a de plus en plus un mouvement vers des formes de pensée mathématique. Il y a un niveau où mathématique et littérature se rejoignent.[13]

La pensée métaphorique est un des points de jonction entre les deux formes de pensée. Dans bien des cas, l'image excède la dimension pédagogique pour prendre une valeur heuristique dont Paul Ricœur a fait l'examen critique.

Le philosophe propose de penser la «vérité» de la métaphore selon une dialectique intégrant l'adéquation et la distance critique :

> A/ Le premier mouvement — naïf, non critique — est celui de la *véhémence* ontologique. [...] Dire «cela est», tel est le moment de la *croyance, l'ontological commitment* qui donne sa force «illucotionnaire» à l'affirmation. Nulle part cette véhémence d'affirmation n'est mieux attestée que dans l'expérience poétique. / [...] Une certaine critique littéraire, influencée par Schelling, Coleridge et Bergson, [Wheelwright[14]] essaie de rendre compte de ce moment extatique du langage poétique.
>
> B/ La contrepartie dialectique de la naïveté ontologique est offerte par Turbayne dans *The Myth of Metaphor*. L'auteur[15] tente de cerner «l'usage» (*use*) valide de la métaphore en prenant pour thème critique l'«abus» (*abuse*)./ [...] Ce n'est pas pour autant abolir le langage métaphorique; bien au contraire, c'est le confirmer, mais en lui adjoignant l'indice critique du «comme si».
>
> C/ Ma double critique de Wheelwright et de Turbayne est très proche de celle de Douglas Berggren[16]. Il [...] ose parler de la tension entre vérité métaphorique et vérité littérale. [...] Le paradoxe consiste en ceci qu'il n'est pas d'autre façon de rendre justice à la notion de vérité métaphorique que d'inclure la pointe critique du «n'est pas» (littéralement) dans la véhémence ontologique du «est» (métaphoriquement).[17]

La métaphore procède donc d'une intuition de type poétique; son degré de «vérité» tiendra à la conformité du modèle avec l'expérience de l'objet décrit, conformité toute relative et soumise à évaluation par des tiers[18], comme peut aussi le suggérer le mouvement dialectique esquissé par Ricœur.

Ce qui vaut pour la vérité métaphorique peut être étendu au concept scientifique, approximation provisoire d'une vérité susceptible d'être reconnue «faillible». C'est ici la communauté des interprétants qui prend le relais du sujet kantien de la science, ainsi que l'a montré, après Peirce, Karl-Otto Apel, esquissant la «transformation sémiotique de la philosophie transcendantale»[19]. L'enjeu n'en est pas mince, il s'agit de maintenir, contre un scepticisme généralisé, une part de cette entente universelle que Kant situait dans le sujet transcendantal : le moyen en est «l'interprétation pragmatique du signe comme condition de possibilité et de validité»[20].

Dans cet esprit, on revendiquera pour le *roman de la lecture* un potentiel de validité à éprouver. Tentons d'abord de replacer la métaphore dans un continuum d'images à valeur heuristique.

C'est déjà un trajet que l'on propose. Les haltes potentielles en sont fort nombreuses, mais la réalisation heureusement limitée à la performance individuelle. Voici, sous la plume de l'écrivain comme du théoricien, quelques illustrations mêlées, précieuses approches d'une vérité insaisissable. La théorie gagnerait en effet à mieux écouter, en la matière, les suggestions venant des écrivains, premiers lecteurs de leurs œuvres, et grands lecteurs, pour les meilleurs d'entre eux.

Le butinage

«Les abeilles pillotent deçà delà les fleurs, mais elles en font apres le miel, qui est tout leur» (*Essais*, I, XXVI). Il s'agit pour Montaigne, à la pointe de l'humanisme, d'assigner une place au livre dans une pédagogie de l'honnête homme : enrichir l'esprit sans le saturer de données mécaniquement enregistrées. La lecture est un des trois commerces essentiels[21] : «[Elle] me sert spécialement à eveiller par divers objects mon discours, à embesongner[22] mon jugement, non ma mémoire» (III, III). Force de la métaphore qui condense tant de traits avec une économie de moyens. Car la lecture butinage est à la fois le prélèvement de la nourriture[23] spirituelle (le rapport aux Anciens) et la sélection (relation active aux textes); l'opération produisant par une mystérieuse alchimie le miel, quintessence de la personne formée dans le commerce des livres. Point n'est besoin de trop détailler : *Les Essais* donnent encore aujourd'hui à savourer ce miel. On observera l'absence de l'imagination dans ce dispositif métaphorique : la sélection passe les choses lues par l'«étamine» de la raison critique. Quant à l'imagination, il convient plutôt d'en étudier les effets trompeurs et la force de séduction. «Mon art est de lui eschapper», écrit Montaigne[24].

Le voyage

Nul mieux que Baudelaire n'a fait ressentir au contraire le lien entre lecture et imaginaire. L'image, travaillée par un poète, nous est livrée sur le mode de l'implicite. De surcroît, l'allégorie du voyage peut s'interpréter de façons multiples : image de l'amour, ou d'un ailleurs métaphysique, elle ouvre néanmoins de façon plus essentielle sur une poétique de la lecture. L'analyse du dernier poème des *Fleurs du mal* y invite, selon Patrick Labarthe :

> La littéralité du «voyage» oriente vers une quête de sens qui se poursuit au travers de la dimension empirique de l'existence. Le poème est donc à sa manière une allégorie du mouvement propre à l'allégorie.[25]

Autrement dit, le voyage est une image de l'allégorèse par quoi Labarthe distingue, dans la figure allégorique, ce qui relève du libre jeu de l'herméneute, l'opposant à une acception religieuse de l'allégorie, dépositaire d'un message sacré. Toute une lignée poétique, de Rimbaud à Michaux, va broder sur cette image du voyage interprétatif, plongeant dans les abîmes de la psyché, grâce au texte : «Et dès lors, je me suis baigné dans le Poème / De la Mer», s'écrie la voix du «Bateau ivre» qui est aussi celle du lecteur, promis à toutes les merveilles et à tous les dangers. Sur un mode plus sobre, Starobinski, encore, assimile la relation critique au «voyage de ceux "qui partent pour partir", sans savoir où la pérégrination les mènera»[26]. Peut-être même le mouvement qui anime le lecteur est-il plus important que le résultat de la quête, suggérait récemment Pascal Quignard : «Il y a dans lire une attente qui ne cherche pas à aboutir. Lire c'est errer. La lecture est l'errance»[27]. Toutefois, dans ce voyage, le lecteur est aussi confronté à l'altérité d'un texte.

Les échecs

Sous la plume d'Umberto Eco apparaît ainsi le lecteur joueur d'échecs[28], prolongement d'une conception stratégique : «Chaque fois que l'on emploiera des termes comme Auteur et Lecteur Modèle, on entendra toujours, dans les deux cas, des types de stratégie intellectuelle»[29]. L'auteur prévoit «un Lecteur Modèle capable de coopérer à l'actualisation textuelle» selon des procédures parfois sophistiquées : la coopération peut prendre la forme d'une compétition entre celui qui décode une fable, à partir de règles ou de scénarios déjà connus, et celui qui l'encode, de façon toujours plus subtile. Le lecteur de romans policiers offre une variante simple de ce joueur d'échecs, le détective, tendu vers la solution d'une énigme conjuguant l'étrangeté apparente des données narratives et leur logique cachée[30]. L'auteur peut aussi opposer au lecteur des difficultés plus grandes en transformant ou compliquant les règles : son texte devient un défi lancé à l'interprète potentiel. L'atomisation de la narration associée à la prolifération des références (Joyce, *Finnegans Wake*), l'introduction plus ou moins cachée de règles surnuméraires chez les «oulipiens», poussent cette pratique à son paroxysme pour le plus grand plaisir de lecteurs curieux, peut-être flattés dans leur ego de fins limiers de la culture, et pour le désarroi fréquent de lecteurs moins pourvus de repères littéraires, que rebutera l'excès d'étrangeté.

L'image du lecteur en joueur d'échecs comporte donc ses limites. Néanmoins, l'attention constante portée par Eco aux règles textuelles rappelle opportunément l'importance des données objectives de la lecture. Toutes les dérives ne sont pas admissibles, insiste l'essai sur *Les limites de l'interprétation* (1990). Il ne s'agit pas, par l'image du roman, de remettre en cause cette sage restriction.

Puzzle ou jeu de construction

On trouve çà et là, sous la plume des écrivains, parmi d'autres images de lecteurs joueurs, celle de l'assembleur de puzzle. La pratique de ce jeu présente en effet quelques analogies avec la lecture amenée, dans son processus d'interprétation, à réunir ce qui était disjoint dans l'œuvre. Plus le texte se présente sous une forme éclatée, plus la métaphore gagnerait en pertinence, apparente. Car, prise à la lettre, elle ôterait toute part créatrice au lecteur, réduisant sa lecture à la reconstitution d'un plan préétabli. Perec se joue fort subtilement de cette image dans *La Vie mode d'emploi*, roman saturé de codes et de références. Bartlebooth, attelé à la tâche épuisante de reconstituer les marines découpées en puzzles par Gaspard Winckler, pourrait être une image en abîme du lecteur confronté au foisonnement du livre. Mais il ne s'agit que d'un leurre : l'état ultime des tableaux reconstitués est la toile vierge. Pire, Bartlebooth échoue finalement à assembler les cinq cents marines. Précision importante, il est lui-même le peintre de ces aquarelles, ensuite découpées par Winckler à sa demande, selon un protocole étrange qui fait de lui le destinateur et le destinataire de l'œuvre. Il y aurait ainsi, à travers ces deux personnages, un dédoublement de la figure auctoriale. L'auteur serait-il lui-même incapable, se relisant, de reformer exactement le projet initial? Perec s'arrête, au cœur de son livre, sur le mécanisme précis de ce jeu : «Chaque geste que fait le poseur de puzzle, le faiseur de puzzle l'a fait avant lui»[31]. L'application à la lecture en est problématique.

Le jeu de construction ne l'est pas moins, dans la version *Cent Mille Milliards de poèmes* (1961) réalisée par Queneau. La préface condamne le lecteur à la perspective effarante de lire pendant 190.258.751 années pour épuiser toutes les combinaisons offertes par les dix sonnets qui composent le livre. Sans doute pourra-t-on sourire avec le mathématicien des misérables limites de notre condition ou admirer le tour de force du virtuose capable de composer ces sonnets aux unités interchangeables, mais la construction effective des sonnets possibles a toutes chances de s'arrêter bien vite. Probablement parce que, réduite à sa forme abstraite de fonction mathématique, elle manque de cet investissement affectif qui fait aussi le liant de la lecture.

Le jeu de la bobine

L'activité ludique peut s'entendre de façon synthétique. Michel Picard (*La lecture comme jeu*, 1986) l'a proposé, empruntant à Freud une image unificatrice et à Winnicott son extension conceptuelle. Dans un chapitre célèbre, l'auteur des *Essais de psychanalyse*[32] observait son petit-fils jouant avec une bobine en l'absence de sa mère. L'enfant lance l'objet et le fait revenir à lui grâce à une ficelle, il accompagne son manège des mots allemands *Fort-Da*[33]. La bobine représente fantasmatiquement la mère. Le jeu aide l'enfant à supporter le traumatisme de la séparation et à renforcer l'autonomie de son moi. Le recours au langage, l'usage détourné de l'objet, montrent que cette fonction intégratrice du jeu passe par un processus de symbolisation. Winnicott décrivit plus tard (1971) les *objets transitionnels*[34] auxquels il attribua un rôle comparable. Il interpréta les pratiques artistiques comme une extension de cette activité ludique à l'âge adulte et appela *aire transitionnelle* l'espace psychique correspondant à ce processus de socialisation continue. Il s'agit encore, notons-le, d'un espace métaphorique, comme le furent en leur temps les topiques freudiennes de l'appareil psychique.

Pour Picard, l'*aire transitionnelle* devient l'espace de la lecture, espace articulant deux dimensions principales du jeu, le *playing*, dont relèvent l'illusion et la participation fantasmatique, le *game*, qui recouvre l'apprentissage des règles et des codes variés aidant à la compréhension d'un texte. Cette acception large du jeu inclut donc ce qui a été dit plus haut des échecs et autres jeux de construction, elle touche aussi au jeu de rôle et à son arrière-plan fantasmatique. Prenant en compte toutes les dimensions du sujet lecteur, son affectivité, son savoir et ses compétences diverses, la lecture redéfinie comme *jeu* devient la pierre de touche du littéraire et l'un des plus puissants moyens offerts à l'adulte de parfaire la construction de son Moi.

Pourtant l'activité littéraire reste traversée par des forces de destruction qui amènent l'écrivain et son lecteur à côtoyer le «dé-lire». C'est alors le vertige du jeu qui l'emporterait : la fréquentation d'un grand texte hanté par cette fureur autolytique, *La Défense de l'infini*, m'a amené à opposer le jeu de la roulette à celui de la bobine[35].

Le vampire

L'alliance du pouvoir générateur et de la force destructrice est au contraire suggérée par l'une des dernières métaphores du lecteur. Dans *Plaisirs de vampire* (2001), Jean Bellemin-Noël emprunte à Bram Stoker la figure mythique du suceur de sang pour exprimer le rapport de séduction dangereuse qui unit le lecteur au texte. Passivité et activité alternent : le livre me vampirise et je vais, par la séduction de mon texte de lecture, tenter de vampiriser d'autres lecteurs. Le critique est bien, pour le fondateur de la textanalyse, une réplique de l'écrivain, ce dont il donne une première illustration en offrant à son lecteur un bouquet de figures. Car le lecteur vampire suce le *sang*/le *sens* du texte avant de le transmettre, ce qui est filer la métaphore et lui adjoindre la paronomase, ou encore rebondir d'un premier sens à un nouveau, grâce à l'analogie sonore, par antanaclase, comme le dit savamment l'auteur. Séduction rhétorique en acte.

L'image du lecteur vampire est riche de résonances. Variante liquide du butinage, plus sensuelle, elle laisse entrevoir la puissance des affects investis dans la lecture; l'oralité de la relation met en évidence la composante primaire des fantasmes qui y sont revécus par procuration; la chaîne de transmission du sens amène à repenser de façon nouvelle la question de l'intertextualité.

On peut s'interroger sur la disjonction des positions active et passive, qui assigne au lecteur simple la passivité et réserve l'attitude active au seul lecteur-scripteur. Plus profondément, la séduction renvoie à une relation d'emprise sur l'autre, qui peut poser problème et ne pas recouvrir toute la gamme des rapports au texte. Elle occupe sans doute une place privilégiée dans le corpus étudié par l'auteur, spécialiste du fantastique et du conte de fée, qui donne à relire des récits teintés d'onirisme (Gautier, Giono, Gracq). Il est permis, compte tenu des connotations mortifères liées à la représentation du vampire, d'émettre quelques réserves quant à sa valeur générale.

Néanmoins, la métaphore bouscule de façon heureuse les représentations trop académiques et relève d'un jeu d'écriture. Le langage du théoricien rejoint celui de l'écrivain et assume ouvertement sa dimension subjective. Démarche dont on aimerait suivre l'esprit, sinon la lettre.

Le parcours de ces métaphores aura fourni, malgré d'évidentes lacunes, quelques indications précieuses. Écrivains et critiques proposent, de façon implicite ou explicite, une série de modélisations qui se répondent et se complètent. La lecture comme assimilation critique, voyage en soi, stratégie, activité associative, recours au simulacre pour un apprentissage du monde, insertion dans une captivante chaîne du sens : autant de facettes d'une activité éminemment complexe. La double dimension cognitive et affective qui s'en dégage invite à penser la lecture, ordinaire ou savante, comme la résultante d'interactions multiples.

L'image du *roman* procède de l'attention portée à ce caractère synthétique. Elle assume, comme celle du vampire, l'implication du sujet dans le texte de lecture, sans présumer de la coloration affective dérivant du rapport à tel ou tel texte. Elle suppose aussi un effort de réflexivité[36] et une volonté de saisie globale, si imparfaite fût-elle. Il ne s'agit pas en effet de ramener la critique littéraire dans l'ornière du subjectivisme; plutôt de dessiner les contours de la subjectivité dans un commentaire attentif, selon la recommandation d'Umberto Eco, aux contraintes textuelles[37].

Roman est donc ici à entendre selon un sens dérivé de son acception ordinaire, comme un objet mixte et paradoxal. L'emprunt à une catégorie littéraire souligne la dimension esthétique de l'acte de lecture. Mais le complément *lecture* ramène l'objet visé dans le champ du commentaire ou discours second, sans prétention à l'autonomie. Autant dire que le *roman de la lecture* dont nous avançons l'idée ne s'applique pas aux créations d'auteurs qui se nourrissent comme chacun sait de leurs lectures. Le lecteur *écrivant* ne vise pas ici au statut d'*écrivain*[38]. Il reste lecteur, moins par sa façon d'écrire qu'en raison de la priorité accordée au texte d'autrui.

De cette soumission à l'œuvre résulte un dosage particulier de la connaissance et de la méconnaissance qu'il importe de reconnaître. La quête de savoir touche aux trois pôles du texte, du monde et du soi, qui interagissent aussi de façons variées et complexes.

Texte : la connaissance s'appuierait sur «l'étude «immanente» de ses caractères objectifs : composition, lexique, style, images, valeurs sensorielles», tels que les définit par exemple Starobinski[39]. La mise en mots assigne au texte second une contrainte d'adéquation à son objet, le texte premier.

Monde : le texte littéraire est un médiateur; on ne peut donc penser le texte de lecture comme un pur méta-langage[40]. À travers l'œuvre, je relis aussi le monde. Ce médiateur «réfère» de façon complexe, alternant les modes de l'authentique ou de l'«assertion feinte» (Searle). Sans doute — on l'a souvent noté —, produit-il ses effets de vérité les plus intéressants dans les textes de fiction. Mais le monde est lui-même fait de choses et de mots. La médiation se complique par la présence théoriquement illimitée d'autres références textuelles que travaille l'expression littéraire. Parce qu'il constitue le terme provisoire de la chaîne du sens, le lecteur restreint ce champ aux limites de sa mémoire individuelle.

Connaissance de soi : elle mêle aux identifications conscientes un investissement inconscient des formations fantasmatiques présentes dans l'œuvre littéraire. Le texte de lecture serait la trace d'une auto-analyse, l'acte de lecture se rapprochant du transfert (Bellemin-Noël). Mais, à la différence du psychanalyste, le texte littéraire ne «répond», lui, que par métaphore, puisque c'est le même, le lecteur, qui fait ici les questions et les réponses. De la connaissance à la méconnaissance...

Autrement dit, et c'est l'autre versant concurrentiel du *roman de la lecture* par quoi il convient de terminer, la verbalisation de la lecture maintient un certain degré de fictionalité lié à l'accomplissement d'un trajet herméneutique. L'implication du sujet, en quelque sorte.

On pourra alors distinguer la *fiction première*, celle des œuvres littéraires, romans ou pièces de théâtre, en particulier, dont la marge de liberté est sans limite, grâce à l'intervention du «comme si» de la fiction, et la *fiction seconde* ou *fiction induite* par la lecture, en dépit de son effort d'objectivité.

Cette *fiction induite* renvoie à la collectivité et à l'individu. Au plan collectif, le recours aux modèles théoriques ne peut être exclu complètement du champ de la fiction, comme l'ont montré les réflexions précédentes sur la métaphore. Mais l'efficacité relative de ces modèles interprétatifs décharge la fiction théorique de sa connotation négative d'erreur en soumettant ses résultats à l'échange au sein de la communauté des interprètes, échange tendant vers le vrai comme «but possible et transitoire de tout processus»[41]. Au plan individuel, l'implication de l'imaginaire pourrait être explorée à son tour dans deux directions, celle d'un *trésor personnel de références* et celle de *l'implication fantasmatique* dans le cheminement interprétatif.

Toutes proportions gardées, il en va du *roman de la lecture*, si l'on veut bien prêter quelque crédit à cette image, comme du roman proprement dit : variable selon la matière et la manière, il est soumis à l'évaluation d'autrui. Comme lui, et parce que la visée esthétique de la lecture dont nous avons parlé complète le pôle artistique de l'auteur, il fonde un rapport paradoxal du savoir et de la méconnaissance, dans lequel l'un procède parfois de l'autre. Comme lui enfin, il se situe à la frontière de l'objectif et du subjectif. La question, si on veut l'approfondir, est bien d'ordre philosophique : elle engage le statut du réel et du discours qui prétend en rendre compte. Le parti retenu ici assimile l'objectivité à l'universalité, selon une tradition kantienne aujourd'hui orientée vers l'idée du consensus intersémiotique à rechercher : on concèdera qu'il fallait bien une image porteuse de l'idée de texte, le roman, pour tenter de saisir la rencontre de cet universel et de la performance singulière.

NOTES

[1] Jean Starobinski, *La relation critique*, «Le Chemin», 1970, réed. Paris, Gallimard «*Tel*», 2001, p. 38.
[2] «Les Poissons noirs ou de la réalité en poésie», in *Le Musée Grévin*, Bibliothèque française, 1943, réed. Minuit, 1943, E.F.R., 1946, *L'œuvre Poétique*, Livre Club Diderot, 15 volumes, 1974-1981, X, p. 163.
[3] Daniel Pennac, *Comme un roman*, Gallimard, 1992.
[4] Julia Kristeva, «Feu pour feu», in *Séméiotikè*, Seuil, 1969, réed. Seuil «Points Essais», 1978, p. 6.
[5] Philippe Lacoue-Labarthe/Jean-Luc Nancy, *L'absolu littéraire, Théorie de la littérature du romantisme allemand*, [AL], Seuil, 1978, p. 22. Friedrich Schlegel notamment écrit dans l'*Entretien sur la poésie* (1800) : «Telle théorie du roman devrait elle-même être un roman» (*AL*, p. 328).
[6] Julien Gracq (en lisant, *en écrivant*, Corti, 1980, p. 61), contre une tradition largement répandue, privilégie dans le roman et sa lecture, la part de méconnaissance irréductible, le surcroît du vécu sur sa transposition cognitive : «J'ai toujours été étonné de la méprise qui fait du roman, pour tant d'écrivains, un instrument de connaissance, de dévoilement ou d'élucidation [...]. La lecture d'un roman [...] *est* une expérience directe et inédite.» Le «roman de la lecture» proposé ici ne relève que partiellement d'une telle affirmation : dès lors qu'elle se fait texte critique, la lecture tend tout de même à médiatiser quelque peu l'expérience du texte d'autrui.
[7] Jean-Marie Schaeffer, *Les Célibataires de l'art*, Gallimard, 1996, p. 345.
[8] Pour cette opposition entre le pôle artistique, «produit par l'auteur», et le pôle esthétique de l'œuvre, «concrétisation réalisée par le lecteur», voir Wolfgang Iser, *L'Acte de lecture, op. cit.*, p. 48. Cette opposition coïncide avec celle des théories internes de la lecture, soumettant l'acte aux procédures prévues dans le texte, et des théories externes attribuant au récepteur une part originale dans le travail d'élaboration esthétique. Iser développe plutôt ce qui ressortit au pôle artistique. Lire, à ce propos, Vincent Jouve, «Avant-Propos», in *La lecture littéraire*, n° 1, novembre 1996, p. 5-10.
[9] On se démarquera à ce sujet des propositions de Schaeffer qui assimile la conduite esthétique à «une activité cognitive» (350), établissant «une relation de jouissance cognitive» (353). Que plaisir et connaissance interfèrent dans notre appréhension esthétique des

œuvres n'implique pas automatiquement une complémentarité positive. Comme Iser, Schaeffer distingue *art* et *esthétique*, mais il oppose à notre sens de façon un peu radicale «l'activité créatrice» de l'un à «l'activité cognitive» de l'autre. Indiquons seulement, sans entrer dans un trop long débat de fond, que l'originalité de la position défendue ici tient au fait que la lecture dont il est question est envisagée comme lecture en acte, observable dans le contre-texte du commentaire critique, et non selon son acception première de déchiffrement muet. La visée cognitive du contre-texte peut en ce sens se trouver associée à un remaniement créateur des données textuelles d'origine.

[10] Jean Bellemin-Noël, *Plaisirs de vampire*, PUF, 2001.

[11] *Pensées, fragment 185*, Gallimard, «folio», p. 154.

[12] Stephen Hawking, *L'univers dans une coquille de noix*, Odile Jacob, 2001. Le titre du livre s'inspire d'une phrase de Shakespeare : «Je pourrais être enfermé dans une coquille de noix et me regarder comme le roi d'un espace infini...», *Hamlet*, II, 2.

[13] «Des mots pour faire entendre un doute», Propos recueillis par Françoise Tournier, *Elle*, 4 décembre 1978, rééd. *Le grain de la voix*, Seuil, «Points Essais», 1981, p. 331-332.

[14] Philip Wheelwright, *Metaphor and Reality*, Indiana University Press, 1962, 1968.

[15] Colin Murray Turbayne, *The Myth of Metaphor*, Yale University Press, 1962.

[16] Douglas Berggren, «The use and abuse of Metaphor», *Review of Metaphysics*, 1962, 1963.

[17] Paul Ricœur, *La métaphore vive*, Seuil, 1975, p. 311-321.

[18] Si «chaque image à chaque coup vous force à réviser tout l'Univers» (Aragon, *Le Paysan de Paris*), le cheminement vers une vérité métaphorique pourrait également être saisi en inversant cette proposition.

[19] Karl-Otto Apel, «De Kant à Peirce : la transformation sémiotique de la logique transcendantale», *Philosophie*, n° 48, 1996.

[20] Apel, *op. cit.*, p. 54. Lequel précise aussitôt : «L'activité des philosophes du langage, des scientifiques herméneutiques et des interprètes ne présuppose pas seulement la possibilité d'une communication universelle, mais en plus elle ne reçoit d'abord son sens qu'à condition que cette possibilité soit progressivement» réalisée». Eco commente dans un sens voisin la sémiotique peircienne : «Le processus de la sémiosis donne naissance à une notion socialement partagée de ce à quoi la communauté reconnaît la qualité d'être vrai. Le signifié transcendantal n'est pas à l'origine du processus mais il doit être postulé comme un but possible et transitoire de tout processus» (Umberto Eco, «Sémiosis illimitée et dérivée», in *Les limites de l'interprétation*, 1990, trad. Bouzaher, Grasset, 1992, p. 383).

[21] «De trois commerces», III, III. Les deux autres commerces sont l'amitié et l'amour. Mais «celuy des livres [...] est bien plus seur et plus à nous» (Édition Pierre Villey, rééd. PUF, 2 tomes, 1978, II, p. 827).

[22] Mettre en action, faire travailler.

[23] Cette image remonte aux temps les plus anciens. Alberto Manguel croit en déceler l'origine biblique : «Le 31 juillet de l'an 593 avant notre ère, au bord du fleuve Kebar dans le pays des Chaldéens, le prêtre Ezéchiel eut une vision de feu dans laquelle il aperçut "quelque chose ayant l'aspect de la gloire du Seigneur", lui enjoignant de parler aux enfants rebelles d'Israël. "Ouvre la bouche et mange ce que je vais te donner", lui ordonna la vision» (Alberto Manguel, *Une histoire de la lecture*, 1996, Actes Sud, 1998, trad. Christine Le Bœuf, rééd. Babel, 2000, p. 207). Bien entendu, la métaphore du livre mangé, par son caractère oral, est travaillée par la violence des pulsions archaïques. Aux antipodes de l'innutrition humaniste et de la relation dialectique esquissée par Montaigne, Albert Cohen développe ainsi toute une réflexion sur le «lecteur en parasite» qui appréhende un rapport moins serein du lecteur à la chose lue. (Voir, à ce sujet, Judith

Kauffmann, «Portrait du lecteur en parasite», in *Colloque* «L'Expérience de lecture», Université de Reims, 28-31 octobre 2002, *Actes* à paraître.)

[24] *Essais*, I, XXI, «De la force de l'imagination».

[25] Patrick Labarthe, *Baudelaire et la tradition de l'allégorie*, Droz, 1999, p. 608.

[26] Jean Starobinski, *op. cit.*, p. 34-35.

[27] Pascal Quignard, *Les ombres errantes, Dernier royaume I*, Grasset, 2002, p. 50.

[28] Umberto Eco, *Lector in fabula*, 7, «Prévisions et promenades inférentielles», 1979, trad. Grasset et Fasquelle, 1985.

[29] *Op. cit.*, rééd. Livre de Poche «Biblio Essais», p. 76-77.

[30] Raphaël Baroni précise ce mécanisme dans un article récent, «Incomplétudes stratégiques et tension dramatique» (*Littérature*, n° 127, Septembre 2002). Les trois formes principales de tension — suspense, curiosité, surprise — sont mises en relation avec l'emploi, dans la narration, de formes conventionnelles d'incomplétude.

[31] *La vie mode d'emploi*, Livre de Poche, n° 5341, p. 251.

[32] Freud, «Au-delà du principe de plaisir», in *Essais de psychanalyse* (1920), Petite Bibliothèque Payot, 1964, trad. S. Jankélévitch, p. 13-20.

[33] Loin-Près.

[34] D.W. Winnicott, *Jeu et réalité*, 1971, trad. C. Monod et J.-B. Pontalis, Gallimard NRF, 1975.

[35] A. Trouvé, *Le lecteur et le livre-fantôme. Essai sur* La Défense de l'infini *de Louis Aragon*, Kimé, 2000.

[36] Pour appréhender le phénomène esthétique, Kant élabore en ce sens dans sa troisième *Critique* la notion appelée *faculté de juger réfléchissante*, forme de pensée plus souple que la pensée conceptuelle, ou *faculté de juger déterminante* : «Réfléchir (examiner par la réflexion), c'est comparer et tenir ensemble des représentations données, soit avec d'autres, soit avec son pouvoir de connaître, en relation avec un concept rendu par là possible» (*Critique de la faculté de juger*, 1790, rééd. Aubier, trad. Alain Renaut, 1995, p. 101). Sans doute, comme le rappellent nombre de commentateurs, le jugement esthétique n'est-il pas pour Kant un jugement de connaissance, puisqu'il est d'abord attaché au sentiment de plaisir ou de déplaisir, mais la citation qui précède montre bien la connexion du jugement réfléchissant et du jugement déterminant, à valeur cognitive. À sa manière, le texte de lecture, qui recourt aux concepts fournis par la rhétorique et les insère dans un ensemble interprétatif, tente de donner une traduction en mots de cette association de l'entendement et de la pensée réfléchissante.

[37] *Les limites de l'interprétation*, p. 32.

[38] Voir *supra* chapitre 1.

[39] Starobinski, *op. cit.*, p. 39.

[40] Contrairement à ce que dit par exemple Barthes de la critique : «L'objet de la critique [...] n'est pas "le monde", c'est un discours, le discours d'un autre : la critique est discours sur un discours; c'est un *langage second* ou *métalangage*. [...] Sa tâche n'est nullement de découvrir des "vérités" mais seulement des "validités"» (*Essais critiques*, p. 264).

[41] Eco, voir *supra*, note 19.

Itinéraire

Au lecteur qui aura accepté, par bienveillance (provisoire!), l'hypothèse d'un roman de la lecture, il est temps de préciser les jalons du parcours à présent proposé.

Fiction et fantasme, qui touchent au rapport du sujet au texte, en constituent les axes majeurs. Les problèmes de l'intertexte et de l'auteur, revisités dans la perspective nouvelle, élargiront la réflexion en direction du référent textuel et extratextuel. La complexité de la question, l'infinie variété des cas, incitent par ailleurs à ne pas laisser proliférer la théorie sans le contrôle de la pratique. Mieux : la mise en œuvre de la lecture n'a pas pour seul objet de vérifier la validité de propositions générales; il s'agira, prenant appui sur ce vingtième siècle qui vit nombre d'écrivains inclure dans leur écriture la dimension autoréflexive, de se mettre à l'écoute des textes et de leurs suggestions. Quelques auteurs seront les guides privilégiés de cette recherche, ou les moteurs de sa relance. Le surréalisme dont l'onde de choc traversa tout le vingtième siècle y occupe une place de choix. Il sera représenté par les deux versants nommés Breton et Aragon. D'autres contemporains, quelques anciens prestigieux, plus partiellement abordés, à l'intérieur des chapitres théoriques, ont encore aiguillé une réflexion dont les limites ne sont que trop évidentes.

Les chemins de traverse offrent parfois à ceux qui les empruntent une échappée inattendue sur ce pays qu'ils voulaient explorer. Ainsi, un jour, le *Traité du style* nous mena à l'idée de fiction.

DEUXIÈME PARTIE

EXPLORATIONS

Chapitre 3
Discours critique et fiction dans le *Traité du style* d'Aragon[1]

> «La parole critique est cet espace de résonance dans lequel, un instant, se transforme et se circonscrit en parole la réalité non parlante, indéfinie de l'œuvre. Et ainsi, du fait que modestement et obstinément elle prétend n'être rien, la voici qui se donne, ne se distinguant pas d'elle, pour la parole créatrice dont elle serait comme l'actualisation nécessaire ou, pour parler métaphoriquement, l'épiphanie»
> (Maurice Blanchot, *Lautréamont et Sade*).

La frontière séparant la critique et la littérature proprement dite semble avoir définitivement disparu avec le XXe siècle : de grands auteurs — Proust, Sartre, Gracq, Saint-John Perse — ont pratiqué le commentaire et l'ont inscrit dans le champ de leur production littéraire. Il semble toutefois difficile d'attribuer à ce type de texte, dont la visée reste nécessairement référentielle, le statut de fiction. Discours critique et fiction sont-ils alors des catégories résolument antinomiques?

Le *Traité du style*[2] d'Aragon constitue à cet égard un objet doublement problématique. Il semble appartenir lui aussi au discours critique. L'ouvrage publié en 1928 est par ailleurs le dernier grand livre de la période surréaliste de l'auteur et l'on connaît l'interdit prononcé à l'intérieur du mouvement contre le roman, forme emblématique de la fiction. Aussi la question dépasse-t-elle le cadre d'un auteur et d'un texte particuliers pour s'inscrire dans un dialogue par œuvres interposées, amorcé dès la rencontre entre Breton et Aragon en 1917, et aiguisé par les circonstances biographiques qui président à la rédaction du *Traité du style*[3].

Pour tenter d'y répondre, on retiendra une triple approche de la fiction. Selon le sens courant, on entend par ce terme la fable ou l'histoire, imitation plus ou moins fidèle de la réalité. Jean-Marie Schaeffer, faisant un retour aux sources antiques et spécialement à Aristote[4], soulignait récemment à ce propos l'apport de *La Poétique* dans la perception de la fiction mimétique comme «modélisation cognitive».

Searle, dans «Le statut logique du discours de fiction» (1982), apporte un complément théorique décisif[5]. S'inspirant des travaux d'Austin sur l'énonciation, il propose une définition plus précise et plus large à la fois : devient fiction tout discours, littéraire ou non, relevant de l'*assertion feinte* et opposé à l'assertion authentique, dont le garant serait l'intention du locuteur. Selon son analyse, la feinte comporte elle-même les deux sens possibles de la tromperie ou du jeu et seule cette dernière modalité de la feinte jouée, liée à «un ensemble distinct de conventions», mérite le nom de fiction.

La notion de «conventions» oriente vers un troisième axe de réflexion. Elle souligne en effet l'importance du pacte de lecture dans la reconnaissance du statut fictionnel du texte.

Le *Traité du style* offre-t-il dans ce sens au lecteur des indices de fictionalité? Le procès ouvertement intenté à la fiction romanesque annihile-t-il toute volonté de roman? Peut-on envisager, à partir de ce livre, une fiction dans un sens élargi et quel serait son degré de compatibilité avec l'entreprise surréaliste?

À ces questions, on ajoutera, en guise de hors d'œuvre et sur un mode plus ludique, une énigme : quel rapport entre ces deux entités, «La Fontaine» et «l'armée française», présentes à la première et à la dernière ligne du texte?

Un contrat de lecture ambigu

Le *Traité du style* instaure un pacte non fictionnel et le subvertit simultanément, sans pour autant l'annuler. Pour vérifier ce mouvement de balancier, cinq paramètres : seuils, ton, référence, propos et composition.

Le titre, seuil principal, annonce un écrit à prétention savante, centré sur l'écriture en général et non sur un auteur particulier. Il pourrait rappeler ce *Traité du Sublime*, traduit du grec par Boileau à partir du texte antique attribué à Longin, et redécouvert par les romantiques. Le dix-septième siècle affectionna les traités en tous genres, peut-être en raison de leur caractère normatif. La présence de La Fontaine dès les premiers mots rend possible cette référence latente. Mais elle entre en contradiction avec la dédicace à «La Révolution Surréaliste la revue la plus scandaleuse du monde», et avec la présentation irrespectueuse de l'auteur classique choisi comme emblème de ce «bon» français que l'auteur rejette. On peut encore songer en lisant le titre au *Traité du verbe* de Victor Ghil (1885), préfacé par Mallarmé dont cet auteur était le disciple. Contre le sérieux propre au genre et bien représenté par ces deux exemples, il faut prendre la mesure de l'effet produit par les quelques lignes d'avertissement :

> L'AUTEUR RENONCE À JOINDRE À CE LIVRE LA LISTE DES ERREURS TYPOGRAPHIQUES QU'IL CONTIENT [...]. IL REGRETTE SEULEMENT QUE CELA RENDE INAPPRÉCIABLE AU LECTEUR LES FAUTES D'ORTHOGRAPHE ET LES FAUTES DE FRANÇAIS, FAITES DÉLIBÉRÉMENT DANS L'ESPOIR D'OBTENIR DE CE LECTEUR LES PLAISANTS HURLEMENTS QUI LÉGITIMENT SON EXISTENCE.

Le texte qui suit n'est-il alors qu'une fiction de traité, jeu parodique et plus ou moins iconoclaste?

Le ton insolent de l'incipit semble le confirmer :

> *Destinée de La Fontaine.*
> Faire en français signifier chier. Exemple :
> *Ne forçons pas notre talent :*
> *Nous ne FAIRIONS rien avec grâce.*

La dérision et le registre scatologique placent le discours aux antipodes du Sublime. Plus loin, le lecteur devra décoder les propos ironiques, telle cette fausse amende honorable adressée aux critiques du *Paysan de Paris* : «Je déclare qu'on peut serrer la main d'un journaliste. Sous certaines réserves, s'entend. Se laver ensuite». Il en va de même quand, à l'ouverture de la seconde partie, deux articles de *L'Intransigeant* et de *Paris-Soir* sont cités comme modèles de bon style.

Plus rien d'ironique, en revanche, dans cet éloge de la lecture et de la poésie qui vient rompre avec la tonalité des cinquante premières pages :

> Oui, je lis. J'ai ce ridicule. J'aime les beaux poèmes, les vers bouleversants, et tout l'au-delà de ces vers. Je suis comme pas un sensible à ces pauvres mots merveilleux laissés dans notre nuit par quelques hommes que je n'ai pas connus (p. 60-61).

Avec «l'au-delà de ces vers» resurgit de façon inattendue une des variantes de ce Sublime qu'on croyait si loin. De même, c'est paradoxalement sur un ton sérieux qu'est abordée, au cœur du livre, la question de l'humour. Écartant le vaudeville, simulacre bourgeois de l'humour, l'auteur définit l'humour véritable comme le refus des solutions, la «condition négative de la poésie» et l'adversaire du «vague idéologique». Le ton ironique ne serait-il à son tour qu'un leurre?

L'examen de la référence plonge également le lecteur dans la perplexité. Les œuvres citées ou commentées renvoient à un répertoire identifiable, donc non fictionnel : des noms célèbres en côtoient d'autres plus obscurs, aujourd'hui tombés dans l'oubli : Auguste Dorchain ou Francis Poictevin. Mais la liste des «petits crabes» préférés à l'auteur par les «milieux pincés» inclut également le canular. On y lit les noms de

> MM. Fabre-Luce, Green, Bernanos, Maurois, Lacretelle, Girard, Quint, Pagination, Martin-Chauffier, Vaudoyer, Marsan, Vendangette, Mauriac, Mucus... (p. 160).

Les citations semblent confirmer le caractère référentiel du *Traité*. L'examen précis du long passage emprunté à Lautréamont (p. 210-212) montre cependant qu'il s'agit d'un collage effectué à partir de fragments des *Chants de Maldoror* et des *Poésies*[6] et non d'une authentique continuité textuelle.

Mais l'intrusion de la fiction dans le référent prend une dimension et une saveur nouvelle avec la citation des textes journalistiques qui ouvrent la seconde partie. Tous deux traitent du même fait divers : un certain Louis Aragon, «demeurant à Chailly-en-Brière», «pilleur d'églises», a été arrêté... La datation des numéros, la description des circonstances précises de l'action tendent à authentifier le récit, par ailleurs plausible, pour qui connaît l'anticléricalisme virulent de l'auteur à cette époque. Pourtant, la consultation des journaux cités[7] réserve quelques surprises. Ainsi, l'article de *Paris-Soir* se révèle authentique à une omission près, l'âge du voleur : «61 ans»! Quant à l'article attribué à *L'Intransigeant*, il apparaît totalement inventé ou presque. En effet, le début du titre rapporté par Aragon — «IL VOLAIT DANS LES ÉGLISES» — et la mention entre parenthèses «de notre corr. Part» figurent bien dans le journal à la page indiquée, mais à l'intérieur d'un autre article consacré à la disparition en mer du «St-Raphaël», un de ces avions pionniers dont les voyages périlleux remplissaient alors les colonnes de faits divers. Le titre inventé par Aragon dérive en réalité de l'intertitre «Il volait normalement».

Sans prétendre interpréter ici le sens de cette substitution, on peut y voir à l'œuvre l'embryon d'une imagination romanesque et son mode de fonctionnement, procédant de la condensation d'éléments empruntés au réel. Mais on doit aussi remarquer l'hésitation sur le statut d'une telle invention, entre mystification (variante du mensonge destinée à flouer le destinataire) et fiction ludique, selon le sens arrêté par Searle. L'obligation d'une recherche extérieure au texte ferait pencher en faveur de la première interprétation, mais tout est aussi question de mémoire et d'attention, car le souvenir de l'avertissement liminaire permet d'entrevoir la présence de la supercherie.

Moins difficile à percevoir est la teneur composite du propos, en contradiction avec l'annonce du titre centrée sur le «style». Tout semble pouvoir trouver place dans ce *Traité* : politique[8], philosophie, religion, faits de société ou à caractère privé, se mêlent aux références plus attendues à la rhétorique. Et lorsqu'il est question de style au sens ordinaire du terme, c'est encore pour dire la nécessité de «piétine[r] la syntaxe» ou pour évoquer «le mal que font les métaphores». Néanmoins, cette impression de contournement ironique d'un genre tend à s'estomper dans la seconde partie qui propose, sous forme d'aphorismes, une série de définitions du style à partir de la pratique personnelle de l'auteur :

> Mon style est comme la nature ou plutôt réciproquement (p. 168).
> Le style, qu'ici je défends, est ce qui ne peut se réduire en recettes (p. 193).
> J'appelle bien écrit ce qui ne fait pas double emploi (p. 196).

Toutefois, ces définitions demeurent bien vagues, voire énigmatiques, quand elles n'impliquent pas, par leur contenu négateur, un défi à toute cohérence :

> Je parle un langage de décombres où voisinent soleils et plâtras (p. 177).

La plus célèbre d'entre elles associe l'énoncé séduisant pour l'esprit et la dérobade provocante :

> J'appelle style l'accent que prend à l'occasion d'un homme donné le flot par lui répercuté de l'océan symbolique qui mine universellement la terre par métaphore. Et maintenant détache cette définition, valet décurie! qu'elle rue et te casse les dents! (p. 210)

Renvoyant le lecteur invoqué à son incompétence sur le ton de l'injure, l'énonciateur ruine du même coup la prétention ordinaire de la définition à faciliter la compréhension d'un phénomène. L'écriture gnomique est ainsi détournée de son usage traditionnel.

La composition de l'ouvrage constitue un dernier élément déroutant. Rien ne semble fait pour signaler un ordre logique dans ce texte seulement découpé en deux grandes parties non titrées. On peut en revanche discerner une cohérence analogique, qui permet d'enchaîner les sujets les plus divers. C'est ainsi un principe poétique qui permet à l'auteur de relier dans sa première partie différents objets soumis à sa critique. Voyage, rimbaldisme, aventure, évasion, suicide, drogues, religion : autant de solutions illusoires au problème de l'existence. De même se trouvent rassemblés sous l'étiquette de «grands postes émetteurs» les noms de novateurs essentiels en littérature, science et psychologie : Rimbaud, Einstein, Freud, tous victimes des vulgarisations bourgeoises de leur pensée.

Pourtant, nouvelle difficulté, on trouve au passage une diatribe contre «le mot analogie, le poids écrasant des correspondances baudelairiennes». Mais cette apparente contradiction est peut-être entretenue sciemment pour perpétuer l'esprit Dada des origines, fondé sur le non-sens comme provocation. Dans le même temps, l'auteur déplore l'abâtardissement de cet esprit érigé en système. Fuyant le cadre logique et n'hésitant pas à se contredire, l'écriture de la première partie mime ainsi cet objet insaisissable, la Révolte, dont la seconde partie marquerait le dépassement avec l'éloge réaffirmé du surréalisme.

Précisément, la fin du *Traité* se démarque des enchaînements sinueux par le retour à une argumentation en bonne et due forme. L'auteur y réfute deux des critiques adressées aux surréalistes : au reproche d'annexer les Anciens, il répond par l'éloge de Lautréamont, à celui de ne pas mettre en rapport actes et paroles, il oppose l'affirmation d'une parole insurgée. Cet ultime rétablissement de la cohérence permet d'englober en son entier le texte dont les deux parties figureraient la rupture et la continuité, de Dada au surréalisme.

Ainsi, les indices relevés jusqu'à présent engendrent un flottement du protocole de lecture. Deux représentations contradictoires du texte s'affrontent : il apparaît à la fois comme traité authentique, parole savante cernant son objet en un métalangage certes subtil mais finalement cohérent, et fiction de traité qui mimerait poétiquement l'essence de cet objet, s'attachant sous les masques de la forme (le style) et du raisonnement (le traité) à organiser le triomphe de l'informe (la rupture) et de l'illogique (l'inconscient).

L'horizon d'un tel flottement est aussi la récusation de toute frontière entre les genres. Il en résulte une infiltration du commentaire par le romanesque.

Le discours contaminé par la volonté de roman?

Les instances de la première personne, narrateur et auteur, font ici office de Cheval de Troie. Roman, théâtre et autofiction vont par ce moyen interférer dans le discours.

La «volonté de roman» est d'abord vigoureusement niée. Selon la plus pure orthodoxie bretonienne, le début du *Traité* procède à une charge contre les histoires, «petites machines à crétiniser longtemps» et l'on aura reconnu dans le verbe «crétiniser» l'empreinte de Lautréamont.

Parallèlement se trouve esquissée une comédie de l'écriture et de la lecture. Mais l'écrivain, transformé en personnage de roman puis en acteur de théâtre, n'est qu'un fantoche réduit symboliquement à sa fonction de «Porte-plume» :

> Oh le laid, le sale, le dégoûtant personnage. C'est un petit être négligé. Mais il s'agit d'épier son comportement. Il écrit. Il tient donc un porte-plume, et qu'on ne cherche pas à m'embarrasser avec le décor, les gens qui dictent, les littérateurs de métro, les crayonneurs en pleine Nature, les dactylographes de la poésie, les sténographes de l'angoisse, les agités qui hurlent dans la rue en brandissant de petits bouts de papier sali, les écorcheurs de vélin à domicile, les notateurs sur le vif, etc. (p. 31).

Privée du décor indispensable à l'illusion référentielle, cette figure de scripteur est démarquée ironiquement des clichés habituels, et notamment de certains stéréotypes romantiques, peut-être encore suggérés par prétérition. Les «sténographes de l'angoisse» renvoient en effet aux écrivains narrateurs du *Projet de 1926*, du *Cahier noir* et du *Con d'Irène*. Ces textes constituent les blocs majeurs rescapés de *La Défense de l'infini* qui fut à l'automne 1927 l'objet d'un autodafé accompli à Madrid[9]. Or, ce livre écrit de façon semi-clandestine transgresse dans une certaine mesure l'interdit lancé par Breton contre le roman. L'écriture de *La Défense* est sans doute encore en gestation au moment où s'écrit le *Traité du style*. Plus loin, le registre théâtral surgit lorsque l'auteur s'en prend violemment à Marcel Arland qui avait, dans un article célèbre, qualifié le mouvement surréaliste naissant de «nouveau mal du siècle»[10] :

> Le mal du siècle n'était au fait qu'une armoire de comédie. On y rangea momentanément, avec une apparence d'équilibre, toutes les céphalalgies classifiées, mais sans prendre garde que l'armoire n'avait pas de fond. Aussi, quand le rideau tombé, les machinistes emportèrent le meuble de parade, les piles de nid d'abeille, les paquets de tissu éponge, restèrent accroupis sur la scène où personne ne les regardait plus, dans l'attitude de l'adultère surpris qui se cache ou de la colique soudaine qui se plie (p. 125).

Convoqué sur le mode de la parodie grinçante, le théâtre hante le texte et l'on peut même voir ici, en raison d'une ressemblance avec son titre, une résurgence de cette saynète burlesque écrite en commun avec Breton : *L'Armoire à glaces un beau soir*. Cette parodie du vaudeville bourgeois fut insérée par Aragon dans *Le Libertinage*, recueil de courts récits publié en 1924.

Si l'écriture proprement théâtrale reste tout à fait exceptionnelle dans son œuvre, les allusions au théâtre se retrouvent dans de nombreux textes en prose dès cette époque. Le motif apparaît notamment de façon récurrente dans la *Défense de l'infini*. Sous les masques du «Volcan» et des «Voyageurs» qui écoutent son discours, l'auteur évoque dans le *Projet de 1926*[11] la relation entre l'écrivain et ses lecteurs en quête d'évasion. Or, il reprend la même image pour désigner ici «les partisans de l'évasion» : «Commis voyageurs, une jeunesse de commis voyageurs en faux poèmes» (p. 138).

L'inspirateur de cette mise en scène parodique est Lautréamont, présent dans le texte sous de multiples formes : citation, allusion, pastiche. Procède notamment des *Chants de Maldoror* le recours aux métaphores, non pour décrire un lieu ou un paysage, mais pour figurer les questions littéraires ou plus précisément l'acte d'écriture et son corollaire, l'acte de lecture. Le premier *Chant* s'ouvrait sur l'image du texte marécage, adressée directement au lecteur pour lui représenter, sur le mode de la dissuasion-incitation, le livre à venir :

> Plût au ciel que le lecteur, enhardi et devenu momentanément féroce comme ce qu'il lit, trouve, sans se désorienter, son chemin abrupt et sauvage, à travers les marécages désolés de ces pages sombres et pleines de poison...

De la même façon, Aragon transpose l'aventure, le romanesque, dans la présentation métaphorique de l'écriture :

> Je me demanderai d'abord ce que le porte-plume pense de la course où monté par cinq jockeys des rivières de perplexité l'arrêtent, quand ce n'est pas la ruisselante sueur, ou les balbutiements de la crainte (p. 32).

Mais le sommet est atteint dans les pages de la seconde partie consacrées à l'évocation du style de l'auteur — «mon style est comme la nature». Après avoir feint de pourfendre la métaphore dans la première partie — mais il s'agissait de la métaphore devenue cliché —, l'auteur réhabilite ici une autre figure emblématique du transfert de sens : la métallepse (orthographiée à sa façon). L'orage (figure du désir) s'adresse fictivement à l'auteur :

> Les fougères! ici c'est chez toi. Partout, quand surgissent ces verdures inquiétantes, qui révèlent par leur plénitude un sous-sol infidèle et de dormantes eaux, ton royaume s'étend, où le lecteur se perd. Phrases sphaignes sphinges. Osiers, marchanties, grenouillettes, plantes des lieux incertains, dont le pied soudain révèle une mare et soudain la terre marengo se dérobe, sous les basses branches d'un bois hanté glissent les lutins des nappes profondes. La métallepse est de règle où la sauge fleurit (p. 173-174).

À l'image grossière du lecteur commis-voyageur, en quête d'évasion, succède celle de l'interprétant pris en défaut et s'enlisant dans le marécage du texte.

Puisant à la source de l'imaginaire, la lecture authentique comporte toujours un moment de perdition par quoi elle devient la seule aventure réelle vécue au contact du texte, ainsi que le dira un peu plus tard le Nouveau Roman. Ce transfert de la fiction dans le domaine de l'écriture et de la lecture est aussi l'un des intérêts majeurs du roman clandestin, *Le Con d'Irène*, publié en 1928, texte trop rarement lu et encore victime de sa réduction à l'étiquette érotique. À l'époque de la maturité, on retrouvera cette fictionnalisation de l'acte créateur dans le livre *Henri Matisse, roman*.

L'autre intrusion du fictif dans le discours à caractère référentiel apparaît avec le traitement du matériau autobiographique.

La nouvelle *Le Mentir-vrai* publiée en 1964 deviendra par son titre l'emblème de l'art romanesque revendiqué par l'auteur. La formule qui a fait fortune est volontairement provocante : elle inverse les connotations négatives du mensonge en l'identifiant à une forme supérieure de vérité. Elle a aussi suscité bon nombre de contre-sens plus ou moins bien intentionnés. Sans doute conviendrait-il de la replacer dans le débat sur le réalisme où elle intervient comme protestation contre la formule stalinienne enjoignant aux artistes de «dire le vrai»[12]. Mais elle s'applique rétrospectivement à toute l'œuvre et en particulier au rapport entre roman et autobiographie. Destinée à «fixer des secrets»[13], l'écriture romanesque se nourrit en effet pour Aragon du matériau autobiographique sans le dévoiler directement. C'est ce qu'affirme déjà, indirectement, une phrase du *Traité* : «Mes mémoires sans mensonges, j'aime mieux n'y pas penser» (p. 122).

Le jeu avec les articles de presse détournés de leur sens ou purement inventés fournirait un bel exemple de ce mentir-vrai, sorte d'autofiction avant la lettre à laquelle ne manquerait, pour qu'elle fût identifiée comme telle, dans le sens donné par Doubrovsky, que l'annonce explicite du procédé. L'identification de l'auteur au pilleur d'église décrit dans les deux articles n'en est pas moins conforme à une certaine vérité personnelle, annoncée par la diatribe contre la religion chrétienne (p. 95-102). Quant à l'équivoque fondée sur les deux sens du verbe «voler», elle pourrait aussi représenter l'attitude fondamentale de l'écrivain qui ne dissocie pas le geste iconoclaste et l'accès par l'écriture à une réalité supérieure, forme moderne du Sublime recherché par les Anciens ! Breton, de son côté, n'intitulera-t-il pas plus tard un de ses recueils «Signe ascendant» ? Cette ligne de sens supplémentaire demeure toutefois réservée au seul lecteur disposant des éléments d'enquête extra-textuels décrits plus haut. Mais l'idée d'un *roman de la lecture* n'autorise-t-elle pas une telle entreprise ?

Il est possible encore, à la lumière des commentaires ultérieurs de l'auteur, de chercher dans ce texte les traces d'une vérité intime dont l'aveu serait en quelque sorte différé. Le *Traité du style*, écrit dans le voisinage de Breton et de Nancy Cunard[14], exprimerait, par la violence du ton, une tension due à l'infidélité de Nane et à la jalousie amoureuse envers Breton[15]. Les derniers textes — *Blanche ou l'oubli* ou *Théâtre/Roman* — appréhendent, par la fiction et de façon plus précise, cette vérité douloureuse. L'ambiguïté du mentir-vrai et de la démarche aragonienne est cependant de désigner au lecteur ce hors-texte, hors-fiction, comme horizon, et d'en affirmer simultanément le caractère inatteignable.

En ce sens, on soulignera l'importance de cette phrase rencontrée vers la fin du *Traité* :

> À part ça, je me refuse à séparer l'un de l'autre deux êtres fictifs, l'auteur et le type qui s'en lave les mains (p. 231).

Sans doute les deux personnages désignent-ils, dans le contexte particulier du passage, ces deux postulations de l'artiste — le rêveur et l'homme d'action — qu'Aragon refuse de dissocier, mais le mot le plus intéressant est ici l'adjectif «fictifs» qui indique l'intrusion de l'imaginaire dans la vie supposée réelle de l'auteur.

On constate donc que la «volonté de roman», officiellement reniée[16] fait un retour insidieux, tendant à envahir le propos et l'écriture elle-même, en prélude aux recherches ultérieures. La fiction est aussi étendue au hors-texte : cet «épanchement du songe dans la vie réelle» déjà affirmé par Nerval nous ramène au fond de l'entreprise surréaliste et à ses attendus philosophiques et linguistiques.

Le surréalisme : généralisation ou dissolution de la fiction ?

Il serait tentant, suivant les mots de l'auteur, de proposer à présent une définition de la fiction élargie au champ de l'imaginaire, lui-même plus ou moins superposé à toute expérience vécue. En ce sens, on s'orienterait vers une omniprésence de la fiction, déjà développée en son temps par le théâtre de l'âge baroque.

Mais on perdrait peut-être alors l'élément diacritique introduit par Searle : l'idée que la fiction ne peut être ressentie que sur le fond d'une discrimination entre réel et imaginaire. Du point de vue du lecteur — et la remarque doit sans doute être étendue au public de toutes les œuvres d'art —, on connaît les ravages psychologiques d'une telle attitude, mise en scène dans quelques romans célèbres (*Madame Bovary*, *Don Quichotte*...). Sur le versant de la création, on en retrouve l'écho chez les artistes surréalistes. *Les Cahiers de Rodez*, écrits par Artaud en parallèle à son internement, explorent une limite. Breton, de son côté, s'approche aussi de la folie dans *Nadja*, mais l'appréhende à travers la figure de l'autre. Existe-t-il alors des indices de discrimination ou faut-il penser qu'il y ait incompatibilité entre surréalisme et fiction, dans l'acception logique du terme ?

On proposera quelques éléments de réponse en revisitant un certain nombre de notions ou de problèmes : les catégories de Réel et de Surréel, d'invention, de mythologie, le rapport au romantisme et à l'inspiration, le rôle du lecteur.

En un sens, Surréel et imaginaire ne font qu'un, au point d'ébranler la notion même de réalité objective. Le surréalisme se confond alors avec une forme d'idéalisme. Dans l'*Introduction au Discours sur le peu de réalité* (1925)[17], Breton affirme ainsi sa volonté de soumettre le réel à l'expression poétique :

> La médiocrité de notre univers ne dépend-elle pas essentiellement de notre pouvoir d'énonciation?

On notera pourtant que le discours proprement dit ne vit jamais le jour. Mais l'*Introduction* reste certainement présente à l'esprit d'Aragon qui redira plus tard sa prédilection pour ce texte[18]. Lui-même avait, en 1924, émis des vues assez voisines dans *Une vague de rêves*[19], premier manifeste surréaliste publié quelques semaines avant celui de Breton. Il développait une série d'approches du «surréel», identifié au rêve et confondu dans sa conclusion avec l'irréel :

> Ô Rivieras de l'irréel, vos casinos sans distinction d'âge ouvrent leurs salles de jeux à ceux qui veulent perdre! Il est temps croyez-moi, que l'on ne gagne plus (*L'OP* 2, p. 251).

L'opposition entre réel et irréel cessant d'être pertinente, l'affrontement semble se déplacer sur le terrain du langage, entre expression stéréotypée et expression innovante. Tel est, dans le *Traité du style*, le sens de la critique adressée aux métaphores figées et de l'éloge conjoint de cette forme de rupture, l'humour, «condition négative de la poésie» : «Ce qui fait la force de l'image, c'est l'humour». Pourtant, dans le même *Traité*, l'auteur éprouve aussi le besoin de donner quelque poids au référent politique et social, ainsi qu'il a été dit, et de maintenir une certaine discrimination d'ordre non linguistique.

Le surréalisme dans sa version bretonienne est-il par ailleurs aussi réfractaire qu'il le proclame à la fiction comme récit inventé? Reprenant le procès du roman amorcé dans *Le Manifeste du surréalisme*, Breton développe dans le début de son *Introduction* une condamnation du personnage de fiction :

> L'imagination a tous les pouvoirs, sauf celui de nous identifier en dépit de notre apparence à un personnage autre que nous-même. La spéculation littéraire est illicite dès qu'elle dresse en face d'un auteur des personnages auxquels il donne raison ou tort, après les avoir créés de toutes pièces (*OC*, II, p. 266).

De même encore dans *Nadja*, il s'oppose à «tous les empiriques du roman qui prétendent mettre en scène des personnages distincts d'eux-mêmes» et enchaîne :

> Je persiste à réclamer des noms, à ne m'intéresser qu'aux livres qu'on laisse battants comme des portes, et desquels on n'a pas à chercher la clé (*OC*, I, p. 650-651).

Pourtant, la critique n'a pas manqué d'observer que «Nadja» est un nom de fiction[20], et donc une espèce de personnage, avant de devenir l'emblème de «la beauté convulsive». On est également frappé, à la lecture des trente-deux chapitres de *Poisson soluble I*, par la présence fréquente de micro-récits à caractère fantasmatique, mettant en scène, sur fond onirique, personnages, décor, voire échange de répliques. Mais il faut aussitôt reconnaître que la structure morcelée empêche chacune de ces fictions de dépasser le stade de l'ébauche.

Un autre élément problématique apparaît avec le rapport des surréalistes à la mythologie. Ils la dénoncent comme stéréotype culturel ou véhicule d'un discours social, mais s'emploient à en recréer une, voire, pour Breton, à recycler certaines figures du répertoire romantique :

> Nadja s'est aussi maintes fois représentée sous les traits de Mélusine qui, de toutes les personnalités mythiques, est celle dont elle paraît s'être sentie le plus près (p. 727).

Le Paysan de Paris s'ouvre quant à lui sur *La Préface à une mythologie moderne* : la ville, sur les ruines de l'ancienne mythologie, sera la figure emblématique et la source de cette mythologie nouvelle. De même, le *Traité du style*, après avoir dénoncé les grands mythes modernes de l'Évasion, de l'Aventure ou des Paradis artificiels, célèbre à son tour de nouvelles mythologies :

> Allumettes phosphores et aurores boréales se confondent à la séquence de plusieurs mythologies (p. 180).

La célébration du merveilleux moderne n'aboutit-elle qu'à restaurer une variante du merveilleux ancien? On pencherait à nouveau vers un irréalisme dominant qui a traversé le courant surréaliste. Il semble plus vif chez Breton qui figure ainsi l'activité poétique :

> La Biche aux pieds d'airain, aux cornes d'or, que j'apporte blessée sur mes épaules à Paris ou à Mycènes transfigure le monde sur mon passage.[21]

Par cette allusion au quatrième des douze travaux d'Hercule, Breton touche pour une fois au fonds antique. L'identification de la poésie au merveilleux est symbolisée par l'image de la «Biche aux pieds d'airain, aux cornes d'or». Le poète, assimilé à un Hercule moderne, a pour mission de déréaliser le monde pour mieux le transfigurer.

Chez Aragon, l'opposition entre mythologie ancienne et mythologie moderne, créée par le poète, semble plus accusée, ce qui maintient davantage l'imaginaire à distance.

L'ambiguïté resurgit aussi lorsqu'on examine la question de l'inspiration et le rapport du surréalisme au romantisme, dans sa version idéaliste. Le *Traité du style* s'en prend avec virulence aux clichés romantiques, mais il réintroduit l'équivoque en conservant la notion d'inspiration :

> Le surréalisme est l'inspiration reconnue, acceptée, et pratiquée. Non plus comme une visitation inexplicable, mais comme une faculté qui s'exerce (p. 187).

Sans doute le refus de la «visitation inexplicable» marque-t-il la critique de l'inspiration divine, mais le mot «faculté» proposé en remplacement est à peine moins mystérieux.

Pourtant, l'auteur se livre dans le même texte à une savoureuse critique illustrée du style Dada puis de l'écriture automatique transformée en recette miracle :

> Si vous écrivez, suivant une méthode surréaliste, de tristes imbécillités, ce sont de tristes imbécillités. [...]
>
> Maintenant tout le monde, après avoir dit un poème dada, rien de plus simple, tenez seau à charbon bonbon confiture, s'écrie le surréalisme j'en suis : les cuisses des horizontales obsolètes... (car ces acrobates trouvent le surréalisme un peu bordel) (p. 192 et 194).

Affirmant que «le surréalisme n'est pas un refuge contre le style», Aragon utilise donc le concept de «style» pour approcher une donnée composite, à mi-chemin entre forme et matière mentale. L'image mathématique de la courbe figure la forme :

> Dans l'expérience surréaliste proprement dite, tout se passe comme si la courbe d'un mobile, duquel nous ne savons rien, s'inscrivait (p. 195).

Du côté de la matière mentale, l'image de l'«océan symbolique» désigne l'étendue du répertoire littéraire — classiques compris! — comme condition de l'intérêt des productions nouvelles. L'écriture s'ouvre par-là au champ culturel.

Aragon l'inscrit aussi dans un usage social[22], celui de l'exacte maîtrise du sens des mots, qui renvoie au dictionnaire :

> Si vous appartenez à cette lamentable espèce qui ignore le sens des mots, il est vraisemblable que la pratique du surréalisme ne mettra guère en lumière autre chose que cette ignorance crasse (p. 192).

Se dessinerait ainsi dans son texte une image mixte de la langue, instrument de communication sociale fondé sur la clarté et objet poétique ouvrant par l'emploi des images et des associations de mots sur l'obscurité. Au contraire, c'est la seconde approche qui semble l'emporter chez Breton.

Cette vigilance critique maintenue par Aragon comme composante de l'expérience surréaliste se manifeste enfin par la place plus grande réservée dans ses textes au lecteur. Ceci peut être vérifié dans le rapport à

Lautréamont-Ducasse. L'influence des *Chants de Maldoror* est reconnue par les surréalistes comme majeure. Mais, dans le groupe, et notamment dans le trio qu'il forme avec Breton et Desnos, Aragon semble le seul à exploiter la dimension de l'héritage lautréamontien intégrant le lecteur au texte[23]. Ainsi, le lecteur insuffisant ou naïf, pris à partie dans ce *Traité du style*, fonctionne comme repoussoir et point d'appui, permettant au lecteur réel de développer un rapport non fasciné au texte et donc de jouer avec un matériau partiellement fictif. Telle est, du moins, l'hypothèse qu'on peut tenter d'illustrer en revenant à l'énigme posée d'entrée.

La Fontaine/L'armée française

La relation entre ces deux entités linguistiques et référentielles, outre leur fonction d'encadrement du texte, se joue ici à, au moins, six niveaux :

– elles sont associées par le registre scatologique qui fait retour dans les derniers mots du texte : «Je conchie l'armée française dans sa totalité»; l'écriture porte la trace du fantasme sadique-anal;

– ce fond fantasmatique commun renvoie à l'ordre bourgeois (la psychanalyse a montré l'équivalence fèces/argent pour l'inconscient) : le classicisme est récusé comme emblème d'un conservatisme bourgeois, l'armée comme instrument de l'oppression intérieure et coloniale;

– mais les deux entités sont aussi reliées par une parenté sonore reposant sur trois phonèmes communs : [l], [a], [f];

– de plus, ces deux figures de l'ordre, donc de la loi, sont lexicalement féminisées, ce qui renverrait au déclin de l'imago paternelle décrit par Lacan[24]; le stade sadique-anal est d'ailleurs préœdipien;

– l'arrière-plan personnel de cette représentation serait pour Aragon la figure du Père, apparemment exclue de son œuvre, mais recréée sous de multiples formes à travers un matériau fantasmatique souvent entaché d'ambivalence[25];

– le langage poétique offre au lecteur la possibilité d'une exploration interprétative de cette ambivalence, et donc d'une maîtrise d'ordre symbolique. Dit en termes lacaniens : lecteur et auteur prendraient le relais de l'analyste, comme substituts du Père. N'est-ce pas ce que suggère Aragon lui-même, lorsqu'il affirme : «Le surréalisme est une forme consciente de cette faculté, l'interprétation moderne»? (p. 187).

*
* *

Le *Traité du style* instaure donc un rapport complexe et multiforme à la fiction. Vrai et faux traité, il recourt à la feintise ludique pour approcher une première vérité relative à l'écriture. Il s'agit alors de rapprocher ces deux termes présumés antonymes : le surréalisme et le style. Ouvertement décriée, la volonté de créer des fictions narratives ou théâtrales, selon le sens usuel du terme, reste par ailleurs une hantise qui transparaît dans la fictionnalisation de l'écriture et de la lecture; le processus de modélisation cognitive s'élaborerait ainsi, non plus à partir de la diégèse, mais en s'appuyant sur la nature poétique du langage.

L'horizon d'une telle recherche peut être une dissolution de la fiction, au sens logique, sur fond d'idéalisme absolu. Cette version du surréalisme, plus nette chez Breton que chez Aragon, trouve néanmoins à s'exprimer chez les deux auteurs. Mais elle est concurrencée dans le *Traité du style* par la volonté de lucidité qui tend à restaurer le jeu fictionnel en le déplaçant. La présence, au sein du texte, de discriminants permet en effet au lecteur de dialectiser fantasme et principe de réalité : l'humour et la mise en scène d'un lecteur insuffisant sont deux pièces essentielles de ce dispositif pédagogique. Sans doute le double objectif de connaissance et de construction identitaire reste-t-il simultanément, et de façon délibérée, mis en péril. Peut-être est-ce cependant grâce à une confiance absolue dans les pouvoirs de la littérature que le texte le plus noir et le plus désespéré parvient à prendre les accents du cocasse et de la légèreté.

POST-SCRIPTUM

Certaines affinités entre critique (texte de lecture) et fiction viennent d'être évoquées. La mise en scène du sujet lecteur sur le mode de la théâtralisation exprime de façon aiguë ce qui est ailleurs plus diffus, mais ne peut être tu complètement : toute interprétation dialogue avec ceux auxquels elle s'adresse à son tour, prévenant telle objection, faisant étalage de ses doutes et de ses faiblesses pour mieux emporter l'adhésion. La rigueur interprétative entre aussi dans le champ de la séduction.

Autre confirmation : le métalangage critique ne saurait se passer d'images. Le commentaire proposé (discours second) n'a pas épuisé le pouvoir heuristique de certaines d'entre elles : «l'océan symbolique», «la courbe d'un mobile dont nous ne savons rien»...

La dimension romanesque a montré son caractère multiple, non limité à l'auto-analyse, forme moderne de l'introspection. L'enquête érudite, avec ses surprises, en est un autre aspect, à inscrire dans l'aventure de la connaissance en général. Mais il s'agirait d'une aventure vraie, garantie par les institutions qui fondent le savoir collectivement : bibliothèques, banques de données, etc.

Ces indications partielles ne sauraient suffire. Il est temps à présent d'interroger dans sa globalité la catégorie de fiction, en principe constitutive du romanesque, et de préciser si possible ses différentes acceptions.

NOTES

[1] Article publié dans la revue *Littérature*, n° 123, septembre 2001.
[2] Édition de référence : Gallimard, «L'Imaginaire».
[3] Aragon les a lui-même retracées, beaucoup plus tard : «Le certain, du moins me semble-t-il, c'est que dans l'été de 1928 [en réalité : 1927, A.T.], à Varangeville, c'est-à-dire à deux pas de Dieppe, j'ai écrit *Le Traité du style*, tandis que dans une tour de ferme, à quelques kilomètres de là, au Manoir d'Ango, nous avions organisé pour André Breton, alors seul et malheureux, une sorte de perchoir où il écrivait, lui, *Nadja* : nous lisions pour Nane [Nancy Cunard], et pour nous-mêmes, les pages des derniers jours, alternant ces deux écrits, et j'entends toujours dans cette maison aux murs de carton où commencent déjà entre Nane et moi ces alternatives du malheur, les disputes, la jalousie dont je fais soudain en moi la découverte... j'entends toujours le rire d'André aux pages du *Traité*...» (*J'appelle poésie cet envers du temps*, 1974, in *L'Œuvre Poétique* (*L'OP*), Livre Club Diderot, 1974-1981, volume IV, p. 28).
[4] Jean-Marie Schaeffer, *Pourquoi la fiction?*, Seuil, 1999.
[5] John Searle, «Le statut logique du discours de fiction», *Sens et expression*, 1975, trad. Minuit, 1982.
[6] Fragments des *Chants* II et IV et des *Poésies* I et II.
[7] Fragments photocopiés d'après les microfilms à lire en annexe, dans le numéro 123 de *Littérature*.
[8] Les manifestations en faveur de Sacco et Vanzetti y tiennent une place importante (p. 117-120).
[9] Sur cet acte et sur la légende qu'entretint à son sujet Aragon à partir de 1964, lire Pierre Daix, *Aragon*, Flammarion, 1994. Voir aussi notre ouvrage déjà cité, *Le lecteur et le livre fantôme Essai sur La Défense de l'infini de Louis Aragon*.
[10] Marcel Arland, *La NRF*, 1er février 1924, p. 149-158.
[11] *Le Projet de 1926*, in *La Défense de l'infini*, CAHIERS DE LA nrf, Gallimard, 1997, chapitres 2 et 3.
[12] Lire à ce sujet Nathalie Limat-Letellier, «Le "mentir-vrai" : une poétique de la fiction», in *Lire Aragon*, Actes du colloque du centenaire, Université de Paris VII, 1997, Champion, 2000, p. 143-152.
[13] *Je n'ai jamais appris à écrire ou les incipit*, Skira, 1969, rééd. *Œuvres Romanesques Croisées*, Robert Laffont, 1964-1974, tome 42, p. 157.
[14] Voir *supra*, note 3.

[15] Lire à ce sujet Maryse Vassevière, «œuvres croisées : Aragon, Breton et le mystère du manoir d'Ango», *Recherches Croisées Aragon Elsa Triolet*, n° 2, 1989, p. 159-187.

[16] Aragon évoque sur un mode ambigu cette «niaise, la volonté de roman», *La Défense de l'infini*, éd. cit., p. 417.

[17] *Introduction au discours sur le peu de réalité*, *Commerce*, 1925, Gallimard, 1927, *Œuvres Complètes* [*OC*], éd. La Pléiade, volume II.

[18] «Un des textes de lui que je préférais», *L'OP*, IV, p. 29.

[19] *Une vague de rêves*, *Commerce*, n° 2, 1924, *L'OP*, II.

[20] Le nom est en russe le diminutif courant du prénom *Nadièjda* qui signifie «espérance». De son vrai nom, Nadja s'appelait «Léona-Camille-Ghislaine D» (Marguerite Bonnet, *Breton*, *OC*, I, p. 1509).

[21] *Introduction au Discours sur le peu de réalité*, p. 275. Lire à ce sujet le commentaire de M. Bonnet, p. 1448.

[22] André Gavillet fait remarquer que cette particularité du surréalisme aragonien garantit l'efficacité du scandale recherché par l'artiste; elle prépare aussi le passage à la période dite «réaliste», faisant ressortir l'unité de l'œuvre complète (A. Gavillet, *La littérature au défi. Aragon surréaliste*, Galley et Cie, Fribourg, 1957, p. 135).

[23] Voir *Le lecteur et le livre fantôme*, p. 286-303.

[24] Jacques Lacan, *Les Complexes familiaux*, 1938, Navarin, 1984.

[25] Lire à ce sujet Roselyne Collinet-Waller, *Aragon et le père, romans*, PUS, 2001.

Chapitre 4
Lecture et fiction[1]

Quoi de plus flottant, de plus polysémique, que ces deux vocables : lecture et fiction? Il paraît cependant inévitable de les envisager dans leur rapport. Réfléchir sur la fiction conduit en effet à des problèmes de lecture. Mais la lecture, appelée à reconnaître la fiction, peut-elle échapper elle-même totalement à la sphère du fictionnel? Je voudrais montrer qu'il n'en est rien : loin de ruiner la valeur de l'interprétation, cette idée lui confère peut-être un plus juste statut, car elle oblige à reconnaître l'empreinte du sujet et de son imaginaire dans le texte auquel conduit nécessairement toute lecture désireuse de s'offrir à d'autres. Ceci étant posé, un effort de clarification est nécessaire, qui amènera à distinguer des degrés de fiction et des formes plus ou moins synthétiques de la lecture.

Dans son acception la plus courante, celle d'histoire inventée, la fiction que l'on appellera *première*, peut être reconnue intuitivement ou décrite plus savamment par les moyens linguistiques et narratologiques. On peut aussi analyser le rapport pragmatico-ludique qui unit le lecteur à cette fiction première; on s'oriente alors par le jeu vers la lecture dite littéraire. Toutefois, une acception élargie de la fiction tend à la confondre avec le langage lui-même dont elle soulignerait la dimension imaginaire. La lecture mise en texte devrait alors, sans se dissoudre dans la fiction et par souci de rigueur, affronter sa propre dimension fictive. Je propose de nommer *fiction induite* l'implication du sujet dans sa lecture, implication sans doute plus importante quand la lecture se fait littéraire.

Je procéderai par élargissements : l'examen critique des lectures discriminantes, l'hypothèse d'une fiction étendue au langage, amèneront finalement à penser la dimension fictive du texte de lecture à partir de deux vecteurs : concept et fantasme.

«Noyaux durs» de la fiction : lectures discriminantes

Modèles logico-linguistique et narratologique

Ils relèvent tous d'une poétique essentialiste cherchant à déterminer dans les textes eux-mêmes les propriétés qui opposeraient les énoncés fictifs à des énoncés de réalité. Käte Hamburger (*La logique des genres littéraires*, 1977) a ouvert la voie en effectuant un retour à Aristote. Elle établit que dans la *Poétique*, «*poièsis* et *mimèsis* sont synonymes», *mimèsis* ne signifiant pas seulement «imitation» mais aussi «présentation, fabrication»[2]. La mimèsis aristotélicienne se confond alors avec la notion moderne de fiction[3]. Hamburger entreprend d'aménager la *Poétique* en intégrant dans sa *Logique* l'énoncé lyrique, mais conserve dans son système une place prépondérante pour les genres de la fiction, récit à la troisième personne et fiction dramatique. À partir de critères linguistiques fondés notamment sur l'analyse de l'énonciation, elle décrit la logique spécifique du texte fictif dans lequel le Je-origine de l'énonciation doit être rapporté aux personnages fictifs et non à l'auteur. On ne discutera pas après d'autres le détail de la démonstration (exclusion du récit à la première personne, assimilé à la *feinte*, valeur de présent accordée au prétérit...). L'important est la démarche : les critères mis à jour apparaissent ici comme le moyen pour le lecteur de reconnaître une intention fictionnelle dûment inscrite.

Gérard Genette (*Fiction et Diction*, 1991) et Dorrit Cohn (*Le propre de la fiction*, 1999) ont proposé des aménagements qui conservent le même présupposé définitoire : pour reprendre la terminologie avancée par Genette, la fiction appartient au régime *constitutif*, celui des essences textuelles, et non au régime *conditionnel*, soumis en partie au jugement des lecteurs[4]. L'essai de Dorrit Cohn donne toute sa mesure à cette analyse du régime constitutif, ce qui en éclaire les avantages et peut-être les limites. Le chapitre liminaire n'envisage qu'une acception pertinente du mot fiction : le «sens générique de texte littéraire non référentiel et narratif»[5]. Quatre sens concurrents sont écartés, soit la fiction comme : contre-vérité, abstraction conceptuelle, littérature, récit.

Trois marqueurs du *récit non référentiel* sont proposés par Dorrit Cohn : 1. la réduction du récit à un double niveau Histoire/Discours excluant le troisième niveau de la Référence, 2. l'ubiquité anti-naturelle de la voix narrative, 3. la «fabrication» d'une instance autonome, distincte de la voix auctoriale, le Narrateur. Ces trois critères présentent une efficacité certaine lorsqu'on les applique aux textes narratifs : ils permettent de distinguer fictions et récits historiques, ce que Genette nomme de son côté le fictionnel et le factuel.

Il est utile de pouvoir tracer des frontières génériques. Les anomalies sont autant de transgressions analysables en termes d'effet littéraire particulier; sans loi, pas d'originalité. Néanmoins trois objections peuvent être avancées.

1. La première concerne l'étanchéité de la frontière entre énoncé fictif et énoncé de réalité ou énoncé historique[6]. Il n'est pas sûr que la reconnaissance d'un énoncé fictif puisse toujours être assurée par la seule observation du texte et il n'est pas dit pour autant que l'on verse dans la catégorie voisine de la feinte[7].

2. La définition proposée par D. Cohn exclut du champ fictionnel le théâtre. Cette restriction, sans doute favorisée par le sens anglais du mot «fiction»[8], ne se retrouve pas chez les deux autres auteurs qui intègrent le théâtre à la fiction[9], suivant la suggestion aristotélicienne. Mais il est à remarquer que tous s'attardent essentiellement sur le cas de la fiction narrative. Sans doute la fictionalité est-elle au théâtre plus immédiatement perceptible grâce au dédoublement de l'acteur et du personnage. Mais par les conditions de la représentation, on touche aussi au domaine de la réception qui risque d'arracher la fiction à la perspective strictement constitutive.

3. En effet, la limitation à des critères textuels gomme une dimension complémentaire de la fiction, celle d'une pratique intersubjective fondée sur la connivence active entre l'émetteur et le récepteur; ce changement de perspective rejoint les analyses de Bakhtine qui, dans son *Esthétique de la création verbale*, envisage une co-énonciation du texte littéraire, en amont et en aval du texte. Ce qui arrache la pragmatique à la seule sphère de l'énonciateur original[10].

Le modèle ludique

Searle, en rapportant la fiction au jeu, oriente la réflexion vers cette idée d'interaction. Le chapitre célèbre sur le «Statut logique du discours de fiction»[11] ne limite pas ce discours à la littérature. Par ailleurs, Searle distingue, dans le champ de l'*illocution feinte*, la feintise sérieuse ou mensonge de la feintise ludique, par quoi il définit la fiction. Moins catégorique que ne le sera Dorrit Cohn, il se garde de couper totalement la fiction du référent et propose la notion de «référence feinte»[12] permettant sans doute de penser plus facilement le lien établi par le lecteur entre son expérience de l'œuvre et son expérience du monde.

Schaeffer développe dans *Pourquoi la fiction?*[13] (1999) le modèle hérité de Searle. Il souligne d'abord la valeur éducative de la mimèsis chez Aristote : «Le dispositif fictionnel est un opérateur cognitif [...]

parce qu'il correspond à une activité de modélisation» (319). Il reconnaît néanmoins les effets pervers de «l'immersion mimétique» soulignés par Platon. Ce qui l'amène à reprendre et à développer le modèle ludique, inspiré de Searle. Ainsi conçue, la fiction conserve son pouvoir heuristique tout en se gardant, par le jeu, des pièges de l'identification abusive.

Schaeffer s'appuie également sur les travaux de Winnicott[14] qui établissent une analogie entre les objets d'art et les objets transitionnels : «L'état de fiction conçu comme mise entre parenthèses de la question de la véridicité et de la référentialité» (177) est le trait commun au lecteur et à l'enfant utilisant l'objet pour rejouer certaines situations traumatisantes. Ces deux formes de fiction favorisent la maîtrise symbolique des situations réelles. Le jeu apparaît ainsi comme une forme supérieure de discrimination, conjuguant illusion et désillusion.

Malgré la richesse de son information et la référence à Winnicott, cet ouvrage s'en tient toutefois à une présentation quelque peu schématique de la psychanalyse[15], marquée par la relative impasse sur la théorie freudienne du fantasme[16]. L'enjeu d'une théorie du fantasme n'est pas mince : l'appréhension correcte du mécanisme de construction identitaire en dépend probablement[17]. D'autres s'y sont essayés.

Lecture littéraire et fiction

L'essai de Michel Picard *La lecture comme jeu* (1986) traite de la fiction dans un esprit voisin de celui de Schaeffer[18], mais analyse plus précisément les dédoublements à l'œuvre dans une lecture créatrice. Trois instances tentent d'en rendre compte : le *liseur* (sorte de régie corporelle), le *lu* (instance de l'adhésion passive et de la participation hallucinatoire), le *lectant* (qui représente l'activité intellectuelle et discriminante). Il s'agit pour Picard de donner à comprendre comment, de la lecture «naïve» à la lecture plus savante, la fiction sollicite simultanément et par une série d'interactions l'ensemble de la personne du lecteur, son corps, son affectivité et son intellect. Vincent Jouve a proposé une variante avec la triade *lisant, lu, lectant*[19]. Selon ce nouveau modèle, le *lisant* traite la fiction comme un jeu de rôle, le *lu* se contentant de broder sur l'histoire racontée un autre scénario de type hallucinatoire.

De la description logico-linguistique au modèle ludique, la fiction première passe donc d'un régime exclusivement constitutif à un régime mixte supposant la participation plus active du lecteur. Cependant, la nécessité de distinguer les plans de la réalité et du monde fictif reste commune à ces différentes approches. Or, c'est précisément ce clivage qu'il faut à présent interroger.

La fiction élargie au langage (*fiction seconde*) et à la lecture (*fiction induite*)

Fiction/Poésie

Dans *Fiction et diction*, Genette reprend avec quelques variantes la structure du champ littéraire établie par K. Hamburger. La *fiction* (d'ordre *thématique*) inclut les œuvres narratives et dramatiques non référentielles, mais elle est considérée comme relevant du constitutif, donc de l'essence de l'œuvre elle-même. Premier problème sur lequel on ne reviendra pas. Genette pose en parallèle une autre catégorie, la *diction* (d'ordre *rhématique*, plus ou moins formel) qui compléterait la définition du littéraire, réduite dans la *Poétique* aristotélicienne à la fiction (mimèsis). En tant que travail sur la forme, la diction inclut la poésie (spécifiée sous la forme classique du vers) et certains textes en prose. Ce que les poètes eux-mêmes, puis le formalisme avec Jakobson, ont depuis longtemps désigné sous la catégorie élargie de Poésie ou défini comme fonction poétique du langage.

Cette nouvelle classification ordonne un certain nombre de faits de langue qui peuvent être appréhendés grâce à des outils intellectuels différents; elle est donc utile et même rassurante. Mais il n'est pas certain que l'antagonisme de la poésie et de la fiction soit aussi radical. En atteste déjà la parenté de la figure et de la fiction, signalée par l'étymologie latine[20] : *figura* et *fictio* dérivent du même verbe *fingere* (= façonner, modeler). Genette convient presque de l'inconvénient de cette coupure au moment d'aborder le sujet lyrique : il s'agit, note-t-il, d'«un je indéterminé — ce qui constitue au passage une forme atténuée de fictivité»[21]. Tout est effectivement affaire de définition et l'on pourrait donc envisager des degrés de fictionalité. Je propose d'appeler *fiction seconde* cette dimension du langage qui touche à l'imaginaire et dont la poésie est l'expression la plus courante.

Le refus de la séparation ontologique des genres posée par la rhétorique amène à s'interroger sur la nature du langage, au croisement de plusieurs disciplines, et à envisager l'extension de la fiction seconde à d'autres catégories d'écrits.

Poésie, philosophie et critique

Deux points communs les rassemblent : il s'agit de discours et leur objet est la connaissance. Naturellement, la connaissance visée à travers chacun de ces discours est *a priori* spécifique. Tel est du moins le message que fait passer depuis l'Antiquité le discours philosophique, soucieux de classer les phénomènes et d'assigner à la littérature une place particulière dans le champ des pratiques discursives. Mais un moment survient où l'évolution des idées et des civilisations amène en retour à soumettre la philosophie au feu d'une critique menée à partir du point de vue littéraire. Ce moment date de plus de deux siècles, c'est celui de l'école romantique de Iéna. Schlegel, Schelling et quelques autres se mettent à rêver d'une forme supérieure d'œuvre susceptible de transcender l'héritage des Grecs en effaçant les clivages traditionnels entre art et philosophie, imagination et raison. Schlegel nomme *Poésie* ou *Littérature* ce genre supérieur dont les *Fragments* publiés dans l'Athenaeum sont l'approximation imparfaite et dont l'horizon serait «l'absolu littéraire» étudié par Philippe Lacoue-Labarthe et Jean-Luc Nancy[22]. *Poésie* est alors rapporté à son origine étymologique grecque *Poièsis* : production, création, mais l'idée se décline aussi bien comme *œuvre* ou *roman*, voire *critique*[23]. Où l'on voit resurgir, dissoute dans l'ensemble plus vaste du super-genre littéraire, la notion de fiction, comme création continue du Sujet. Que ce moment de tension éphémère vers l'absolu littéraire n'ait pas produit exactement les résultats escomptés est évident : la minceur relative des productions le confirme[24]. Les romantiques eux-mêmes éprouvèrent la nécessité d'ouvrir leur écriture à une forme de distance ironique en théorisant l'importance du *Witz* dans les écrits tendus vers cet absolu[25]. On retiendra néanmoins de ce premier moment l'association au processus cognitif de l'imaginaire poétique, forme affaiblie de la fiction.

Cette fictionalité de tous les discours sera formulée avec une vigueur nouvelle par Mallarmé dans ses *Notes sur le langage* consacrées au *Discours de la méthode*. Mallarmé relève cette citation de Descartes déclarant dans la IVe partie du *Discours* avoir «résolu de *feindre* que toutes les choses qui [lui] étaient entrées dans l'esprit n'étaient non plus vraies que les illusions de [ses] songes». Et il ajoute le commentaire suivant :

> Enfin la fiction lui semble être le procédé même de l'esprit humain — c'est elle qui met en jeu toute la méthode, et l'homme est réduit à sa volonté.
> Page du discours sur la Méthode[26]

L'entreprise d'*Igitur*, conte poético-philosophique, peut être comprise, selon Bertrand Marchal, comme la tentative de dépasser le Cogito par la création d'une nouvelle fiction qui soit «la formule même de l'être pensant et agissant»[27]. Refusant de fonder le moi et le monde dans l'être, comme Descartes, Mallarmé donne la prééminence à l'acte sur le sujet. On n'est pas très loin de ce *sujet de la Critique* visé par le Cercle de Iéna et qualifié de «sujet-de-l'art»[28]. L'écriture mallarméenne semble toutefois osciller entre cette vision de la fiction, nouvelle formule de l'absolu toujours recherché sinon atteint, et une conception négative, comme mensonge et illusion dont la parole poétique, dans son souci de vérité devrait apprendre à se défaire :

> Nous savons, captifs d'une formule absolue que, certes, n'est que ce qui est. Incontinent écarter cependant, sous un prétexte, le leurre, accuserait notre inconséquence, niant le plaisir que nous voulons prendre : car cet au-delà en est l'agent, et le moteur dirais-je si je ne répugnais à opérer, en public, le démontage impie de la fiction et conséquemment du mécanisme littéraire, pour étaler la pièce principale ou rien. Mais je vénère comment, par une supercherie, on projette, à quelque élévation défendue et de foudre! le conscient manque chez nous de ce qui la-haut éclate.
> À quoi sert cela –
> À un jeu.[29]

La lecture de Mallarmé opérée par Yves Bonnefoy insiste sur la dimension négative de cette fiction :

> Il n'y a rien qui ait à être, rien qui soit l'expression d'un ordre réel sous les représentations que les mots construisent [...]. Leur seule vérité semble dans l'abandon que cette découverte doit l'inciter à faire de toute prétention à les employer pour autre chose que de la fiction.[30]

Il précise encore que l'auteur de la «Prose pour des Esseintes», hanté malgré tout par l'absolu, préfère la «vue» à la «vision»,

> la vision étant l'évidence troublée par la pensée, la «chimère» ou «glorieux mensonge» qui naît de la pensée par la voie du concept ou du fantasme (223).

La fiction mallarméenne, «glorieux mensonge», semble donc partagée entre un versant positif, trace d'un absolu dont la poésie entretient le rêve, et un versant négatif, traquant sous le modèle fictif la méconnaissance ou la part d'illusion. Le poète est ici le rival malheureux du photographe enregistrant sur la pellicule un fragment absolu de la réalité qui échappe aux mots. Mallarmé, contemporain des débuts de la photographie, se trouve rejoint par le Barthes des derniers écrits dont l'essai *La chambre claire* contient un aveu semblable :

> Le langage est par nature fictionnel; pour essayer de rendre le langage infictionnel, il faut un énorme dispositif de mesures : on convoque la logique, ou à défaut, le serment; mais la Photographie, elle, est indifférente à tout relais : elle n'invente pas [...] «la vraie photographie totale» [...] accomplit la confusion inouïe de la réalité («*Cela a été*») et de la vérité («*C'est ça!*»)[31]

Ambivalence du langage-fiction/lecture critique et fiction induite

La fiction seconde semble donc devoir être entendue de façon contradictoire, et selon deux formes, forme binaire *contrastive* ou forme ternaire *résolutive*. L'analyse de la métaphore coïncide chez certains théoriciens avec la version positive, de type ternaire ou dialectique. Goodman en souligne la valeur heuristique en l'incluant dans sa théorie de la référence complexe[32]. Mais la référence est chez cet auteur purement nominale, la quête ontologique sur le réel étant renvoyée au domaine métaphysique. Ricœur, dans un sens plus large, développe une théorie dialectique de la «vérité métaphorique», fondée sur la tension entre l'identification naïve de l'objet à la réalité métaphorisée et la critique de cette illusion, dialectique permettant une approche du réel par modélisation[33]. Où l'on retrouverait, sur le mode affaibli, le caractère modélisant de la fable évoqué à propos de la fiction première. On préférera néanmoins, gardant à l'esprit le sens négatif de la fiction comme méconnaissance et les avatars de la dialectique, s'en tenir à l'idée d'une ambivalence du langage-fiction.

Dans quelle mesure la *fiction seconde* ainsi conçue affecte-t-elle la lecture mise en texte? Ce qui a été dit plus haut de la critique en laisse entrevoir la possibilité. L'idée heurte la conception courante qui verrait en elle un langage de communication radicalement distinct du langage de création. Mais elle paraît plus acceptable si la lecture est entendue dans sa dimension esthétique. Toutefois, le texte d'une lecture, même littéraire, ne saurait être confondu avec l'écriture littéraire. Je propose d'appeler *fiction induite* ce qui porte dans la lecture les marques ambivalentes de l'imaginaire et de la création.

Deux «axes» de la *fiction induite* dans le texte de lecture : concept et fantasme

On aura retenu du commentaire de Bonnefoy sur Mallarmé les deux vecteurs de fiction (seconde) dans le langage : concept et fantasme. Hors de toute prétention à l'exhaustivité, ces deux «entrées» nous serviront ici à approfondir la question de la fictionalité du discours critique et à montrer l'ambivalence de la fiction induite dans la lecture. Concept et fantasme renvoient *a priori* à des disciplines fort différentes, philosophie et psychologie. Les apparenter à la fiction, c'est admettre que l'un et l'autre entretiennent des rapports avec l'imaginaire, ce qui va de soi pour le second et un peu moins pour le premier.

Concept et fiction

Le concept ressortit d'abord au domaine de la philosophie. La place et la compétence nous manquent pour examiner en détail ici les complexes rapports du concept philosophique avec la fiction. Observons seulement les nombreux travaux à ce sujet et le débat chez les philosophes sur la place à réserver à l'imagination dans le processus de connaissance[34]. On s'en tiendra donc selon le sens couramment admis depuis Kant à la définition du concept comme «objet de la pensée (idée), correspondant à une règle ou schème lui assurant une valeur générale et abstraite»[35].

De cette généralité du concept découle l'application à des collections d'objets concrets dont la règle permet de prendre connaissance : c'est la démarche scientifique qui dégage des lois, démarche valable aussi pour les sciences humaines fréquemment convoquées pour l'analyse littéraire. En quoi l'imagination fictionnelle intervient-elle dans l'élaboration de ces outils d'analyse? Sans doute la notion de modèle déjà évoquée est-elle ici le point de jonction entre la pensée scientifique et la pensée littéraire et une sorte d'équivalent du concept. Cette proximité des démarches et des «deux types d'intelligence [...] la mathématique et la littéraire» a été souvent remarquée[36].

Ainsi, la critique littéraire recourt fréquemment aux modèles métaphoriques pour appréhender au plus près son rapport au texte. Citons au hasard : le Palimpseste, la Focalisation, le Narrateur, l'Énoncé fantôme, le Jeu, ou encore, pour reprendre un exemple célèbre emprunté à la métapsychologie freudienne, le Complexe d'Œdipe. À l'exception du dernier cas, emprunté à la fiction première, ces métaphores n'ont valeur de concepts qu'au sens large du terme, ce sont plutôt des figures de pensée, des agrégats d'idées ou parfois de concepts à l'aide desquels le critique ou l'analyste tente de mieux cerner une expérience elle-même complexe. Leur bénéfice se solde par une stimulation de l'activité interprétative, produisant en aval du texte lu des lignes de sens supplémentaires. Toute lecture, même technique, remodèle le texte d'origine et utilise ainsi son appareil conceptuel comme fiction heuristique. Il en va cependant des modèles empruntés aux sciences humaines comme de tout modèle scientifique, approximation provisoire et parfois contestable ou contestée.

Ainsi, par exemple, sans vouloir trancher dans le débat entre narratologues, peut-on observer l'intéressante discussion du concept de narrateur conduite par Käte Hamburger dans un passage de l'ouvrage précédemment cité. L'auteur préfère lui substituer dans les récits à la troisième personne l'expression «fonction narrative» et n'est pas loin de dénoncer ici le concept de narrateur comme illusion fictionnelle :

> Le terme de narrateur [...] a prêté à confusion dans la mesure où la différence structurelle entre l'énonciation comme relation sujet-objet et la narration comme fonction n'a pas été perçue. Certes, il est commode, lorsqu'on décrit une fiction «narrative», d'utiliser cette expression personnifiante...[37]

De même encore, Laurent Jenny qualifie de fiction théorique l'explication de la parole donnée par Saussure à l'aide de son concept de code :

> Lorsque Saussure caractérise la parole comme jeu de «combinaisons par lesquelles le sujet parlant utilise le code de la langue», il faut donc y voir une fiction théorique qui

ne parvient à poser le sujet parlant en «utilisateur» de la langue qu'en écartant momentanément toute dimension intentionnelle et énonciative de la parole.[38]

L'appareil conceptuel forgé pour l'étude des textes conserve donc, en dépit des services indéniables qu'il rend, l'ambivalence propre à l'imagination scientifique.

Fantasme et lecture, lecture du fantasme

L'affaire se complique si l'on prend cet imaginaire dans son sens psychologique en affrontant la dimension fantasmatique de la lecture, comme tentent de le faire la psychocritique et, de façon plus synthétique, la lecture littéraire, qui laisse interagir le fantasme avec les autres sollicitations textuelles. Je ne traiterai pas de la globalité de l'appareil conceptuel freudien, lui aussi objet de débats et sans doute porteur de la même ambivalence. Acceptons l'idée que la théorie analytique recèle ici au moins une part de vérité et voyons-en les conséquences, appliquées au fantasme. «Scénario imaginaire», formation de compromis entre des «désirs inconscients» et des «processus défensifs»[39], le fantasme joue probablement un rôle majeur dans la construction du Sujet. La littérature est son terrain d'expression privilégié, note Freud[40]. En affronter la reconnaissance est une tâche ardue et passionnante qui ouvre l'interface du langage sur cette réalité intime dont l'imaginaire est l'expression travestie. Appréhender le fantasme dans un texte revient à construire à partir d'éléments éclatés dans le texte cet autre scénario qui double celui de la fiction première et ouvre la fiction en général sur l'espace intérieur : tâche d'analyste en quelque sorte. Examinons à ce sujet la parole d'un spécialiste.

Après quelques autres, Jean Bellemin-Noël avance la métaphore du transfert pour décrire ce qui se passe dans la lecture à l'écoute du texte et des puissants affects inconscients qu'il fait naître en nous. Le transfert désigne, dans l'appareil conceptuel freudien, «le report sur une autre personne — et principalement le psychanalyste — de sentiments, désirs, modalités relationnelles jadis organisées ou éprouvées par rapport à des personnes très investies de l'histoire du sujet»[41]. Le texte occuperait pour le lecteur la place de l'analyste : «J'éprouve de la passion pour mon texte»; «*je résonne à son dire au-delà de son vouloir-dire*, pendant qu'il se fait l'écho de mes tourments inconnus»[42].

Singulière relation, en vérité, qui tient à la fois du transfert et du contre-transfert — l'écho des paroles du patient dans l'inconscient de l'analyste. La métaphore se révèle ici approximative : le lecteur combine en effet les deux rôles décrits dans la cure analytique, dédoublé qu'il est entre l'écoute la plus passive et la formulation la plus savante de la chose perçue. Le texte, de son côté, demeure identique, contrairement au patient dont la parole va évoluer en fonction de l'écho que lui donne le psychanalyste. La figure du transfert relève donc en partie de l'illusion. Nul doute cependant qu'un plaisir et une forme de connaissance intuitive puissent se faire jour à travers l'écoute spéciale de l'œuvre guidée par une attention flottante, écoute ensuite reconfigurée en un texte de lecture.

Ce qui se joue à travers ce remaniement des éléments prélevés dans la lecture présente dans sa forme l'infinie diversité des procédures concrètes et dans son aboutissement l'unité d'un travail sur soi, toujours plus ou moins apparenté à une modification de la relation d'objet, donc à ce travail de deuil par lequel le sujet se détache des identifications primaires. À ce titre, la lecture gratifiante pourra être assimilée à une *fiction réparatrice*. Car tout continue à se jouer à travers le langage symbolique et sous la forme d'un trajet[43] acheminant le lecteur et celui qui l'accompagnerait dans son interprétation vers un peu plus de connaissance.

Loin de représenter l'épiphanie du Sens, le texte interprétatif se compose de ce que Bellemin-Noël nomme «*figures de revoilement*»[44], mélanges de figures de style et de figures plus spécifiques prélevées dans la rhétorique interprétative freudienne. Il inclut, et c'est sans doute une marque de sa dynamique, l'ombre du sujet réfléchissant dans le processus interprétatif.

Façon de dire aussi que le mythe d'une lecture scientifique, purement objective et par principe totalisante, semble avoir définitivement vécu, contrairement à ce que soutint un moment Barthes à l'époque de «la mort de l'auteur» :

> Le lecteur est l'espace même où s'inscrivent, sans qu'aucune ne se perde, toutes les citations dont est faite une écriture; [...] il est seulement ce quelqu'un qui tient rassemblées dans un même champ toutes les traces dont est constitué l'écrit.[45]

Mais il ne s'agit pas à l'inverse de restaurer ici un subjectivisme critique infiniment plus suranné. Seulement de souligner la part de méconnaissance inhérente à la démarche critique, quelle que soit son acuité. Ce faisant, le travail du lecteur, amateur ou professionnel, simple critique ou artiste, devient un moment dans un échange continu des significations, qui est peut-être un des critères de l'activité littéraire.

Faut-il alors conclure que la fiction, omniprésente, se dissoudrait en quelque sorte dans la littérature[46]? Force est plutôt de constater que cette notion protéiforme, comme celle de littérature, ne se laisse pas aisément enfermer dans une définition unique. D'où l'idée de coefficients de fictionalité, variables selon les instruments choisis pour penser le fait littéraire et sa lecture. Dotées de leur cohérence propre, l'approche narratologique et l'approche pragmatico-ludique conservent toute leur pertinence : leur objet, la fable ou *fiction première*, qu'elle soit «constitutive» ou «conditionnelle», donne accès à une forme originale de connaissance. Dans un sens plus global, la fiction se trouve liée par la présence du langage-poésie aux problématiques de la création et de l'identité. Malgré la prégnance du modèle dialectique, il a semblé plus juste de penser cette *fiction seconde* sous le signe de la tension et de l'ambivalence; les deux pôles extrêmes en seraient la connaissance absolue par l'intuition poétique et le caractère illusoire du langage, inapte à restituer intégralement l'expérience sensible du monde.

Admettre enfin d'envisager à son tour le texte du lecteur comme *fiction induite*, c'est l'arracher au pur schéma communicationnel pour lui rendre sa part de pratique créatrice. Ouverte à l'imaginaire sous toutes ses formes, l'expérience de lecture s'apparente à un processus continu de construction-déconstruction. Le risque d'autodissolution persistant dans la fictivité de son propre langage n'est peut-être que l'envers, nécessaire et non suffisant, de sa dimension intersubjective et universelle qui permet néanmoins aux membres de la tribu d'échanger leurs expériences.

NOTES

[1] Ce chapitre est la version légèrement remaniée d'une communication présentée dans le cadre du colloque «Logiques et esthétiques de la fiction», organisé à la Faculté des Lettres d'Aix-en-Provence par le Groupe de Recherches Associées sur le Pragmatisme et la Philosophie Contemporaine (GRAPPHIC) et par le Groupe de Recherche Fabula (27 février-1er mars 2003).
[2] Käte Hamburger, *Die Logik der Dichtung*, Stuttgart, 1977, *Logique des genres littéraires*, Seuil, 1986, trad. Pierre Cadiot, p. 30-31.
[3] «Même s'il est vrai que le concept de *mimèsis* contient implicitement l'opposition fiction littéraire/réalité, cette opposition n'avait pas à proprement parler acquis de valeur thématique pour Aristote», précise la critique (*op. cit.*, p. 32).
[4] Gérard Genette, *Fiction et Diction*, Seuil, 1991, p. 32.
[5] Dorrit Cohn, *Le propre de la fiction*, 1999, Seuil, 2001, trad. Claude Hary-Schaeffer, p. 12.
[6] Parmi les interventions critiques à ce sujet, citons l'article de Christine Montalbetti, «Fiction, réel, référence» (*Littérature*, n° 123, septembre 2001). Elle oppose la «position étanchéitaire» de Genette à celle de John Searle, qui ne dissocie pas complètement la fiction de la référence.
[7] Voir *supra* chapitre 3, «Discours critique et fiction dans le *Traité du style* d'Aragon». Des remarques similaires pourraient être avancées à propos des éléments fictifs cachés-montrés par Saint-John Perse dans le volume de La Pléiade paru de son vivant. Voir *infra* chapitre 12.

⁸ D. Cohn observe que «dans la critique de langue anglaise, le terme de "fiction" est d'usage courant depuis plus d'un siècle pour désigner un récit inventé — un roman, une nouvelle, une *short story*...» (*op. cit.*, p. 12).

⁹ K. Hamburger ajoute même une courte partie sur le cinéma.

¹⁰ Lire à ce sujet l'article de Mirna Velcic-Canivez dans *Poétique* n° 131 : «La polyphonie : Bakhtine et Ducrot» (p. 369-384). À la position de Ducrot qui rapporte l'acte de langage au seul énonciateur, s'oppose celle de Bakhtine qui envisage l'énonciation comme interlocution et souligne la réalité polyphonique du signe ainsi que le caractère imprévisible de sa réception.

¹¹ «Le statut logique du discours de fiction», in *Sens et expression*, Minuit, 1982.

¹² «C'est la référence feinte qui crée le personnage de fiction, et la feinte partagée qui nous permet [d'en parler comme tel]», *op. cit.*, p. 115.

¹³ Jean-Marie Schaeffer, *Pourquoi la fiction?*, Seuil, 1999. Les citations qui suivent renvoient à cette édition.

¹⁴ D.W. Winnicott, *Jeu et réalité*, 1971, Gallimard, «Connaissance de l'inconscient», 1975, trad. C. Monot et J.-B. Pontalis.

¹⁵ La réflexion menée par Freud sur la fonction intégrative du jeu dans le texte fameux sur la bobine est passée sous silence. Voir, à ce sujet, Freud, «Principe du plaisir et névrose traumatique, Principe du plaisir et jeux d'enfants», in *Essais de psychanalyse*, Petite Bibliothèque Payot, p. 13-20; et aussi Michel Picard, *La lecture comme jeu*, Minuit, 1986.

¹⁶ Ainsi le chapitre sur «L'ontogenèse de la compétence fictionnelle» (III, 3) oppose à juste titre le mécanisme de «stimulation endogène» propre au rêve et l'accès au jeu. Si le petit enfant est toujours menacé dans sa vie éveillée par l'abandon aux stimulations imaginatives qui gouvernent le rêve, «l'accès à la compétence fictionnelle est [...] caractérisé par la sédentarisation des autostimulations imaginatives, appelées à se déployer désormais dans ce territoire neutre qui est celui du jeu, territoire où elles peuvent être vécues sur le mode de l'extériorité tout en continuant à profiter du statut des réalités endogènes» (176). Entre le mécanisme du rêve et celui du jeu, ici opposés, il paraît souhaitable de réintroduire celui du fantasme ou rêve éveillé. Le rapport entre fantasme et littérature est analysé de manière très féconde par Freud dans un texte comme «La création littéraire et le rêve éveillé» (*Essais de psychanalyse appliquée*, Gallimard, 1933, trad. M. Bonaparte et E. Marty, rééd. «Idées», p. 69-81).

¹⁷ Il est dommage que le très riche chapitre IV de *Pourquoi la fiction?*, «De quelques dispositifs fictionnels», n'y fasse pas référence. Rien en particulier à ce sujet dans la première section, «Jeux, rêverie et art».

¹⁸ Voir notamment le chapitre 3 de *La lecture comme jeu*, p. 88-122.

¹⁹ Vincent Jouve, *L'effet-personnage*, PUF, 1992.

²⁰ Étymologie attestée par *Le Robert Dictionnaire historique de la langue française*, 2 volumes, I, p. 793-795.

²¹ *Fiction et diction*, p. 22.

²² Philippe Lacoue-Labarthe/Jean-Luc Nancy, *L'absolu littéraire*, Seuil, 1978. Les citations qui suivent renvoient à cette édition.

²³ «La poésie romantique est une poésie universelle progressive. Elle n'est pas seulement destinée à réunir tous les genres séparés de la poésie et à faire se toucher poésie, philosophie et rhétorique. Elle veut et doit aussi tantôt mêler et tantôt fondre ensemble poésie et prose, génialité et critique...» (*Fragments* de l'*Athenaeum*, (116), *L'absolu littéraire*, p. 112).

²⁴ Mais ce refus du clivage entre littérature et philosophie exerça, comme on le sait, une influence durable sur la postérité, notamment sur les philosophes Nietzsche et Heidegger. Ce dernier, dans *Les Chemins qui ne mènent nulle part*, n'hésitant pas à déclarer la suprématie de la poésie dans la quête ontologique : «La pensée est poème. [...] La pensée de

l'être est l'ordre originel du dire poétique» (M. Heidegger, «La parole d'Anaximandre», in *Chemins qui ne mènent nulle part*, 1950, Gallimard, 1962, trad. Wolfgang Brokmeier, rééd. 1980, «Tel», p. 396).

[25] Cet absolu ferait du poète romantique le substitut de Dieu : «La fantaisie cherche de toutes ses forces à s'extérioriser mais, dans la sphère de la nature, le divin ne peut s'extérioriser qu'indirectement. Voilà pourquoi, de ce qui à l'origine était fantaisie, ne subsiste plus dans le monde des phénomènes que ce que nous appelons Witz» (Friedrich Schlegel, «Entretien sur la poésie», *L'Athenaeum*, 1800, repris dans *L'absolu littéraire*, p. 326).

[26] *Notes sur le langage*, *Œuvres Complètes*, La Pléiade, 1998, éd. B. Marchal, I, p. 504. Pour ce rapprochement, voir B. Marchal, *ibid.*, p. 1360.

[27] *Op. cit.*, p. 1348.

[28] *L'absolu littéraire*, p. 375.

[29] Mallarmé, «La musique et les lettres», *Œuvres Complètes*, La Pléiade, éd. H. Mondor et G. Jean-Aubry, 1970, p. 647.

[30] Yves Bonnefoy, «La clef de la dernière cassette», in *Sous l'horizon du langage*, Mercure de France, 2002, p. 188. Les citations qui suivent renvoient à cette édition.

[31] Roland Barthes, *La chambre claire*, 1980, Seuil, *Œuvres complètes*, V, 2002, p. 858 et 880.

[32] Nelson Goodman et Catherine Z. Elgin, *Esthétique et connaissance*, L'Éclat, 2001, p. 24-26.

[33] Paul Ricœur, *La métaphore vive*, Seuil, 1975, rééd. «Points Essais», p. 313-321.

[34] Face au courant philosophique critiquant les méfaits de la rationalité post-kantienne et cherchant à rapprocher écriture littéraire et écriture philosophique, d'autres dénoncent, comme Deleuze à propos de Nietzsche, la réduction du discours philosophique à «d'informes et fluides barbouillis de concepts» (cité par Elie During, in *Leibniz selon Deleuze :* «*une folle création de concepts*», *Magazine littéraire* n° 416, janvier 2003, p. 37).

[35] *Le Grand Robert de la langue française*, deuxième édition dirigée par Alain Rey, II, p. 387.

[36] Voir à sujet l'article de Barthes, *supra* chapitre 2.

[37] K. Hamburger, *op. cit.*, p. 128.

[38] Laurent Jenny, *La parole singulière*, Belin, 1990, p. 15-16.

[39] Voir *infra* chapitre 6.

[40] «Création littéraire et rêve éveillé», *Essais de psychanalyse appliquée*, *op. cit.*

[41] *Dictionnaire international de la psychanalyse*, sous la direction de Alain de Mijolla, Calmann-Lévy, 2 volumes, II, p. 1744.

[42] Jean Bellemin-Noël, *Plaisirs de vampire*, PUF écriture, 2001, p. 206.

[43] Idée développée notamment par Jean Starobinski dans *La relation critique* (voir *supra* chapitre 2).

[44] *Op. cit.*, p. 200.

[45] Roland Barthes, «La mort de l'auteur» (1968), repris dans *Le bruissement de la langue* (1984) et dans *Œuvres Complètes*, Seuil, III, p. 45.

[46] Selon une des acceptions écartées par Dorrit Cohn (voir *supra*, «Noyaux durs» de la *fiction première*).

Chapitre 5
Fiction/fantasme

Georges Perec :
W ou le souvenir d'enfance
Du naufrage au jeu littéraire[1]

Voici un texte qui a de quoi déconcerter plus d'un lecteur. Pris dans le va-et-vient entre une fiction qui tourne au cauchemar et une autobiographie déceptive, il peut être tenté de lire séparément les deux séries de chapitres dont la variation typographique signale l'alternance, voire d'abandonner carrément sa lecture. Il suivrait alors à la lettre le propos de Perec notant dans son agenda, en 1975, que «W n'a pas été écrit pour les autres»[2]. Le même texte constate toutefois le paradoxe du succès obtenu par le livre. Preuve que la difficulté ne rebute pas tous les lecteurs et peut même être ressentie comme un défi qu'il serait profitable de relever. Quoi qu'en dise Perec, ce livre est évidemment adressé à un public. L'auteur qui inscrit dans chacune de ses œuvres les éléments douloureux de sa biographie et se fit connaître par la recherche d'une écriture nouvelle, volontiers jubilatoire, n'a pas soudain renoncé à être lui-même, même si la tonalité dominante de son livre paraît ici plus grave.

Il s'agira, en réfléchissant aux effets produits par l'ordre du texte et par ses références intertextuelles, de se rapprocher autant que possible de ce *Lecteur-Modèle* dont parle Umberto Eco[3]. Peut-être aussi de faire jouer plus librement le texte, grâce à une écoute flottante de ses signifiants. Lecture active, donc, et ludique, malgré la souffrance, car le jeu n'est pas frivole, il est vital dans tous les sens du terme.

Lecture et expérience de la perte

W ne raconte pas la mort des parents comme tant d'autobiographies, il tente de suggérer par des moyens poétiques le retentissement de la perte en montrant l'impuissance à remplir dans le souvenir la place laissée vide.

La perte est un motif majeur de l'œuvre de Perec qui en fait le titre de son roman lipogrammatique *La Disparition* (1969), roman écrit sans utiliser la voyelle *e*. C'est encore à *E* qu'est consacrée la dédicace de *W*. La lettre majuscule qui peut se prêter à tout un jeu de substitutions[4], renvoie plus précisément à *Elle*, cette mère déportée en 1943 et dont le texte reconstitue et supprime à la fois l'image. Le récit va faire vivre au lecteur une expérience analogue par un déroulement discontinu.

Structure

Entre les deux parties du livre, le signe de l'ellipse *(...)* occupe une place centrale. De part et d'autre de cette coupure se répartissent quatre récits différents. Car une véritable césure s'établit entre les souvenirs de la première partie, fortement marqués par l'image maternelle, et ceux de la seconde, postérieurs à l'exode à Villard-de-Lans, où l'on observe une quasi disparition de cette dernière. De même, il y a rupture totale entre l'histoire de Gaspard Winckler lancé sur les traces de l'enfant dont il porte le nom (I) et la description de l'île de W (II). La partie I laissait espérer des retrouvailles avec l'enfant, supposé avoir échappé au naufrage du *Sylvandre*; la partie II n'en fait plus mention et ajoute un second naufrage, figuré, celui de Gaspard Winckler lui-même. Le narrateur homodiégétique du début semble en effet s'être évanoui, faisant place à un narrateur hétérodiégétique[5] qui détaille avec complaisance le fonctionnement de la Cité olympique et ses glissements vers le système concentrationnaire. Le lecteur suivant l'ordre du texte vit donc simultanément une double expérience négative. La disparition du narrateur de la fiction, voix à laquelle il était possible de s'identifier, constitue le point culminant d'une entreprise délibérée de brouillage des repères dont on peut observer le cheminement en séparant provisoirement les deux séries.

Déstabilisation des codes

Le lecteur des chapitres consacrés à la fiction devra en effet assumer une inconfortable révision de ses codes de lecture. La première partie débute comme le roman-feuilleton qu'elle fut initialement[6], à mi-chemin entre roman policier et récit d'aventure. L'une des références majeures serait Verne, cité à deux reprises (91 et 191). L'aventure maritime, les thèmes de l'île et de l'utopie se retrouvent dans les romans consacrés à Nemo, *L'Île mystérieuse* en particulier. Mais le moment où Nemo est cité (91) est aussi celui où disparaît Gaspard Winckler. Le récit diverge alors du modèle vernien, tout du moins de celui des premiers romans, les plus connus, dans lesquels la science devenue fiction sert à conter le triomphe épique de l'homme sur la nature. Il en diverge d'autant plus aisément qu'il en a déjà récusé un trait dominant : le rôle dévolu à la science. À mesure que se révèle l'inhumanité de la Cité olympique, on se rapproche du Verne de la dernière manière. On penserait par exemple à *L'Île à hélice* (1895), fable sarcastique s'inscrivant dans le vaste champ littéraire de l'anti-utopie illustré notamment par Huxley, Kafka ou Orwell. Associé (malgré lui?) au voyeurisme du narrateur détaillant les cruautés d'une société cauchemardesque, le lecteur se trouve contraint à accommoder sa vision.

Parallèlement, la partie autobiographique prend à revers une pratique dominante attachée à l'expression de faits marquants, de la couleur locale, du pathétique, Perec leur oppose les énumérations neutres (par exemple : toute l'actualité des 7 et 8 mars 1936, p. 32 à 34); la phrase initiale de la série donne le ton : «Je n'ai pas de souvenirs d'enfance». Il s'agira plus de traquer les défaillances de la mémoire que d'en attendre des révélations. Preuve : le système des notes critiques mis en place dans plusieurs chapitres et la superposition de versions différentes des deux premiers souvenirs : la lettre hébraïque et la clé offerte par le père. En traitant de fabulations les quatre variantes de cette dernière scène, Perec la désigne expressément comme *souvenir-écran*, formation de compromis analogue aux récits de rêve. Il manifeste par là sa dette envers la psychanalyse à laquelle il est d'autant plus lié qu'il mène de front, entre 1971 et 1975, l'écriture de ce livre et une analyse. Il s'agit ainsi de régler définitivement son compte à l'illusion selon laquelle l'autobiographie pourrait révéler la Vérité sur le passé de l'auteur.

Mais la transgression la plus manifeste imposée aux habitudes de lecture ne réside-t-elle pas dans le titre du livre désignant comme souvenir unique, non les improbables souvenirs-écrans de la partie autobiographique, mais la fiction de W, ce fantasme élaboré par l'enfant à l'âge de treize ans (14) et retravaillé par l'écrivain? Supprimant tout commentaire explicatif sur le rapport entre fiction et autobiographie, contrairement à un projet initial, Perec, comme le note Philippe Lejeune, oblige le lecteur à «construi[re] le lieu d'où l'alternance des deux séries prend sens»[7]. Lire est ici renvoyé à une de ses étymologies : *legere* = rassembler, lier.

Lier pour réparer : lecture, travail de deuil et jeu

Signaux

Le texte offre déjà au lecteur attentif certains indices lui permettant de rapprocher les chapitres de la fiction et ceux de l'autobiographie. La liaison est relativement facile à établir dans les parties initiale et terminale du livre. Le narrateur Gaspard Winckler fonctionne comme double et inverse du narrateur Perec : tous deux sont en quête de leur identité. Gaspard refuse de consommer des bretzels en attendant Otto Apfelstahl à l'hôtel Berghof (chap. V, 26). Puis Perec décline à grand renfort d'érudition l'étymologie de son nom :

> En hébreu, cela veut dire «trou», en russe «poivre», en hongrois (à Budapest, plus précisément), c'est ainsi que l'on désigne ce que nous appelons «Bretzel» («Bretzel» n'est d'ailleurs rien d'autre qu'un diminutif (Beretzele) de Beretz, et Beretz, comme Baruk ou Barek, est forgé sur la même racine que Peretz — en arabe, sinon en hébreu, B et P sont une seule et même lettre) (chap. VIII, 51).

Tandis que Perec manifeste par sa passion des soldats de plomb son identification au père, Gaspard se fait déserteur. Cécile, mère de Georges, devient Cæcilia, mère de cet enfant dont Gaspard narrateur a endossé l'identité. La fin du livre propose des repères plus explicites : l'île W y est clairement identifiée comme allégorie du nazisme. Il n'y a plus qu'un faible écart entre l'horreur fictive du chapitre XXXVI et l'horreur historique du chapitre XXXVII. Ainsi, le supplice de Cæcilia-Cécile, enfermée dans sa cabine lors du naufrage et dont les «ongles en sang avaient profondément entaillé la porte de chêne» (81), trouve à retardement un écho dans la visite de l'exposition sur les camps de concentration qui montre «les murs des fours lacérés par les ongles des gazés» (213). Pourtant, le lecteur ne peut se suffire de cette fin qui rétablit les repères et rassure en identifiant l'horreur à l'Autre, il lui faut aussi prendre en compte la double disparition de la mère et de Gaspard Winckler dans la seconde partie.

L'obstacle de la forclusion

On peut dans un sens large entendre la forclusion comme exclusion. Mais dire qu'après le départ du chapitre X, toute évocation de la mère semble forclose relève du simple constat et ne fait guère progresser la compréhension. Selon la psychanalyse à laquelle est emprunté ce concept, il y a forclusion lorsqu'un élément ne peut être symbolisé et fait retour dans la vie du sujet sous la forme hallucinatoire. Quelque chose de cet ordre se joue dans la substitution du récit fantasmé aux souvenirs introuvables. Pourtant, le terme reste d'un emploi délicat : dans son acception théorique, la forclusion «consisterait en un rejet d'un signifiant fondamental, le phallus en tant que signifiant du complexe de castration»[8]. Le complexe de castration étant lié chez le petit enfant à la reconnaissance de la différence anatomique entre les sexes, la forclusion signifierait en dernière analyse la non-reconnaissance de cette différence. Ainsi semble s'ouvrir un abîme de difficulté renchérissant sur la désorientation du lecteur. En vérité, il ne saurait être question, à partir de ces données, d'entreprendre une psychanalyse de l'écrivain que Perec tourne par avance en dérision lorsqu'il évoque «les résonances mignonnes de l'Œdipe et de la castration» (58). Seulement d'établir, grâce au texte, quelques rapprochements.

En effet, la forclusion s'oppose au travail de deuil conçu comme reconnaissance de la perte. Le *travail de deuil*, selon la psychanalyse, est ce mécanisme psychique par lequel le sujet parvient à se détacher de l'objet perdu et à lui survivre en investissant chacune des images liées à son souvenir. Or, la place du souvenir s'ouvre le plus souvent sur un vide soigneusement circonscrit : «Leur souvenir est mort à l'écriture; l'écriture est le souvenir de leur mort et l'affirmation de ma vie» (59). À cet égard, *W ou le souvenir d'enfance* serait la solution littéraire apportée à la difficulté d'élaborer le deuil des parents, spécialement de la mère.

Le jeu

Il existe en effet une autre réponse au traumatisme de la séparation : Freud l'a observée chez son petit-fils s'adonnant au jeu de la bobine et du *fort-da*[9]. C'est le simulacre de la séparation symbolisé par l'éloignement de la bobine qui aide l'enfant à surmonter dans son jeu l'angoisse générée par l'absence provisoire de la mère. Tout se passe comme si le texte littéraire participait ici d'un jeu analogue auquel le lecteur pourrait donner toute son efficacité, dépassant par là le face à face tragique résultant du choc des deux séries narratives.

Précisément, la seconde partie du livre, celle de l'«après» douloureux, commence sur le mode du simulacre : «Il y aurait, là-bas, à l'autre bout du monde, une île. Elle s'appelle W». La non-concordance des modes (conditionnel, puis indicatif) trace les contours d'un investissement ludique du fantasme, oscillant, comme dans le jeu de la bobine, entre le fictif et le réel. Or, le conditionnel se retrouve dans le seul paragraphe de la seconde partie consacré à la mère : «Moi, j'aurais aimé aider ma mère à débarrasser la table de la cuisine après le dîner...» (95). Le temps de l'«après», sans la mère, se trouve ainsi, par le croisement avec la fiction, inséré dans un processus de dégagement ludique, forme originale de réparation expliquant que l'auteur voie dans l'écriture «l'affirmation de[sa] vie». On notera encore, dans la seconde partie, le rôle joué par ces figures de substitution que sont les tantes :

> On attendait que le hasard fasse revenir la tante ou, sinon cette tante-là, l'autre tante, en fin de compte, on se fichait pas mal de savoir laquelle des deux tantes c'était et même on se fichait qu'il y ait des tantes ou qu'il n'y ait pas. (95)

Leur disparition momentanée réintroduit un élément de déplaisir : «On n'aimait pas beaucoup cette manière qu'elles avaient, les tantes, d'apparaître et de disparaître à tout bout de champ». Mais, comme dans le jeu consistant à cacher-montrer, l'alternance devient moyen de maîtrise. De son côté, le lecteur, parce qu'il n'y a pas de vie sans expérience de séparation, peut tirer profit de sa participation à ce qui est alors perçu comme jeu littéraire.

Mais l'expérience ne s'arrête pas là : la construction par le lecteur du lieu permettant de penser les deux séries implique qu'il accepte d'envisager la relation entre Gaspard Winckler et l'observateur cruel de l'île W sous l'angle de l'identité de personne. Qu'il admette que cette voix sans visage soit l'*autre* de ce *je* rassurant du début. Qui d'autre que Gaspard, revenu on ne sait comment de son voyage, pourrait évoquer «l'horreur et la fascination» qui «se confondaient» dans ces souvenirs mentionnés à la première page? Il faut alors, pour tenter de comprendre, faire intervenir les composantes d'agressivité et de culpabilité, propres au deuil pathologique et observables chez les survivants de catastrophes. La complaisance sadique mise dans l'évocation détaillée des tortures infligées aux habitants de W fait écho au masochisme largement développé dans la partie autobiographique à travers les figures de la blessure physique (accidents, séquelles d'opération...) ou morale (accusations injustes : les oranges et le goûter «volé», l'anecdote du cagibi et de la petite fille). En assumer l'alternance, c'est admettre le caractère interchangeable des figures du bourreau et de la victime, c'est reconnaître en soi le bourreau potentiel.

En reliant, comme le texte l'y invite, les extrêmes, le lecteur affronte une réalité pénible mais il progresse aussi dans la connaissance de soi : s'appréhender comme être humain, c'est prendre conscience de la part d'inhumain qui est en soi.

Il n'est pas sûr toutefois que la lecture puisse se réduire à ce mécanisme.

Jeux sur le signe

On a envisagé jusqu'à présent l'acte de lecture comme le rétablissement de liaisons. Il reste à montrer comment, en relation avec l'intertexte, il peut aussi participer d'une déconstruction du signe. L'autre forme du jeu à laquelle s'apparente alors la lecture sera plutôt de caractère iconoclaste mais tout aussi revigorante : «Être auteur pour être oteur», note Claude Burgelin; «Être ôteur pour être auteur. Déstructurer la langue pour la mieux restructurer»[10].

Débordements du signe

Divers commentateurs de l'œuvre de Perec ont déjà souligné l'effet curieux produit par les inventaires de détails matériels apparemment gratuits. Citons au hasard : les détails techniques sur le matériel de ski et la manière de le pratiquer (139-140). Cet hyperréalisme aboutit à une déréalisation du texte, y compris dans sa partie autobiographique. Déconnecté de sa fonction référentielle, le signe se trouve accumulé pour le plaisir de l'énumération et renvoyé à d'autres collections de signes : conventions sociales, textes littéraires ou œuvres d'art. Ainsi, les précisions sur le laçage des chaussures de ski se trouvent superposées à des souvenirs d'ordre pictural (*les Arènes sanglantes* de Blasco) ou théâtral (le *Galilée* du Berliner Ensemble).

Il faudrait accorder ici toute sa place à la reconnaissance de l'intertextualité, implicite ou explicite. Un premier exemple emprunté au champ de l'anti-utopie permettra d'en mesurer les implications.

Orwell : retournements idéologiques

L'allégorie du nazisme se fait de plus en plus transparente. Elle se déploie parallèlement à un réseau d'éléments autobiographiques fortement enracinés dans une réalité historique précise, unissant dans le contexte de la Résistance les composantes gaulliste et communiste[11]. Cette dénonciation d'une seule forme de totalitarisme tend à circonscrire un champ idéologique coïncidant avec le schéma d'une reconstruction psychologique précédemment examiné.

L'intertexte orwellien renverse cette perspective. Sans doute est-ce le propre de toute fable d'offrir au lecteur interprète une marge d'indétermination. Il est toutefois difficile de lire *W* sans penser aux deux grands récits que sont *Animal farm* et *1984*, fictions dirigées contre le totalitarisme stalinien. La toute puissance d'une administration centrale, occulte mais présente par ses effets sur le terrain, rappelle le contrôle exercé par «Big Brother» dans *1984*. Comme chez Orwell, la référence à l'argent, nerf du système capitaliste, est évacuée du tableau analytique de W. La perversion des idéaux, notamment de l'éthique sportive, évoque, quant à elle, *Animal farm*. Et l'on sait que l'utilisation du sport au service du nationalisme ou de la promotion sociale individuelle fut dans l'après-guerre une pratique courante des pays de l'Est. Le récit échappe ainsi à l'enfermement dans une vision trop circonscrite de l'Histoire.

Mais il faut tenter, pour finir, de revenir à la lettre en l'inscrivant dans l'aventure littéraire à laquelle Perec s'est trouvé mêlé.

La lettre, l'Oulipo et la pataphysique

Rappelons que l'Oulipo (Ouvroir de Littérature Potentielle), au sein duquel Perec occupa une place importante, fut un atelier de création désireux de renouveler la production littéraire par l'invention de contraintes dont le lipogramme, déjà évoqué, est une des meilleures illustrations. Il est moins connu que ce groupe de recherche, créé en 1960 par Raymond Queneau et le mathématicien François Le Lionnais, fut aussi une branche du Collège de Pataphysique, pataphysique dont Alfred Jarry (1873-1907) fut le fondateur. Entre Jarry et Perec, si l'on veut établir la trace d'une filiation, il faut placer le relais de représentants éminents du Collège comme Roussel, Queneau ou Vian[12].

D'un bout à l'autre de la chaîne, un certain esprit de jeu, nourri à cet objet insaisissable : la 'pataphysique (qu'il est indispensable d'écrire sans oublier l'accent!). Dans sa pièce *César- Antéchrist*, Jarry la définit ainsi : «Axiome et principe des contraires identiques, le pataphysicien [...] est l'Antéchrist et Dieu aussi, cheval de l'Esprit, Moins-en-Plus, Moins-qui-es-Plus»[13]. Les principes d'équivalence et d'identité des contraires sont donc au cœur de la pataphysique qui est à la fois disposition mentale et pratique littéraire : c'est ainsi qu'*Ubu roi*, la pièce la plus célèbre de Jarry, a pour suite *Ubu enchaîné*. Si la pataphysique et la farce d'*Ubu* ont pu être considérées au départ comme un divertissement de potaches, l'œuvre de Jarry apparaît de plus en plus à la critique comme porteuse d'une réflexion de premier ordre sur le signe. Michel Arrivé, l'un des meilleurs spécialistes de cet auteur, remarque en elle «l'imbrication extraordinairement complexe des réflexions sur le signe, des exercices de structuration et de déstructuration des systèmes sémiotiques»[14].

La configuration des thèmes et le jeu sur la lettre semblent chez Perec les marques les plus nettes de l'intertextualité jarryque.

Au plan thématique, la conjonction du sport et de la sexualité sadique, très sensible vers la fin de *W*, doit peut-être quelque chose à la lecture du *Surmâle* (1901), roman hallucinatoire associant érotisme, performance sportive et machine. L'un des chapitres de ce livre introduit déjà le thème du vélo. *La course des dix mille milles* — c'est son titre — oppose sur cette distance une locomotive et une équipe de cinq cyclistes dont fait (sans doute) partie le «surmâle» André Marcueil. Parallèlement à la performance sportive, le roman développe le thème de la performance sexuelle par la numérisation délirante de l'acte amoureux : cette recherche d'un absolu, destructrice pour la femme qui en est l'objet, se retourne finalement contre le héros et débouche sur sa mort. Or, on aura remarqué dans le roman de Perec l'association de la performance sportive et de la sexualité par la référence au nom mythique de Casanova, souvent associé à l'image d'une omnipotence sexuelle. L'évocation du titre de *Casanova* décerné aux vainqueurs (132, 166) annonce le déferlement de violence sadique des chapitres XXVI et XXVIII dans lesquels la finalité de la compétition sportive est rapportée à son ultime objet : la possession/destruction des femmes par le viol en plein stade. On notera par ailleurs l'importance accordée au vélo dans la partie autobiographique du livre. La compétition des Atlantiades en semble bien le prolongement fantasmé. La mise en scène délirante du rapport entre sport, sexe et machine pourrait donc trouver chez Jarry une de ses sources. Mais le jeu sur la lettre semble plus important.

W/X

Ce jeu qui culmine dans le chapitre XV de *W* serait à rapprocher de *La Chandelle verte*, recueil de chroniques publiées par Jarry dans différents périodiques. On y relève l'aphorisme suivant : «Il n'y a que la lettre qui soit littérature»[15]. La lettre est sans doute à prendre ici dans tous les sens du terme : graphique voire pictural — la série des *Ubu* en joue abondamment —, sémantique — prendre le mot à la lettre —, psychanalytique, si l'on envisage la lettre comme trace de l'inconscient. Contentons-nous de signaler l'exercice ludique auquel se livre Jarry dans un chapitre célèbre de ce recueil : «La Passion considérée comme course de côte». Tout part de l'assimilation des mots «croix» et «bicyclette» :

> Le cadre est d'invention relativement récente. C'est en 1890 que l'on vit les premières bicyclettes à cadre. Auparavant, le corps de la machine se composait de deux tubes brasés perpendiculairement l'un sur l'autre. C'est ce qu'on appelait la bicyclette à corps droit ou à croix.[16]

Cette espèce de calembour sémantique, qui prend à la lettre la métaphore de la croix et lui associe le symbole religieux, génère alors un récit parodique assimilant l'épisode évangélique de la Passion à une course cycliste : retournement scandaleux du sacré en burlesque profane, nouvel avatar de l'identité des contraires. Or, quelque chose de semblable est à l'œuvre dans la rêverie sur les transformations de «cette figure en X que l'on appelle "Croix de Saint-André?" (105) en croix gammée, en sigle SS, en double W, en étoile juive (106). Sans doute faut-il prendre en compte dans le jeu perecquien la volonté de rattachement à une tradition juive, elle aussi familière des manipulations de lettres, volonté d'autant plus forte que Perec se sent coupé de l'héritage de ses ancêtres par la non-utilisation de l'hébreu. Ainsi, dans le *Zohar*, ouvrage de la tradition cabalistique écrit par un mystique juif espagnol du XIIIe siècle, on trouve la décomposition du tétragramme divin YHVH[17] en lettres pourvues de symboles sexuels. Il reste que l'association jarryque de l'X et du vélo semble bien être un des relais entre cette tradition et le texte de Perec.

La confrontation des deux œuvres mériterait d'être approfondie, tant la lettre X occupe une place majeure dans l'œuvre de Jarry. On la retrouve encore dans *L'Amour absolu* (1899) dont le titre désigne l'amour porté par le héros, Emmanuel Dieu, à sa mère. Dans ce texte, «capital», selon Michel Arrivé, «pour l'étude du sadisme et du masochisme chez Jarry»[18], la lettre X symbolise à la fois le phallus et la mort. Le curieux chapitre VII, intitulé *La*, met en scène l'objet du désir d'Emmanuel sous le nom de *la Xavier*, objet bisexuel par sa morphologie. *La* condense le «souvenir des jupes de sa mère» et l'image des camarades de classe du héros : «Il les appelait tous [...] : *La*. / *La* Mecquerbac, *la* Zinner, *la* Xavier?»[19]. La maîtresse, substitut maternel, «s'armait», pour châtier les enfants, «d'un long brin de noisetier», symbole phallique. «Quelque chose comme la baguette des fées.» On pourrait, à la lumière de ce chapitre, relire le souvenir-écran de la petite fille enfermée dans le cagibi et du double châtiment injuste subi par le narrateur : la quarantaine et la piqûre d'abeille (chap. XXVII). Le rapprochement entre les deux textes éclaire le lien entre sadomasochisme et non-reconnaissance de la différence des sexes. Dans le souvenir de Perec, la petite fille, figure inversée de la mère, est à l'origine de la punition; l'abeille, son appendice accidentel, amplifie le châtiment en lui donnant la dimension du divin : «Le Bon Dieu m'avait puni» (173). Comme «la baguette des fées», l'abeille représente un phallus flottant, mal détaché de la figure maternelle. Ceci pourrait être rapproché de ce qui a été dit plus haut de la forclusion au sens clinique et ferait apparaître l'écriture/lecture de *W* comme moyen de contourner cette forclusion par le recours au langage symbolique de l'œuvre d'art.

L'empreinte de la pataphysique, que l'on a essayé de cerner, offre aux lecteurs des retournements intéressants; elle élargit le champ des découvertes.

C'est par ce côté insaisissable et par l'effort qu'il requiert que *W ou le souvenir d'enfance* devient, si l'on y consent, un livre fascinant. Assumer le texte tel qu'il lui est offert, avec ses lacunes et son trop-plein, engage le lecteur dans un processus qui s'apparente à une auto-analyse et contribue à une meilleure connaissance de soi. Tous les textes autobiographiques de Perec semblent d'ailleurs conçus pour inviter à ce prolongement et à cette coopération. Il n'est certes pas sans inconfort de sentir en soi la frontière mouvante qui sépare l'humain de l'inhumain : la maîtrise qui en découlera ne peut qu'être accrue. On aura noté par ailleurs la double implication constante de l'Idéologique et du Psychologique dans ce mécanisme de lecture. Sans doute est-ce la gravité du sujet abordé qui fait du jeu offert ici, dans son rôle réparateur, un outil d'une rare efficacité. Mais c'est aussi le jeu, source permanente de déstabilisation, qui déroute et séduit jusqu'à faire partager peut-être au lecteur la passion de Perec pour les signes et pour l'écriture.

NOTES

[1] Première publication dans la revue *Ellipses*, n° spécial consacré au récit de Georges Perec : *W ou le souvenir d'enfance*, 1997. Les numéros de pages entre parenthèses renvoient à l'édition Gallimard, coll. «L'Imaginaire», 1993.
[2] «Agenda» de Perec, cité par Philippe Lejeune dans *La mémoire et l'oblique*, P.O.L, 1991, p. 138. La présente étude s'inspire largement de ce livre essentiel.
[3] «[L'auteur] prévoira un Lecteur-Modèle capable de coopérer à l'actualisation textuelle de la façon dont lui, l'auteur, le pensait et capable aussi d'agir interprétativement comme lui a agi générativement» (Umberto Eco, *Lector in fabula*, 1979, trad. Grasset et Fasquelle, 1985, p. 68).
[4] Claude Burgelin propose ainsi une série d'équivalences : E = Eux = Ils (les êtres chers disparus) = l'*île*; la fiction permettrait de comprendre, de l'intérieur, *leur* histoire (*Georges Perec*, Seuil, 1988, p. 153-154). Robert Antelme, auteur admiré par Perec, note, quant à lui, dans l'*Avant-propos* de *L'Espèce humaine* (Gallimard, 1957), récit témoignage sur son internement au camp de Buchenwald : «Il était clair désormais que c'était seulement par le choix, c'est à dire encore par l'imagination que nous pouvions essayer d'en dire quelque chose.» Avec Perec, l'imagination devient d'autant plus nécessaire que le savoir sur les camps de concentration vient après coup et que l'on part d'un vécu indirect, celui de la perte, lui-même enfoui dans les brumes du souvenir.
[5] Narrateur homodiégétique : qui fait partie de l'histoire racontée; hétérodiégétique : qui lui est extérieur.
[6] Sur l'analyse entreprise par Perec et sur la genèse de W, lire Lejeune, *op. cit.*, p. 87 à 91.
[7] Lejeune, *op. cit.*, p. 70.
[8] *Vocabulaire de la psychanalyse*, Laplanche et Pontalis, p. 163-164.
[9] Voir *supra* chapitre 2.
[10] Claude Burgelin, *op. cit.*, p. 107.
[11] Les références aux maquis du Vercors (171), la visite de l'exposition sur les camps de concentration (213), en constituent des temps forts. Les allusions au contexte idéologique antifasciste de l'après-guerre sont également présentes dans le souvenir du chapitre XXXIII qui associe l'évocation du livre d'Ilya Ehrenbourg, *La Chute de Paris*, et la rencontre de François Billoux : «[il] fut aussi pour moi une sorte d'idole» (202). Or, il s'agit de deux figures importantes du mouvement communiste; François Billoux fut notamment ministre, après la guerre, dans les gouvernements de coalition dirigés par le général De Gaulle. La phrase finale sur le prolongement de la fiction par «les fascistes de Pinochet» marque le couronnement de la série.

[12] Institution parallèle et parodie d'institution, avec ses différents grades, le collège de pataphysique rassemble une constellation de personnalités, écrivains, peintres, mathématiciens, cinéastes, explorateurs que relie leur affinité avec... la pataphysique! Citons, outre les susnommés et parmi les plus connus, Duchamp, Max Ernst, Miró, Man Ray, Prévert, Leiris, Ionesco, René Clair, Henri Jeanson, Paul-Emile Victor... Fondé en 1948, il adopte un nouveau calendrier faisant commencer l'ère pataphysique à la naissance de Jarry, en 1873. Les travaux de ses membres sont publiés dans des revues du Collège. Ainsi, le n° 6 des *Subsidia pataphysica*, daté de 1969 (1996 dans le calendrier pataphysicien!), rend compte des «travaux de la *Co-Commission de l'OuLiPo* et du roman *La Disparition de M. Georges Perec, un des nouveaux membres* de la dite Commission» (p. 73). Je remercie le «régent» Paul Gayot, éminent pataphysicien, pour les renseignements communiqués à ce sujet...

[13] *Œuvres complètes* d'Alfred Jarry, éd. La Pléiade, I, 1972, p. 290.

[14] *O.C.*, I, *Introduction*, p. XIV.

[15] Phrase tirée de «L'aiguillage du chameau», texte publié le 15 octobre 1902 dans la *Revue blanche*, puis repris dans le recueil *La Chandelle verte* (posthume), *O.C.*, II, 1987, p. 376-378.

[16] Texte publié dans *Le Canard sauvage*, 11-17 avril 1903, repris dans *La Chandelle verte*, *op. cit.*, p. 420-422.

[17] Yahvé ou Iavé est le nom propre de Dieu dans la Bible : le tétragramme YHVH en est la réduction dans l'hébreu écrit.

[18] *Arrivé*, *op. cit.*, p. 51.

[19] Jarry, *O.C.*, I, p. 933.

Chapitre 6
Lecture, fantasme et sujet processuel[1]

«Sortir de la nuit antérieure toutes les choses. *Incendier de perte le perdu, voilà ce qui à proprement parler est lire*»
(Pascal Quignard, *Les Ombres errantes*).

«Le texte n'est pas un objet, en conséquence de quoi il est impossible d'en éliminer ou d'en neutraliser la seconde conscience, la conscience de celui qui en prend connaissance»
(Bakhtine, *Esthétique de la création verbale*).

Évoquant dans *Blanche ou l'oubli* «le caractère hantant des grands, des vrais romans», Aragon précise : «Le livre aura été une machine à modifier l'homme». Il y aurait ainsi, grâce à des livres mémorables, expérience de lecture au plein sens du terme. Mais les modalités de cette transformation restent à préciser.

En son principe, la notion d'*expérience* renvoie à deux dimensions temporelles, celle de l'*éprouvé*, concomitant de la lecture elle-même, et celle de l'*après-coup*, de la ressaisie dans une production verbale. C'est à travers ce miroir du *texte de lecture* ou «contre-texte»[2] que je propose d'appréhender certains effets de lecture. Il s'agira plus précisément de la lecture littéraire[3], dans sa dimension esthétique, une activité complexe qui mobilise et associe des composantes diverses.

Je m'intéresserai, au sein de cette relation globale, à l'articulation du fantasmatique et de l'idéologique. L'analyse des œuvres littéraires permet en effet de comprendre comment l'idéologique, en dépit de sa façade rationalisante, se nourrit d'un matériau pulsionnel. Cette épineuse question fut abordée dès les années 70, à partir de ce qu'on appelait alors la «production du texte»[4]. La perspective du lecteur choisie ici peut permettre de relancer l'enquête.

Parce qu'il se présente comme «fiction investie d'affects»[5], le fantasme est plus commode à étudier dans les catégories littéraires apparentées à la fable, roman et théâtre, qui retiendront l'attention. L'idéologie, comprise dans l'acception large de «système de valeurs», sera appréhendée à l'aide du concept de «point-valeur» emprunté à Vincent Jouve[6]. À partir du point cardinal du dénouement, j'essaierai de faire apparaître le passage d'un effet recherché plus ou moins clairement par l'auteur, à un effet produit dans la lecture ou, si l'on veut, la part de la «machine» textuelle et celle du pilote lecteur. Je m'écarte ainsi de la stricte assignation de l'effet-idéologie à une poétique textuelle»[7] pour y introduire la notion de variable, liée à la personne du lecteur.

D'où l'hypothèse suivante : toute expérience de lecture, pour autant qu'elle s'appuie sur un processus actif, intègre un volet de déconstruction identitaire à double face, psychologique et idéologique. C'est à ce titre qu'elle s'inscrit, de façon modulée, dans un processus du sujet.

Alternant théorie et illustration, j'examinerai : 1. la place du fantasme au sein du dispositif de lecture, 2. le dénouement de deux œuvres du répertoire comme point-valeur stratégique, 3. les interactions de la variable lecteur et du matériau fantasmatique.

Du fantasme ordinaire au fantasme dans la lecture

Les travaux de Freud constituent le cadre théorique le plus adéquat pour appréhender le fantasme. Laplanche et Pontalis en tirèrent une définition souvent citée :

> Fantasme : scénario imaginaire où le sujet est présent et qui figure, de façon plus ou moins déformée par les processus défensifs, l'accomplissement d'un désir, et en dernier ressort, d'un désir inconscient (*Vocabulaire de la psychanalyse*).

Cette définition réunit presque tous les traits principaux constitutifs du fantasme. La notion de scénario implique une action faisant intervenir des personnages. Elle s'applique tout spécialement au roman et au théâtre. Dans un essai célèbre[8], Marthe Robert a ainsi pu articuler le genre romanesque au fantasme de roman familial. D'autres, comme André Green[9] ou Catherine Clément[10] ont exploré les similitudes entre la scène théâtrale et la scène fantasmatique. L'accomplissement d'un désir inconscient est le point commun entre le fantasme, ou rêve éveillé, et le rêve nocturne, réunis dans le texte fondateur de *L'Interprétation des rêves*. L'un et l'autre sont des formations de compromis : comme le rêve, le fantasme conjugue une part consciente et une part inconsciente, transformée par la censure.

Michèle Perron-Borelli, dans un essai récent, *Dynamique du fantasme*, apporte des précisions intéressantes. Elle souligne la connexion établie par Freud entre le fantasme et les concepts de *représentation* et de *pensée*. La scène du fantasme apparaît dans la théorie freudienne comme «une construction intégrant différents éléments de *représentation*»[11]. Quant à l'activité de *pensée*, elle naît de la discrimination entre principe de plaisir et principe de réalité opérée dès 1911[12] et associée par le fondateur de la psychanalyse au travail du rêve. Complétant Laplanche et Pontalis, Perron-Borelli propose sa propre définition du fantasme, centrée sur la notion d'objet :

> L'organisation structurelle du fantasme a pour fonction essentielle de mettre en relation le sujet et l'objet de son désir par la médiation d'une représentation intermédiaire dont le prototype est une représentation d'action (p. 36).

Selon cette définition qui servira de référence, le fantasme serait une structure à trois termes : le sujet, la représentation et l'objet; structure qui peut se décliner selon une *forme duelle*, active ou passive, par exemple : *Je séduis/suis séduit par X*, ou une *forme «tierce»* : *X séduit/est séduit par Y*[13]. La forme tierce correspond au fantasme de scène primitive qui place le sujet en position de voyeur.

Mais la complexité surgit dès que se trouve abordée la distinction entre l'objet et le pré-objet ou objet partiel, qui renvoie au rapport primitif à la mère, sur fond de non-séparation. La reconnaissance de cette difficulté permet d'articuler les fantasmes archaïques d'incorporation/expulsion dans la théorie générale du fantasme. Le complexe d'Œdipe apparaît dans la cure comme «l'organisateur nucléaire» de ces configurations plus primitives[14].

On notera donc l'ambiguïté de la forme duelle. Ainsi, dans le fantasme *Je séduis X*, X désignant par exemple la Mère, l'absence du Père peut s'interpréter comme expression symbolique du désir œdipien d'éliminer le rival. Dans d'autres cas, la forme duelle renvoie à la monade pré-œdipienne, et c'est sans doute la nature de l'action représentée qui décide du type de fantasme auquel on a affaire. Quoi qu'il en soit, cette forme coïncide souvent dans la cure avec les dérives psychotiques et avec l'inaptitude structurelle au «processus élaboratif»[15].

Pourtant, ce qui est inconvénient dans le cadre d'une analyse pourrait apparaître comme atout supplémentaire, si l'on transpose le fantasme dans l'expérience de lecture. Les formes duelles et tierces deviennent alors des configurations à trois, quatre termes ou plus, si l'on prend en compte le jeu des mises en abîme. Sauf à supposer une identification psychotique au *Je narrant*[16], le lecteur d'un récit à la première personne sera en effet amené à considérer simultanément ce *Je* comme un *Il*. Ce dédoublement est renforcé au théâtre qui matérialise par la personne des acteurs la disjonction entre les sources d'énonciation et le spectateur. Du point de vue de la lecture, ce mécanisme peut se concevoir en termes d'instances lectrices : Michel Picard, puis Vincent Jouve, en ont proposé deux versions dont le point commun, qui nous intéresse, est la discrimination entre *lu* et *lectant*. Le *lectant* est cette part intellectuelle du lecteur apte à la distance, qui fait jouer dans son rapport au texte la composante culturelle; le *lu* se situe du côté de la participation hallucinatoire, donc du fantasme. Il oscille sans doute entre la participation à un rôle dominant, favorisé dans le texte, et l'investissement simultané des différents pôles de la relation. C'est la manière de lire qui fait la qualité de l'expérience de lecture autant que le texte support. Mis à jour par le texte critique, les affects archaïques se trouvent liés dans la relation ternaire qui leur faisait défaut, tout en conservant la dynamique pulsionnelle dont ils se nourrissent.

Comment ce mécanisme retentit-il sur les options de valeurs offertes au lecteur et finalement retenues ou récusées par lui?

Fantasmes à l'œuvre

Je propose d'examiner sous cet angle deux œuvres classiques empruntées à Tirso de Molina et à Kleist, soit une pièce de théâtre et une nouvelle[17]. Ces œuvres présentent une construction ferme. Il n'en va pas de même pour les textes inachevés ou fragmentaires qui se multiplient dans la production du vingtième siècle, j'y reviendrai.

Tirso de Molina : L'Abuseur de Séville *(1630)*[18]

On devrait en toute rigueur distinguer ici expérience de lecture et expérience de spectateur. Les remarques qui suivent se fondent pour l'essentiel sur une lecture du texte, acte par lequel doit aussi commencer le metteur en scène.

La pièce est, comme chacun le sait, la première version de l'histoire de Don Juan et la matrice d'un mythe littéraire[19]. La célébrité du texte me dispensera d'entrer dans les détails.

Cette œuvre, jouée pour la première fois en 1630 et écrite vers 1620, présente diverses facettes : comédie de mœurs, volontiers satirique, pièce baroque multipliant les registres d'écriture, pièce édifiante enfin, écrite par un moine jugeant sévèrement le laxisme de la société dans laquelle il vivait.

Avant de devenir le théoricien de la conquête amoureuse qu'il sera chez Molière, le personnage se présente dans cette pièce sous les traits d'un jouisseur peu scrupuleux, d'un aventurier joyeux, sourd aux remontrances de son entourage et aux menaces du châtiment divin, auxquelles il oppose son refrain : «Si lointaine est votre échéance» (tan largo me lo fiáis).

La *comedia* égratigne les mœurs régnantes : car l'immoralisme qui régit la conduite du *burlador* renvoie à l'hypocrisie d'une société entretenant le mensonge et la tromperie. Soucieux de sauver les apparences, les pères sont dans cette pièce des figures dévalorisées.

Le mythe a suscité de nombreuses études psychanalytiques dont il n'est pas question ici de proposer une énième version. Les plus convaincantes (entre autres, Kristeva, 1983; Assoun, 1989; Dumoulié, 1993[20]) ont rattaché la figure de Don Juan à la jouissance perverse. Le pervers connaît la loi et feint de l'ignorer. Sa logique est celle du défi qui rencontre finalement le seul père digne d'être affronté, un père imaginaire, le Commandeur. La non-représentationn de la figure maternelle conduit à envisager les femmes successives comme substituts de la «mère originaire» à laquelle s'identifierait Don Juan (selon Kristeva). On a même soutenu (Ferenczi) que l'hétérosexualité compulsive était le masque d'une homosexualité latente.

Toutes ces études, en dépit de leur intérêt, ne correspondent pas à la perspective qui nous intéresse. En effet, elles traitent du personnage comme type (Freud, Ferenczi, Rank) ou plus souvent comme mythe littéraire, procédant à un amalgame de traits divers ou à une généralisation à partir de traits particuliers. L'expérience de lecture renvoie à un texte spécifique : son champ d'application est donc plus restreint et plus large en même temps, dans la mesure où l'œuvre excède le personnage qui semble obséder la plupart de nos critiques.

Pour résumer à grands traits, disons que l'œuvre de Tirso met en perspective le spectacle d'une jouissance sans frein et l'interrogation métaphysique fondée sur cet au-delà et ces limites de la condition humaine que Don Juan paraît récuser.

Sur cet affrontement repose l'efficacité du message édifiant : plus le lecteur éprouvera par procuration, voire épousera imaginairement le point de vue de son personnage central, plus deviendra efficient le moment où se règlent les comptes, je veux parler de la scène du châtiment qui met face à face Don Juan et le fameux «invité de pierre» en porte-parole de l'au-delà : «Que le bras justicier se prépare à faire exécuter la vengeance de Dieu...». (187)

Mais c'est aussi le moment où se déploie tout l'arsenal baroque des images. Car, comme l'ont bien vu divers commentateurs, Don Gonzale revêt les traits d'un personnage lucifərien. Les deux «pages noirs» qui l'accompagnent, les nourritures infâmes qu'il tend à Don Juan, «scorpions et vipères», le vin de «fiel et vinaigre» qu'il lui offre, sont tout droit sortis de l'enfer où il semble accompagner le burlador comme le suggère une didascalie : «Le sépulcre s'enfonce avec fracas, engloutissant Don Juan et Don Gonzale» (189). Mystère des voies de la Providence qui prêtent à la vengeance du Ciel les traits d'un personnage ambigu ou expression par l'imagerie baroque de cette crise des valeurs[21] qui secoue l'Europe entre 1580 et 1640 ?

Si le châtiment reste un démenti spectaculaire à la morale de Don Juan, nul doute que le recours à l'esthétique baroque ne vienne commencer à troubler l'intention apologétique. La correction du message relève donc en partie pour le lecteur d'une perception rationalisée.

La forte densité fantasmatique de la scène achève de fissurer l'édifice, pour peu que le spectateur lui prête quelque attention. L'auteur y ranime les plus anciennes terreurs, car la table avancée par le Commandeur pour ce repas final surgit d'un tombeau : le sarcophage retrouve ainsi son étymologie de dévorateur de chair (Dumoulié). L'imaginaire religieux s'imprègne de références plus primitives aux divinités chtoniennes et notamment à Cronos dévorant ses enfants. Derrière la figure du Père se profile, introduite par une oralité inquiétante, celle de la mère originaire enfin dépouillée des beaux atours prêtés à chacune de ses figures de substitution. Un élément vient d'ailleurs marquer la continuité avec les scènes antérieures : le motif de la main donnée rappelle sous une forme inversée la demande de Don Juan envers Isabelle à l'ouverture de la pièce. Ici, c'est Don Gonzale qui demande à Don Juan de lui donner sa main. Nulle part dans le texte ne surgit aussi fortement l'envers trouble de la séduction qui aboutit à une confusion des sexes, l'agent castrateur renvoyant à une figure combinée du Père et de la Mère.

Il résulte de ce qui précède trois données :

– le discours de l'œuvre sur la grâce (son message idéologique) a partie liée avec la prégnance d'une configuration œdipienne privilégiant l'image de l'affrontement au père justicier ;

– cette loi est frappée d'ambiguïté, comme le montrent l'image dévalorisée des pères réels et la représentation baroque d'un commandeur lucifərien ;

– mais c'est autour du noyau archaïque des fantasmes que s'élabore la subversion la plus profonde de la fonction apologétique, ce dont le public actuel ne saurait se plaindre.

Voyons, à travers le second exemple, comment s'exacerbe ce mécanisme, au point de perturber la forme narrative elle-même.

Kleist : Le Tremblement de terre du Chili[22] *(1807)*

Cet auteur inclassable déploie son écriture en marge du romantisme allemand. Deux données jouent un rôle majeur dans la crise qui conduit au dénouement de la nouvelle : l'exacerbation de la violence et le flottement des identités de personnages. Il s'agit, pour le second point, d'un trait récurrent chez Kleist. *La famille Schroffenstein*, réécriture de *Roméo et Juliette*, ajoute au canevas shakespearien le ressort de la méprise sur l'identité : chaque père croyant tuer l'amant ou l'amante coupable de transgression tue en réalité son propre enfant qu'un concours de circonstance a poussé à se travestir. Le même désordre va culminer dans la scène de lynchage dont sont victimes les deux héros malheureux de cette histoire.

À l'origine se trouve un amour innocent et contrarié entre une jeune fille et son précepteur. Sur ordre de son père, Josefa est séparée de Jeronimo par les murs d'un couvent : inutile précaution, qui n'empêche pas les amants de se retrouver et de concevoir un enfant dans ce lieu consacré à la religion. Le couple convaincu de sacrilège est condamné à une exécution publique. Or, le début de l'histoire fait coïncider cette échéance avec le tremblement de terre qui frappe la capitale. La catastrophe permet aux amants d'échapper à l'exécution en même temps qu'elle punit deux des instigateurs du châtiment, le père et l'archevêque de Santiago. Dans une nature édénique, aux environs de la capitale, Jeronimo et Josefa connaissent un répit paradisiaque partagé avec d'autres rescapés. Mais la participation à une messe d'action de grâce tourne au cauchemar car le prédicateur reproche au couple d'avoir par son inconduite attiré sur la ville les foudres divines et le désigne à la vindicte publique. Quatre personnes, dont les deux amants, seront finalement massacrées, malgré l'intervention héroïque d'un ami. Un épilogue apaisant succède à cette scène : le couple ami qui a perdu son propre enfant dans le lynchage adopte l'enfant des amants, rescapé du drame.

La scène du carnage marque le moment où les significations vacillent. Car le réseau des sympathies et antipathies suscité dès l'ouverture a jusqu'alors favorisé la classique identification du lecteur à l'aspiration édénique des victimes dont on croit retrouver jusque dans l'épilogue un écho apaisant. L'intertexte rousseauiste assure pour le *lectant* la transition, dessinant en contrepoint de la catastrophe l'utopie d'une nature heureuse dans laquelle vivraient des hommes réconciliés[23].

Flottement des identités : Don Fernando, le défenseur des amants, éclipse dans la scène du massacre Jeronimo dont il occupe d'une certaine façon la place. En un sens, cette substitution ajoute à la mise à mort effective des héros une mise à mort narrative, qui trouble et prépare le terrain des identifications fantasmatiques.

La violence déchaînée de la foule donne à la scène des allures de cauchemar. Cette violence, devant laquelle le traducteur semble parfois reculer, culmine dans les détails horribles sur le massacre de Juan, l'autre enfant. La *représentation d'action* atteint ici une acuité maximale. Le flottement des identités sexuelles s'ajoute à celui des identités patronymiques : l'objet du désir se trouve ainsi pris dans une dynamique confusionnelle. Don Fernando affronte à l'épée la «meute démoniaque»[24] dont le savetier Pedrillo est le «prince»; au plan fantasmatique, cette foule apparaît comme une entité hermaphrodite, pourvue de phallus menaçants, les massues qui s'abattent sur les protagonistes. La figure du Père, rival œdipien — Pedrillo est le diminutif péjoratif du nom d'un autre père, don Pedro —, cède la place à celle, beaucoup plus archaïque, de la Gorgone Méduse. Un troublant fantasme de scène primitive s'immisce dans la lecture.

Cruauté du récit kleistien : le message d'apaisement et de réconciliation tend à se fissurer à partir de ce point d'émergence du fantasme qu'est la grande scène du carnage. Modernité du texte kleistien : la secousse sismique dont le motif a servi à construire l'histoire atteint ici le langage lui-même, ébranlant le jeu des significations en un mécanisme qui peut devenir rétroactif à la relecture. L'écriture, nourrie par l'aspiration utopique, en mine sans cesse l'efficience : Marthe Robert l'avait noté, écrivant que l'écriture de Kleist était «celle du malentendu»[25]. Tel est peut-être aussi un des signes de sa modernité.

Au trouble introduit par les images, s'ajoute donc celui des catégories actantielles de sujet et d'objet, selon une procédure plus dérangeante qui touche à présent à l'identité patronymique. Les perturbations formelles anticipent ainsi sur le chaos des fantasmes originaires. Essayons, à partir de ces deux exemples, de préciser un peu les propositions initiales.

Expériences à géométrie variable

La variable tient à la fois à la nature de l'œuvre et aux dispositions de l'expérimentateur. Selon son «bagage» culturel, son degré d'évolution affective, le lecteur sera plus ou moins soumis aux stratégies textuelles dominantes ou créatif, reproducteur d'un sens préexistant ou producteur, au moins à titre partiel.

Les caractéristiques des textes jouent évidemment un rôle. J'ai choisi de ne pas développer le cas des textes éclatés, fondés sur la contestation permanente de toute forme générique. Je hasarderai pourtant à leur sujet l'hypothèse suivante : le chaos formel et l'inachèvement semblent correspondre à la mise en veilleuse de la visée idéologique et à l'affleurement non plus ponctuel mais massif des fantasmes archaïques. L'expérience de lecture serait alors essentiellement déstructurante. À moins, comme j'ai essayé de le montrer à propos des textes d'Aragon rescapés du projet de *La Défense de l'infini*, que le lecteur ne puisse rétablir, par sa lecture du discontinu, un livre fantôme[26] qui ne pourra en tout état de cause être que le sien.

La marge d'interprétation n'est pas moindre dans les textes de facture plus classique. Théâtre et roman, par la fable qu'ils montrent ou racontent, semblent s'orienter vers la transmission d'un faisceau de valeurs dominant : le «message» de l'œuvre. Il en est ainsi encore au vingtième siècle avec les nombreux récits mettant en scène des aspects du monde réel pour le dénoncer.

Pour s'approprier ces valeurs, le lecteur passe fictivement par une expérience de confrontation à la loi, représentée par des figures paternelles, elles-mêmes liées à la société décrite dans l'œuvre. En ce sens, toute lecture, n'en déplaise aux contempteurs de la psychanalyse, possède un versant «œdipianisé». Une homologie relierait l'épreuve formatrice imposée au héros faisant son apprentissage du monde, et l'expérience de lecture, son reflet mental. À ce niveau, l'expérience reste dominée par un programme textuel.

La marge de jeu semble tenir pour une large part à la présence dans le texte d'un imaginaire aux limites de la symbolisation. On retrouve ici l'aventure de l'écriture souvent décrite par les romanciers. Dans cette aventure, quelque chose échappe au créateur, qui retentit aussi sur les implications idéologiques de la lecture. Ceci n'annule pas la valeur du message mais aboutit à une contestation implicite, plus ou moins reconnue par l'auteur, comme l'a montré Suzan Suleiman à propos du roman à thèse[27]. J'ai moi-même exploré ce phénomène dans certains romans d'Elsa Triolet et d'Aragon[28].

Un tel jeu peut déranger le lectorat attaché au message dominant. Ainsi, le Huysmans de *La Cathédrale* a suscité bien des réserves auprès des catholiques. La crypte de Chartres, lieu de l'initiation, met en relation l'expérience mystique avec une représentation archaïque de la Vierge-Mère ; ce qui fait dire à Alain Vircondelet que le livre, dans son intention apologétique, «ne résiste pas à cet assaut furieux du moi»[29]. On peut cependant préférer cette religion d'artiste, riche de tout son arrière-plan sensible, au catholicisme officiel.

Pour le lecteur, l'expérience active se traduit par une resymbolisation, c'est-à-dire une nouvelle configuration textuelle, certes moins élégante que le texte source, mais procédant à des rapprochements qui rétablissent les déplacements initiaux. Le dispositif conceptuel de la psychanalyse permet de donner une armature logique à cette reconfiguration.

L'objection courante voit ici une réduction de la richesse des œuvres à un petit nombre de schémas conceptuels. Mais la qualité de l'expérience se jugera à la capacité de tenir compte, dans le texte de lecture, de l'infinie diversité des textes sources et de la richesse de leurs connexions internes, forcément réduite pour les besoins d'une communication. Signalons d'ailleurs que la lecture ainsi aboutie fait intervenir, comme indice ou catalyseur, la reconnaissance d'autres objets pré-construits, les intertextes. J'ai montré que l'intertexte jarryque dans *L'Âme* d'Elsa Triolet peut contribuer à dynamiter l'image sublimée de la Résistante autour de laquelle gravite le roman en suggérant le principe de l'équivalence des contraires, cher à l'auteur d'*Ubu*. Manifeste chez Triolet, puisque Jarry est cité en épigraphe, cet intertexte peut être plus ou moins rêvé par le lecteur selon le mécanisme appelé par Bellemin-Noël *interlecture*. J'ai en ce sens proposé de lire dans le déchaînement de la violence kleistienne l'ombre de Sade sur Rousseau.

La reconnaissance d'intertextes plus ou moins aléatoires tient à l'itinéraire personnel du sujet lecteur, inséparable d'un arrière-plan culturel et historique. On rejoindrait, par un autre biais, la distinction entre *destinataire second* et *sur-destinataire* opérée par le Bakhtine de la dernière période. Du *destinataire second*, «l'auteur [...] attend et présume une compréhension responsive». Le *sur-destinataire* serait l'entité formelle permettant de penser le surcroît de sens imputable aux réceptions à venir :

> Un auteur ne peut jamais s'en remettre tout entier, et livrer toute sa production verbale à la seule volonté absolue et définitive de destinataires actuels ou proches [les destinataires seconds], et toujours il présuppose (avec une conscience plus ou moins grande) quelque instance de compréhension responsive qui peut être différée dans des directions variées.[30]

La parenthèse revêt une importance particulière : cette «conscience plus ou moins grande» permet d'envisager une convergence des analyses qui précèdent avec la conception bakhtinienne du texte polyphonique, lieu de l'échange intersubjectif.

Je conclurai sur deux propositions. L'expérience de lecture procède dans les textes structurés du rapport dialectique entre une *dominante*, plus ou moins complexe, et des *lignes de contestation* sous-jacentes. Il ne s'agit pas de la transcription d'une hiérarchie préalable (l'idéologie de l'auteur) mais d'une hiérarchisation progressive qui prendrait sa figure la plus nette dans le point cardinal du dénouement. Le noyau archaïque du fantasme a partie liée avec la déconstruction des identités affectives et idéologiques ainsi proposées au lecteur. On rejoint la polysémie, reconnue depuis longtemps comme source de qualité littéraire. Mais le recours à la notion de dominante rend peut-être mieux compte du rôle assumé ou non par le lecteur dans l'infléchissement éventuel des significations. Il semble que le phénomène s'inverse dans les œuvres à forme chaotique, qui imposent d'emblée au lecteur l'expérience déroutante et maintiennent en sourdine certaines lignes de sens à visée idéologique.

L'analyse de l'acte de lecture pourrait par ailleurs être précisée à l'aide de ce que Michèle Perron-Borelli nomme le *sujet processuel*. À la différence du Moi, que la psychanalyse décrit comme la somme des identifications successives du sujet, le sujet processuel «se révèle toujours en référence à une virtualité de changement». «La position du sujet n'est jamais acquise : c'est toujours une position à prendre»[31]. Il y aurait bien, dans la lecture, une série d'identifications possibles à des rôles déjà programmés, à des formes textuelles avérées ou conjecturées, mais aussi un espace potentiel de liberté. Ce sujet processuel n'est pas sans rappeler le sur-destinataire bakhtinien : tous deux, par les voies différentes de la psychologie et de l'Histoire, permettent de penser le surplus de sens produit par l'expérience de lecture. Qu'elles soient structurées ou non, les œuvres littéraires de qualité se rejoignent peut-être en ce qu'elles projettent le sujet processuel inscrit dans leur dimension esthétique vers l'ensemble des écrits futurs, littéraires ou critiques.

NOTES

[1] Communication présentée au colloque «L'expérience de lecture», organisé par l'Université de Reims et le Centre de Recherche sur la Lecture Littéraire, du 28 au 31 octobre 2002.

[2] L'expression est empruntée à Anne Clancier, «Psycholecture des romans de Raymond Queneau», in *La lecture littéraire*, Actes du Colloque de Reims, 14-16 juin 1984, Clancier-Guénaud, 1987, p. 171.

[3] À ne pas confondre avec la lecture de la littérature (voir *supra* 1).

[4] On pense ici aux travaux de Lacan, du groupe Tel Quel, en particulier de Julia Kristeva dans ses *Recherches pour une sémanalyse* (1969). L'ambition d'une connaissance totale du processus de production textuelle hantait encore le discours des chercheurs.

[5] Michèle Perron-Borelli, *Dynamique du fantasme*, PUF, 1997, p. 6.

[6] Vincent Jouve dans sa *Poétique des valeurs* (PUF, 2001) propose, à partir d'un corpus romanesque, de mesurer en certains lieux stratégiques du récit ou «points-valeurs» un «effet idéologique» à l'œuvre dans le texte.

[7] L'effet-idéologie défini comme «le système de valeurs inhérent à l'œuvre et qui s'impose à tout lecteur» (*Poétique des valeurs*, p. 10).

[8] Marthe Robert, *Roman des origines et origines du roman*, Gallimard, «Tel», 1972.

[9] André Green, *Un œil en trop*, Minuit, 1969.

[10] Catherine Clément, «De la méconnaissance : fantasme, texte, scène», in *Langages*, «Sémiotiques textuelles», Didier/Larousse, n° 31, septembre 1973, p. 36-52.

[11] Michèle Perron-Borelli, *op. cit.*, p. 33.

[12] Sigmund Freud, *Formulations sur les deux principes du fonctionnement psychique*, 1911.

[13] Perron-Borelli, p. 39.

[14] Perron-Borelli, p. 190.

[15] Perron-Borelli, p. 202.

[16] On sait qu'elle n'est pas impossible : c'est ainsi que nombre de lecteurs de René concluent leur expérience de lecture par l'imitation de leur héros!

[17] L'origine et la nature des exemples choisis mettent incidemment l'accent sur un trait plus général : on lit toujours peu ou prou à travers des intermédiaires; les traducteurs, auxquels on pourra, selon sa compétence, confronter sa propre traduction — mais s'il n'y a pas de traduction, il est rare qu'il n'en trouve pas déjà, entre le texte et soi, l'écran d'un commentateur; les metteurs en scène, qui servent ou desservent le texte du dramaturge, mais le complètent et le compliquent de signes supplémentaires.

[18] *El burlador de Sevilla y convidado de piedra*. Les citations qui suivent renvoient à l'édition bilingue Aubier, 1968, rééd. 1991, traduction Pierre Guenoun.

[19] Jean Rousset a montré qu'il s'agit d'un cas unique et paradoxal dans l'histoire des mythes littéraires dont l'origine est plutôt collective et mal déterminée (*Le Mythe de Don Juan*, Armand Colin, «U Prisme», 1978).

[20] Julia Kristeva, «Don Juan ou pouvoir aimer», in *Histoires d'amour*, Gallimard, «folio», 1983; Paul-Laurent Assoun, «Défi et perversion : Don Juan ou la découverte de la féminité», in *Le Pervers et la femme*, Anthropos, 1989; Camille Dumoulié, *Don Juan ou l'héroïsme du désir*, PUF, 1993.

[21] Didier Souiller, *La littérature baroque en Europe*, PUF, 1988.

[22] Ce qui suit est le condensé d'une étude plus complète, à paraître dans le numéro 7 de la revue *La lecture littéraire*, sous le titre «*Le tremblement de terre du Chili* : Kleist entre Rousseau et Sade».

[23] Cette aspiration traverse comme une obsession récurrente l'œuvre de Kleist qui écrivit dans le texte allégorique *Sur le théâtre de marionnettes* (1810, Mille et une nuits, trad.

Jacques Outin, 1993, p. 14) : «Le paradis est verrouillé, et le Chérubin est à nos trousses : il faudrait donc faire le tour du monde pour voir s'il n'est pas rouvert par derrière».

[24] En allemand comme en français, les termes employés pour désigner la foule ou la meute sont au féminin : *die Menge, die Rotte*.

[25] «L'œuvre de Heinrich von Kleist est le domaine privilégié du malentendu. Non seulement parce que le malentendu en est le principal ressort, mais parce que, manquant presque toujours son but avoué, elle répond avec une rigueur infaillible à des intentions d'un tout autre ordre, sur lesquelles Kleist ne s'est que peu, ou incomplètement expliqué» (Marthe Robert, *Un homme inexprimable*, L'Arche, 1955, rééd. 1981, p. 29).

[26] A. Trouvé, *Le lecteur et le livre fantôme. Essai sur* La Défense de l'infini *de Louis Aragon*, Kimé, 2000.

[27] Susan Suleiman, *Le roman à thèse ou l'autorité fictive*, PUF, 1983.

[28] Entre autres, *Pour une relecture d'Elsa Triolet*, thèse de doctorat Nouveau Régime, Université de Reims, direction Michel Picard, 1993; «*Le Cheval blanc* d'Elsa Triolet : jeux de masques», *Recherches croisées Aragon/Elsa Triolet (RCAET)*, n° 7, Presses Universitaires Franc-Comtoises, Collection Annales Littéraires, 2001; «De *Maldoror* aux *Voyageurs de l'impériale* : résonances textuelles» (voir *infra* chapitre 9). Voir aussi les études sur Perec et Le Clézio (*supra* chapitre 5 et *infra* chapitre 7).

[29] Préface de *La Cathédrale*, Éditions du Rocher, 1992, p. 15.

[30] Mikhaïl Bakhtine, *Esthétique de la création verbale*, 1979, Gallimard, «Bibliothèque des idées», 1984, trad. Alfreda Aucouturier, p. 337.

[31] *Op. cit.*, p. 207.

Chapitre 7
Fiction/Fantasme

Onitsha de J.-M.-G. Le Clézio : idiolecte et expérience de lecture[1]

Le signe bénéficie d'une attention particulière dans l'œuvre de Le Clézio. Son attirance pour les cultures primitives et pour certaines formes de la pensée magique transparaît dans ses essais sur les civilisations amérindiennes (*Le rêve mexicain*) comme dans ses romans (*Le Chercheur d'or*), parfois entrecoupés d'idéogrammes. Le premier d'entre eux, *Le procès-verbal*, avait attiré l'attention par un brouillage des codes où certains ont cru déceler l'influence du Nouveau Roman. Avec *Onitsha*, il semblerait que s'accentue un retour à la simplicité. L'œuvre paraît se rattacher de prime abord aux variantes classiques du roman : roman d'aventure, plutôt récusé, malgré la référence initiale à Jules Verne (*Le rayon vert*, 15), roman d'apprentissage ou d'initiation, permettant au héros la découverte de l'Autre, sexuel ou culturel. Pourtant, ce livre propose aussi au lecteur — et là réside sans doute une part de son intérêt — un jeu complexe sur le signe, dont on s'efforcera ici de démêler les enjeux psychologiques et intellectuels.

Entrelacements de signes

Deux acceptions différentes pourraient être envisagées : le signe élément de base d'un système linguistique, fondant les échanges sociaux; le signe magique ouvrant sur une communion avec le monde par le moyen de l'imaginaire; l'idéogramme ou hiéroglyphe en est la forme extrême.

Les langues mentionnées dans le roman se répartissent, selon l'usage qui en est fait, en deux groupes. D'un côté, la langue abstraite du conquérant : l'anglais, parlé par Geoffroy, père de Fintan, et par les colons britanniques. De l'autre, une langue musicale ou dont les sonorités étranges ont pour fonction première d'établir un lien entre ses usagers, proche peut-être de la fonction phatique définie par Jakobson : l'*ibo*, langue parlée par les habitants d'Onitsha et enseignée à Maou par sa servante Marima; le *pidgin*, dialecte dérivé de l'anglais, parlé par Bony et par Fintan, après son initiation à la vie africaine; l'italien et le dialecte ligure présents dans le texte à travers les comptines ou les vers récités par la mère et dont l'enfant ne perçoit que la musique. Geoffroy, dans son monologue intérieur sur le *Livre des Morts* égyptien, participe aussi de cet usage opposé du signe. On s'oriente alors vers un syncrétisme des langues et des cultures restaurant l'unité mythique de l'homme et de la nature. Les légendes d'Osiris et de Moïse, sauvés des eaux, se fondent dans les rites des *Umundri*, leurs lointains descendants :

> La parole du Livre des Morts résonne avec force, elle est encore vivante, ici, à Onitsha, sur le bord du fleuve :
> *La cité d'Anu est comme lui, Osiris, un Dieu.*
> *Anu est comme lui, un dieu. Anu est comme il est, Ra.* (138)

Geoffroy rêve d'arborer le tatouage dont les *Umundri* s'ornent le visage; le signe linguistique cède ainsi la place au dessin, version magique du signe (140) :

> Il veut recevoir le *chi*, il veut être semblable à eux, uni au savoir éternel, uni au plus ancien chemin du monde. Uni au fleuve et au ciel, uni à Anyanu, à Inu, à Igwe, uni au père d'Ale, à la terre, au père d'Amodi Oha, l'éclair, être un seul visage, portant gravé dans la peau, à la poussière de cuivre, le signe de l'éternité : Ongwa, la lune, Anyanu, le soleil, et s'écartant sur les joues d'Odudu egbé, les plumes des ailes et de la queue du faucon. Ainsi :

La reproduction du même tatouage sur le masque indigène, en couverture du roman, marque l'importance de ce pôle hiéroglyphique qui annulerait la distance entre le signe et le monde représenté.

À ces deux ensembles, en quelque sorte intradiégétiques, puisqu'il s'agit de langues mises à la disposition des personnages, s'ajoute, à un niveau extradiégétique, la langue française adoptée pour l'écriture du roman et qui constitue le creuset dans lequel s'élabore la lecture. Encore conviendrait-il mieux de parler d'idiolecte, ce code propre à l'œuvre que Didier Anzieu proposait naguère de penser dans sa double articulation psychologique et sociale :

ce code est une enveloppe à double face (un interface, en termes topologiques) : l'une tournée vers la réalité interne, l'autre vers l'extérieur.[2]

L'idiolecte leclézien devient le creuset des langues, dans leurs usages divers, abstraits ou figuratifs. La lecture, «activité manipulatrice de signes»[3], s'en trouvera enrichie.

Les procédés poétiques interviennent ici, notamment les variations de marge et les éléments récurrents. Des parentés nouvelles en découlent.

La langue comme musique associée au personnage de Maou fait écho à cette écriture poétique du roman. Elle est incantation, signifiant pur excédant toujours un signifié réduit au rang de l'accessoire. En ce sens, elle rejoint la fonction attribuée par Geoffroy au «signe d'Itsi» (139), ce tatouage magique. On pourrait la rapprocher de cette ivresse des noms propres, aux consonances exotiques, si fréquente dans les romans de Le Clézio.

Le titre *Onitsha* en constitue une bonne illustration. Avant de vérifier l'existence géographique de cette ville du Nigeria, l'enfant, figure centrale du récit, est sensible, comme le lecteur sans doute, aux connotations mystérieuses et exotiques du nom : «C'était un nom magique. Un nom aimanté» (52).

Ce nom peut effectivement en évoquer d'autres et pourquoi pas «onirisme» qui métaphoriserait l'activité fantasmatique consubstantielle à la lecture. Si tout roman relève du Roman familial[4], le rêve éveillé tient ici une place privilégiée, notamment dans les pages consacrées à Geoffroy, le père. Ainsi apparaît une nouvelle partition.

Du pré-symbolique au symbolique

L'idiolecte leclézien oscille entre un usage pré-symbolique du signe, attaché aux graphismes, aux jeux de sonorités, et un usage proprement symbolique, lié à la langue du Père.

Du côté pré-symbolique, le signe abolirait la distance entre le sujet et le monde, entre les espaces et les époques, pour restaurer une unité perdue. Geoffroy, remontant le fleuve Niger, cherchant les signes vestiges de l'oracle d'Aro-Chuku, poursuit un rêve régressif, qui abolirait le temps et l'espace et relierait le peuple Ibo du Nigeria à de lointains ancêtres survivants du royaume égyptien de Meroë : «Geoffroy marche à l'envers sur la route infinie» (142).

Phantaste halluciné, il ne distingue pas le monde environnant de cet Autre côté dont il rêve, confond Amanirenas, première reine du fleuve et la jeune Oya, protagoniste de l'histoire (192-193).

Fintan, son fils, dont la fin du roman suggère qu'il pourrait être le narrateur de l'histoire[5] participe également de ce rêve de communion :

> Oya était debout elle aussi [...] Fintan regardait son visage lisse [...] Il pensait que c'était elle, la princesse de l'ancien royaume, celle dont Geoffroy cherchait le nom. (152)

L'emploi récurrent des noms désignant les lieux — «la rivière Omerun», «Ibusun», «la maison»... —, les objets — «le wharf», «la varangue», «l'épave du George Shotton»... —, les choses et les plantes — «l'eau mbiam», «l'igname», «le foufou»... —, assure encore ce lien magique entre le monde sensible, le héros et peut-être le lecteur.

C'est un Imaginaire préœdipien qui constitue la toile de fond de cette quête dans laquelle le personnage de Geoffroy représente l'attitude la plus immature. L'enjeu en est le retour aux origines, à la Mère, représentée par une impressionnante série de substituts. La première page du roman a montré le Fils davantage subjugué par la figure maternelle que par le voyage qui débute : «Maou regardait le sillage du navire, et Fintan la regardait» (14).

Les recherches de l'enfant s'orientent ensuite vers une autre candidate à la maternité, la jeune Oya. La découverte de la sexualité demeure ici problématique, marquée au sceau d'un voyeurisme récurrent (106 à 108, 154, 211, 230), peu compatible avec la reconnaissance de la différence des sexes. La seconde scène entre Oya et Okawho à laquelle assiste le jeune garçon apparaît, quant à elle, comme une fausse scène primitive, trop directe pour relever du fantasme :

> Oya était renversée à terre, et Okawho la maintenait, comme s'il lui faisait du mal. Dans la pénombre, Fintan aperçut le visage d'Oya, avec une expression étrange comme du vide. (154)

L'effroi sexuel qui semble gagner le témoin est à la mesure de son incompréhension. Il pourrait être rapproché de la théorie de la séduction développée par Freud à ses débuts; la séduction est antérieure au refoulement et donc au seuil de l'Œdipe.

L'univers préœdipien est dominé par la figure maternelle : Maou, mère de Fintan met au monde une fille appelée Marima, du nom de sa servante africaine, autre figure maternelle (236, 259); Oya engendre Okeke sous les yeux de Fintan; Amanirenas, mère d'Arsinoë, hante la pensée de Geoffroy... L'enfantement reste par ailleurs entaché d'une conception archaïque qui apparaît mieux si l'on revient au rêve de Geoffroy, nourri par le souvenir du *Livre des Morts* :

Anu est comme il est, Ra. Sa mère est Anu,
Son père est Anu, il est lui-même, Anu, né dans Anu. (139)

La figure de l'androgyne se dessine nettement dans ce récit mythique repris plus loin comme un écho obsédant (220). C'est à elle que conduit la rêverie sur les origines. L'univers préœdipien qui méconnaît la castration maternelle tend à unifier les sexes. Les enfants y sont voués à demeurer substituts d'objets phalliques.

Le Clézio associe fortement à l'image de la mère le motif récurrent de l'eau :

«Oya». Bony avait prononcé son nom à voix basse. Comme si elle était née du fleuve, couleur de l'eau profonde, son corps lisse, ses seins, son visage aux yeux d'égyptienne. (211)

L'eau est une source de jubilation; en témoigne la scène d'initiation dans laquelle Bony, le jeune africain, partage avec Fintan le bain dans l'eau *mbiam* :

Fintan sentit une fraîcheur agréable. Arrêté devant le bassin, Bony regardait l'eau, sans bouger. Son visage exprimait une joie mystérieuse. (183)

Le liquide des origines prend ici une valeur sacrée en devenant eau lustrale.

Mise à distance et symbolisation

Pourtant, le scénario romanesque et le texte équilibrent cette présence envahissante d'un imaginaire de type maternel, par une série d'éléments conduisant à la séparation salvatrice. Ils sont au moins de trois ordres : historique, narratologique et poétique.

1. Un savoir historique et culturel vérifiable est mis en jeu dans le roman. Les coordonnées temporelles et géographiques propres au récit réaliste réapparaissent dans la quatrième partie (267, 270, 272, 277 à 280). Le génocide du Biafra fait alors irruption dans un texte qui semblait graviter autour d'une belle légende, le rêve égyptien de Geoffroy Allen. Tandis que les deux parties centrales installaient le lecteur, grâce à des procédés de suggestion poétique (glissements, par analogie de lieu, d'une époque à une autre) dans une temporalité mythique et primitive, celle de l'éternel retour, la date, «*automne 1968*», et la lettre de Fintan à sa sœur Marima apportent un éclairage historique et rétrospectif :

> Quand la guerre civile a commencé là-bas, il y a un an, et qu'on a commencé à parler du Biafra, tu ne savais même pas très bien où c'était, tu n'arrivais pas à comprendre que c'était le pays où tu es née. (277)

On touche ici à ce que Wolfgang Iser appelle le *répertoire du texte*[6], partie commune au texte et au lecteur, faisant intervenir des *modèles de réalité*. Il y en a d'autres, correspondant aux différentes strates temporelles du récit : la Deuxième Guerre Mondiale, l'implantation des colons britanniques sur le territoire du Nigeria en 1901. Écartons, pour l'instant, la plus ancienne et la plus controversée, l'émigration des derniers représentants du royaume égyptien de Meroë vers l'Afrique noire, au IVe siècle après J.-C.

À l'opposition entre colonisés et colonisateurs se mêle contradictoirement l'opposition entre italiens et anglais héritée de la Deuxième Guerre Mondiale. La figure de Geoffroy Allen, dont la nationalité anglaise est soulignée, hérite de cette contradiction : il appartient à la nation victorieuse des puissances de l'Axe et au monde des colonisateurs, même s'il en récuse les buts et l'idéologie. Mais le personnage de la mère, par son origine italienne, n'échappe pas non plus à l'ambiguïté. Les femmes qui entourent Maou sont hostiles à son mari par nationalisme, ce qui jette une autre lumière sur les raisons de l'exil africain de ce dernier :

> Il était un Anglais, un ennemi. La tante Rosa était plus bavarde, elle aimait dire : *Porco inglese*. [...] Elle avait admiré Don Benito, même quand il était devenu fou et qu'il avait envoyé les jeunes à la boucherie. (75)

Cette dernière allusion à Mussolini souligne le refus d'un traitement manichéen des personnages; elle est aussi un des fils de la trame historique complexe empêchant le lecteur de se laisser totalement prendre au piège de la régression fantasmatique. Une distance est ainsi prise à l'égard de la figure maternelle, omniprésente dans le début du roman.

2. Au plan narratologique, deux éléments principaux entrent en jeu : la rotation des points de vue et la mise en abîme des activités d'écriture et de lecture.

En adoptant pour son roman le point de vue variable, Le Clézio systématise un procédé déjà rodé par ses prédécesseurs. Pour l'essentiel, le récit à la troisième personne est réalisé en focalisation interne, à partir de trois foyers : Maou, Fintan, Geoffroy. Ce qui frappe, néanmoins, c'est l'alternance constante de ces trois points de vue, leur application à des séquences relativement longues[7], et l'absence quasi totale d'un narrateur omniscient. Certes, la quatrième partie suggère que Fintan adulte, vingt ans après l'épisode africain, pourrait être le narrateur caché de l'ensemble du récit. Les pages relatant les sentiments de la mère auraient été inspirées par les cahiers transmis à son fils[8]. Mais il paraît difficile, dans l'optique d'un narrateur identifié à l'enfant devenu adulte, de rendre compte des pages consacrées au point de vue du père. Il faut donc seulement noter la fausse simplicité de cette tripartition des voix : une parole peut toujours en cacher une autre...

La rotation des points de vue introduit par ailleurs d'intéressants effets de miroir, qui ont une puissante action sur le psychisme. Le rôle du Fils se distribue entre les figures de Geoffroy et de Fintan, son enfant à l'État civil; Maou rêve d'une Afrique conforme à ses lectures de romans avant de découvrir un pays dur où l'on s'expose à la maladie (72, 82-83), son mari qui poursuit un rêve parallèle est frappé par la malaria noire (232). Mère et fils se rejoignent, après une période d'adaptation, dans une communion avec l'Afrique et ses valeurs simples identifiées aux autochtones : Oya, Marima, Bony... D'autres jeux de miroir sont à envisager si l'on prend en compte la démultiplication de l'image maternelle déjà évoquée et celle de l'image paternelle sur laquelle on reviendra. Il en résulte quelque chose comme une amorce de socialisation, un passage du *je* spéculaire au *je* social que Lacan associe à l'achèvement du stade du miroir :

> C'est ce moment qui décisivement fait basculer tout le savoir humain dans la médiatisation par le désir de l'autre, constitue ses objets dans une équivalence abstraite par la concurrence d'autrui, et fait du je cet appareil pour lequel toute poussée des instincts sera un danger, répondît-elle à une maturation naturelle — la normalisation même de cette maturation dépendant dès lors chez l'homme d'un truchement culturel : comme il se voit pour l'objet sexuel dans le complexe d'Œdipe[9].

La mise en abîme de l'écriture va dans le même sens. En effet, à bord du bateau qui l'emmène en Afrique, l'enfant commence à écrire une histoire assez semblable à la sienne et intitulée «*UN LONG VOYAGE*». La graphie en majuscules d'imprimerie qui accompagne chaque apparition de ce motif (56, 92, 108, 120) souligne l'entrée dans l'univers fictionnel. Les éléments propres à l'aventure de l'enfant sont transposés : le personnage central devient une fille, Esther, exploratrice remontant le fleuve Niger :

> ELLE ARRIVE À ONITSHA. UNE GRANDE MAISON EST PRÉPARÉE, AVEC UN REPAS, ET UN HAMAC. ESTHER ALLUME UN FEU POUR ÉLOIGNER LES FAUVES. (56)

Le voyage d'Europe en Afrique qui revêt, selon l'aveu de Le Clézio, un caractère autobiographique[10], se trouve ici ouvertement mêlé aux stéréotypes du roman d'aventure, mettant à jour le travail de l'imaginaire. Or, le rêve de Geoffroy, déjà présent dans la remontée du fleuve, vient se mêler de façon plus précise à ce récit :

> Maintenant, la reine noire s'appelait Oya, c'était elle qui gouvernait la grande ville au bord du fleuve, là où Esther arrivait. (108)

S'il y a, ainsi qu'on l'a noté, une association du fils au rêve paternel, cette mise en écriture et les distorsions qu'elle impose au matériau emprunté constituent un moyen de maîtrise symbolique marquant, de façon paradoxale, la plus grande maturité de l'enfant par rapport au père présumé. En quelque sorte, les rôles romanesques correspondent à une inversion des figures psychiques du Père et du Fils.

Mais les personnages sont aussi présentés comme des lecteurs. Des pages entières sont parfois consacrées à l'énumération d'ouvrages ou d'auteurs : lectures conseillées par Geoffroy à Maou (125), lectures suggérées à Geoffroy par Sabine Rodes, ce curieux anglais vivant en marge des deux communautés (197). L'introduction de ce personnage dans le roman est d'ailleurs immédiatement associée à l'évocation de sa «bibliothèque très fournie en livres sur l'archéologie et l'anthropologie de l'Afrique de l'Ouest» (110). Se trouve ainsi soulignée l'importance du livre dépositaire d'un savoir, du livre palimpseste hanté de références intertextuelles. La récurrence du thème suggère davantage. C'est le mode de lecture qui se trouve ainsi problématisé. La déception de Maou à son premier contact avec l'Afrique est liée, on l'a vu, à un stéréotype de lecture, même si aucun titre n'est cité à ce moment. On retrouvera plus loin dans la liste d'auteurs de la page 125 des noms comme celui de Kipling. Un autre roman évoqué de façon récurrente, *Autant en emporte le vent*, roman qui joue le rôle de relais entre les deux jeunes mariés trop tôt séparés[11], contribue à souligner le caractère romanesque des deux personnages et leur commun penchant pour le rêve. Même la lecture d'ouvrages savants peut nourrir une forme de rêve dangereuse dont Geoffroy illustre les méfaits. À cet égard, Sabine Rodes, l'initiateur, apparaît déjà sous un jour machiavélique. L'absence de recul critique peut amener à situer sur un même plan des textes dont le statut différent n'est pas reconnu. C'est ce qui arrive à Geoffroy, lisant le *Livre des Morts* comme un récit entièrement intégré à son présent.

Dans cette lecture mise en abîme, l'Imaginaire tout puissant échappe en quelque sorte aux processus de symbolisation. On note en revanche le retour d'un autre livre, *The Child's Guide to Knowledge* (176), repris plus loin dans sa traduction française *Guide du savoir* (233). Cette lecture attribuée à l'enfant n'est pas fortuite. Une encyclopédie, malgré la sécheresse du savoir qu'elle véhicule, ramène son lecteur vers le pôle historique et culturel dangereusement abandonné par la lecture hallucinatoire dont Geoffroy est le représentant extrême. Autre façon de mesurer l'écart de maturité et l'inversion des rôles entre les deux personnages.

En opposant des lecteurs penchant vers l'Imaginaire ou vers le Symbolique, le roman dessine en creux l'image du lecteur plus complet qui nourrirait sa lecture du va-et-vient entre ces deux pôles.

3. Au plan de l'écriture poétique, il s'en faut de beaucoup que le jeu sur le signe se limite aux éléments pré-symboliques évoqués plus haut.

Les images aquatiques opèrent un premier déplacement de sens. Il y a en effet, ainsi qu'on l'a noté plus haut, association récurrente de l'eau, du fleuve et de la maternité. Mais l'on passe de la communion rassurante à la menace. La pluie, par exemple, est d'abord liée à la petite enfance : «C'était la chanson de l'eau, Fintan se souvenait, autrefois, à Saint-Martin» (91). L'orage la métamorphose : «La pluie ruisselait sur les tôles en faisant un fracas de fer. [...] La terre était sillonnée de ruisseaux rouges» (176). Or, le rouge revêt chez Le Clézio une signification sexuelle ou plus précisément phallique. La scène d'initiation par laquelle Bony révèle à Fintan sa circoncision est aussi consacrée à la fabrication de figurines en terre rouge :

> Pour les hommes, il faisait un sexe dressé vers le haut, et pour les femmes, les boutons des seins et le pubis, un triangle fendu au milieu. (87)

À la représentation de la différence des sexes ainsi matérialisée s'oppose une inquiétante confusion marquée par les «ruisseaux rouges». L'élément liquide est encore associé sur un mode négatif à des qualificatifs ou à des images : «Fintan regardait avec une fascination horrible l'eau opaque [...]. Dans l'eau profonde vivaient les monstres» (116). De même, Geoffroy regarde descendre «l'eau lourde chargée du sang des hommes, le fleuve éventreur de terre, dévoreur de forêt» (139). C'est un imaginaire de type sadomasochiste qui nourrit donc la description de l'élément aquatique. À la communion euphorique s'oppose le duel infernal avec l'eau-Mère. Et l'on peut encore évoquer la scène du baptême dans l'eau *mbiam* qui, malgré ses connotations positives, est aussi une eau dangereuse par laquelle Geoffroy contracte la malaria noire.

La régression vers les origines se trouve donc clairement dénoncée par les images comme un piège. La remontée du fleuve Niger, qui pour Geoffroy se double d'une remontée dans le temps, serait l'annulation du temps social et historique au profit d'un temps mythique et naturel. Elle est vouée à l'échec.

Mais le jeu poétique se lit aussi à travers l'évolution des figures constitutives du Roman familial. La structure de *L'Enfant trouvé* préœdipien semble dominer le début du récit marqué par la forte relation mère-fils et par l'exclusion du Père. En effet, il ne s'agit pas au départ d'une quête du père, même si l'Afrique, terre traditionnelle des récits d'action, est la destination du voyage :

> Il ne parlait jamais de Geoffroy, il ne voulait jamais dire «mon père». Il pensait que cela n'était pas vrai. Geoffroy était simplement un inconnu qui écrivait des lettres. (74)

Pourtant, la structure œdipienne parvient à s'insinuer dans cet univers duel. La scène symbolique des termites, répétée deux fois (80, 258), en est l'un des principaux maillons. Le premier épisode comprend deux séquences : Geoffroy tue d'un coup de carabine un faucon, déclenchant la colère de Bony. Fintan détruit les termitières, provoquant la colère du même Bony. Le jeune africain joue dans les deux cas le rôle du Père défié dans sa relation privilégiée avec la nature-Mère. Le faucon s'appelle d'ailleurs *Ugo*, nom symbolique, encore affecté d'ambivalence : «Ugo était un dieu, c'était aussi le nom de la grand-mère de Bony» (80). Il est à noter que Fintan, témoin muet de la scène dont le récit vient d'évoquer son initiation par Bony à la nature africaine, est aussi inclus dans ce défi. Or, ce qui compte pour l'inconscient, c'est plus la nature de la relation que l'identité des personnages en présence. L'enchaînement des deux séquences obéit ainsi à une logique onirique :

> Il y avait un silence étrange sur cette ville, et sans savoir pourquoi, Fintan avait pris un bâton et commencé à frapper les termitières. (80)

Même si, à ce moment du récit, le conflit œdipien n'est perceptible que par rotation et déplacement des figures, une de ses composantes essentielles apparaît déjà : l'identification du Fils au Père. Ainsi seulement peut s'expliquer l'enchaînement des deux agressions. À la structure de l'*Enfant trouvé* tend alors à se substituer celle du *Bâtard* œdipien[12].

Cette dernière trouve son développement le plus net dans la lettre de Fintan à sa sœur Marima (quatrième partie) :

> Dans le dortoir du collège, j'ai rêvé que c'était lui, Sabine Rodes, mon vrai père, que c'était pour lui que Maou était venue en Afrique, pour cela qu'elle le haïssait si fort. (276)

La fin apporte un ultime aliment à cette rêverie œdipienne. Le récit s'achève en effet sur l'annonce de la mort de Sabine Rodes, double du Père :

> C'est lui qui avait laissé des instructions afin que Fintan soit prévenu de sa mort. La lettre précisait que, de son vrai nom, il s'appelait Roderick Matthews, et qu'il était officier de l'Ordre de l'Empire Britannique.

Certes, la figure de Sabine Rodes reste une figure trouble, et l'image de l'androgyne, suggérée par les connotations féminines du prénom, n'est pas complètement effacée. Pourtant, la phrase finale du roman dissocie de la figure paternelle les traits positifs déjà indiqués et s'arrête sur la qualité qui le rend haïssable à souhait. L'«officier de l'Ordre de l'Empire Britannique» représente bien ce néocolonialisme anglais impliqué dans le génocide du Biafra et avec lequel Geoffroy n'avait d'autre lien que celui de la nationalité et de la langue.

Les deux composantes de la relation œdipienne entre Père et Fils, l'identification et la rivalité haineuse, figurent donc bien dans le texte, mais à distance, leur réunion n'étant perceptible que dans la mémoire du lecteur.

Malgré cet ultime rééquilibrage, la figure du Père reste profondément ambiguë. Il faut à ce propos revenir sur un dernier procédé poétique, le plus voyant, celui des marges. Les sept séquences dominées par le point de vue de Geoffroy[13] se distinguent du reste du récit par la marge plus large. Ce procédé déjà utilisé par Le Clézio dans *Désert* semble destiné à signaler la dérive du texte vers le pôle hallucinatoire. L'avertissement s'inscrit en bonne place parmi les moyens de maîtrise symbolique offerts au lecteur.

Toutefois, on note une ambiguïté supplémentaire, perceptible dans l'ultime séquence avec marge large. Il s'agit de la lettre de Fintan à sa sœur Marima, conçue avant le retour en Europe, c'est-à-dire «née là-bas», selon le langage africain. Cette lettre qui mêle l'évocation du passé et celle du génocide présent est donnée comme la transmission d'un héritage par le moyen de l'écriture. Le ton nostalgique est manifeste : «Marima, que puis-je te dire de plus, pour te dire comment c'était là-bas, à Onitsha?» (275).

Deux lectures semblent alors possibles. La nostalgie du passé et la reproduction de la marge large rapprochent les figures psychiques de Fintan et de Geoffroy en les marquant au sceau de la régression. Dans ce sens, le roman aboutirait à un apprentissage escamoté que confirmerait le récit de la mort du même Geoffroy dans les pages suivantes. Autour de la dépouille du père dont la mort ne semble pas un objet véritable de deuil, se ressoude l'union primitive de la mère et du fils :

> Fintan s'assoit par terre, à côté de Maou, dans la chambre pleine d'ombre. Ensemble ils écoutent les cris des insectes qui résonnent joyeusement. (288)

D'un autre côté, le recours à la marge fonctionne toujours comme élément de distanciation. En dépit de toutes les projections dont il semble bien, selon les dires de l'auteur lui-même, le support, le personnage de Fintan se trouverait ainsi replacé sous le signe de la défiance, le processus de maîtrise symbolique se réalisant finalement contre lui.

Implications idéologiques

Peut-être faut-il se défier de la simplicité apparente du message[14]. Il n'est pas impossible en effet de lire dans *Onitsha* une satire du colonialisme européen et britannique en particulier. Les scènes évoquant la révolte et le massacre des esclaves chargés de creuser la piscine des Blancs sont sans équivoque : au portrait charge des colons s'oppose la compassion généreuse de la mère et de l'enfant. De même, la lettre de Fintan à sa sœur transmet bien l'héritage d'un vécu africain associé à ce monde disparu et valorisé; les commentaires sur le génocide du Biafra et sur l'implantation des compagnies pétrolières au Nigeria apportent un éclairage sur les causes économiques de cette disparition.

D'autres relais existent à la transmission de ce message. Le rêve égyptien de Geoffroy mêle le mythe et une réalité historique encore problématique. Comme le montre Madeleine Borgomano dans son étude consacrée au roman :

> Cette thèse est aussi une arme : une façon de donner à l'Afrique, que les Européens ont longtemps considérée comme un continent «sans histoire», une histoire et une dignité.[15]

Pour de nombreux lecteurs, le texte leclézien semble ouvrir sur un tiers-mondisme dont la portée n'est pas négligeable. Au mythe réactionnaire d'une Afrique dangereuse et fascinante, propice aux aventures érotico-militaires de colons cherchant un exotisme facile (*L'Atlantide* de Pierre Benoit), Le Clézio substituerait une utopie progressiste ayant au moins le mérite de déranger la bonne conscience des Occidentaux.

Pourtant, cette vision du monde, en dépit de son caractère généreux, s'apparente au mythe dans son sens d'illusion et l'on pense en particulier au Bon Sauvage. La pensée se veut réconfortante, mais elle relève encore de l'idéologie comme élimination de la contradiction, clôture dispensant une factice sécurité intellectuelle. L'exploration de l'idiolecte leclézien montre que cette clôture est constamment remise en question. En ce sens, le roman, plus que certains essais du même auteur, reste sans doute le lieu de la vigilance intellectuelle.

On ne saurait donc dissocier les effets psychiques et les prolongements idéologiques de la lecture. L'introduction dans la matière romanesque de procédés poétiques jouant sur la matérialité du signe agit de façon contradictoire : elle intensifie l'aspiration lyrique à une communion avec l'origine, mais elle rend visible pour l'œil et perceptible pour la pensée un travail d'écriture qui oblige simultanément à prendre de la distance. Le romanesque poétique inventé par Le Clézio se développe à partir de cette concurrence permanente; son enjeu : le Travail de deuil, qui est d'abord acceptation de la séparation. L'apprentissage du lecteur, le seul qui vaille, ne saurait ici se confondre avec l'expérience des héros : il l'excède de toute la densité symbolique de l'écriture. D'un côté, une poétique du signe qui réactive l'intensité des mécanismes fusionnels; de l'autre, un appel à l'intelligence du lecteur : repérage des glissements narratifs à partir du Trio central, allusions culturelles et intertextuelles. Le roman leclézien est le territoire où se joue cette lutte, qui est aussi mise à l'épreuve des idées; sa dynamique interne confère une émouvante instabilité au *sujet processuel*[16] de la lecture. Le prolongement d'*Onitsha* par *Étoile errante* et la constitution, à partir des deux récits, d'un diptyque romanesque, semble confirmer la fragilité de l'équilibre provisoirement atteint et manifester la volonté de poursuivre le travail sur soi.

NOTES

[1] Édition de référence : Gallimard, collection «Folio», n° 2472. Ces pages ont été inspirées par un stage sur l'«Étude d'une œuvre intégrale en Lycée» que j'ai animé pour le compte de la MAFPEN durant l'année scolaire 1994-1995. Je remercie les collègues qui se sont aimablement prêtés au jeu de la réflexion collective sur un cas concret.

[2] Didier Anzieu, *Le corps de l'œuvre*, Gallimard, «Connaissance de l'Inconscient», 1981, p. 199.

[3] Michel Picard : «Le lecteur aussi peut manipuler l'objet de sa lecture, et sa lecture elle-même, qui le manipulait» (*La Lecture comme Jeu, op. cit.*, p. 53).

[4] Voir *supra* notre chapitre 6, «Lecture, fantasme et sujet processuel».

[5] La dernière partie, dont il est le protagoniste central, est écrite au présent, comme si les événements de la fiction avaient rejoint le temps de la narration.

[6] Wolfgang Iser, *L'acte de lecture, op. cit.*, p. 129.

[7] À titre d'exemple, on relève dans la deuxième partie les trois séquences suivantes : point de vue de Fintan (87-92); de Maou (92-98); de Geoffroy (99-103).

[8] «Quand Geoffroy et elle sont partis pour le sud de la France avec Marima, il y a plus de quinze ans, Maou a donné tous ses cahiers à Fintan, dans une grande enveloppe.» (283)

[9] Jacques Lacan, *Ecrits*, I, Seuil, 1988, réed. «Points», p. 95.

[10] J.-M.-G. Le Clézio, «Entretien avec Patrick Bollon», Paris-Match, avril 1991, cité par Madeleine Borgomano dans *Onitsha, Parcours de lecture*, Paris, Bertrand Lacoste, 1993, p. 7.

[11] «C'était le roman de Margaret Mitchell, c'était l'année où ils s'étaient rencontrés à Fiesole, elle l'emportait partout où elle allait, un livre cartonné recouvert de toile bleue, imprimé très fin. Quand Geoffroy était parti pour l'Afrique, elle le lui avait donné, et maintenant, il était là, devant sa porte, un message venu de nulle part.» (94)

[12] Selon la double cohérence imaginaire soulignée dans le livre inaugural de Marthe Robert, *Roman des origines et origines du roman, op. cit.*

[13] Pages 99-103, 137-149, 156-160, 185-193, 201-205, 219-225, 243-248.

[14] J'ai développé ce thème dans un autre article : «Une lecture de *La Ronde* de Le Clézio», *Revue d'Histoire littéraire de la France*, Janvier-février 1998.

[15] M. Borgomano, *op. cit.*, p. 50.

[16] Voir *supra* p. 81-91.

TROISIÈME PARTIE

RÉVISIONS

Chapitre 8
Roman des intertextes

On a beaucoup écrit sur l'intertextualité depuis que la notion, introduite en France par Julia Kristeva à partir des travaux de Bakhtine, s'est imposée comme l'un des outils indispensables de l'analyse littéraire. Quelques synthèses récentes[1] permettent de faire le point sur un débat qui couvre les trois dernières décennies. Au cœur du problème, «une tension constante entre, d'une part, la définition de l'intertextualité comme processus et/ou objet et, d'autre part, une approche de l'intertextualité comme phénomène d'écriture et/ou effet de lecture»[2]. Un bref examen de cette double tension permettra d'articuler la notion d'intertexte et ce qu'on a proposé ici d'appeler roman de la lecture.

Amplitude de l'intertexte

L'extension du phénomène intertextuel connaît, selon les définitions, des variations spectaculaires. Pour les théoriciens du texte autour des années soixante-dix, il s'agit, après les formalistes russes et dans le sillage de Bakhtine, de désacraliser l'Auteur et l'œuvre. L'intertextualité est cet immense et continu brassage des voix qui explique la productivité de l'écriture :

> Tout texte se construit comme une mosaïque de citations, tout texte est absorption et transformation d'un autre texte. À la place de la notion d'intersubjectivité s'installe celle d'intertextualité.[3]

Julia Kristeva qui avance cette définition dans *Séméiotikè*, la situe dans le prolongement du concept bakhtinien de dialogisme. Arraché à l'abstraction des premières analyses linguistiques, le signe est replacé par Bakhtine dans le contexte d'interlocution d'un énoncé particulier. La voix d'autrui, voix culturelle ou sociale, informe le discours de l'énonciateur. Barthes reprend en écho :

> Le texte redistribue la langue [...]. L'une des voix de cette déconstruction-reconstruction est de permuter des textes, des lambeaux de textes qui ont existé ou existent autour du texte considéré, et finalement en lui : tout texte est un intertexte; d'autres textes sont présents en lui, à des niveaux variables, sous des formes plus ou moins reconnaissables : les textes de la culture antérieure et ceux de la culture environnante; tout texte est un tissu nouveau de citations révolues.[4]

L'intertexte désigne le lieu de rencontre d'énoncés divers et le mouvement qui en résulte. Il est un des facteurs de la *signifiance*, «ce *travail* de différenciation, stratification et confrontation qui se pratique dans la langue[5]» que Kristeva nomme aussi *génotexte*, l'opposant au *phénotexte* (le texte imprimé)[6]. Le spectre des énoncés appelés à se rencontrer est particulièrement large, «plus ou moins reconnaissable», note Barthes. Ce qui se dit ici demeure assez vague. Le géno-texte a progressivement disparu du discours kristevien, en dépit de son intérêt théorique. Barthes a ensuite évolué, on y reviendra.

Tout aussi large est la définition donnée par Riffaterre en 1981 dans son article «L'intertexte inconnu» :

> L'intertexte est l'ensemble des textes que l'on peut rapprocher de celui que l'on a sous les yeux, l'ensemble des textes que l'on retrouve dans sa mémoire à la lecture d'un passage donné. L'intertexte est donc un corpus indéfini.[7]

Refusant ce flou, d'autres ont tenté de cerner des modes de présence d'énoncés pré-constitués, se posant la question de l'identification de tel intertexte particulier. Laurent Jenny distingue dans «La stratégie de la forme», article publié en 1976, deux catégories d'intertextualité : l'une faible, «simple allusion ou réminiscence», l'autre forte, fondée sur la «reprise d'éléments structurés», représentant selon lui «l'intertextualité proprement dite» :

> L'intertextualité prise au sens strict [...] désigne [...] le travail de transformation et d'assimilation de plusieurs textes opéré par un texte.[8]

Gérard Genette va plus loin dans *Palimpsestes* (1982). Il propose une définition restreinte, distinguant notamment, au sein de la *transtextualité*, l'*hypertextualité* — transformation d'un texte — et l'intertextualité — limitée à la «relation de coprésence entre deux ou plusieurs textes»[9]; relation spécifiée selon trois formes : *citation, plagiat, allusion*. Annick Bouillaguet en ajoute une quatrième, la *référence*[10], et propose un tableau à double entrée :

Intertextualité	Explicite	non explicite
Littérale	citation	plagiat
Non littérale	référence	allusion

La notion a gagné en rigueur définitoire ce qu'elle a perdu en extension; la classification permet, grâce à ses formes explicites, d'inventorier un noyau dur de l'intertextualité et de reconnaître l'étendue d'une connivence manifeste. Mais il n'est pas toujours aisé de distinguer, par exemple, le plagiat pur (intertexte) de sa transformation en pastiche ou parodie (hypertexte).

Un troisième mouvement s'amorce peut-être. Pierre-Marc Biasi, dans un article de l'*Encyclopædia universalis* (1989), définit l'intertextualité comme «l'élucidation du processus par lequel tout texte peut se lire comme l'intégration et la transformation d'un ou de plusieurs autres textes»[11]. On reviendrait ainsi à une acception large incluant le texte cité et le texte réécrit. À cette question de l'extension du champ intertextuel est aussi liée celle d'un «droit de reconnaissance».

Polarisation

Jeu d'écriture ou effet de lecture? Pour l'auteur de *Palimpsestes*, la part du lecteur est réduite à la portion congrue. L'intertexte est renvoyé à un acte délibéré du scripteur, dûment constatable (citation, référence), dissimulé (le plagiat) ou implicite (l'allusion). Si la compétence du lecteur est sollicitée, il ne s'agit pour lui que de reconnaître une intention. Au scripteur, la maîtrise du procédé et de ses effets de sens, au lecteur, la tâche, parfois délicate mais «préprogrammée», de ne pas manquer les formes non explicites.

Michael Riffaterre est au contraire de ceux qui, étendant le champ de la notion, ouvrirent la voie à une prise en compte du lecteur :

> L'intertextualité est la perception, par le lecteur, de rapports entre une œuvre et d'autres, qui l'ont précédée ou suivie. Ces autres textes constituent l'intertexte de la première.[12]

Ce rôle reconnu au lecteur semble aussitôt lui conférer tous les droits, même ceux d'inclure dans la référence intertextuelle les textes ultérieurs à l'œuvre lue. Perspective séduisante et féconde, on va le voir, mais également problématique.

Dans *Le plaisir du texte*, Barthes célèbre les charmes d'une navigation dans le grand Texte de la littérature, hors de toute contrainte chronologique :

> Lisant un texte rapporté par Stendhal (mais qui n'est pas de lui), j'y trouve Proust par un détail minuscule. [...] Ailleurs, mais de la même façon, dans Flaubert, ce sont les pommiers normands en fleurs que je lis à partir de Proust. Je savoure le règne des formules, le renversement des origines, la désinvolture qui fait venir le texte antérieur du texte ultérieur.[13]

Dans un même ordre d'idées, l'*énoncé fantôme* est parfois considéré[14] comme une variante de l'intertexte. Pour Michel Charles, l'inventeur du concept, il s'agit d'un énoncé reconstitué par le lecteur à partir d'éléments non apparents dans le texte :

> On appellera éléments fantômes ces éléments d'un texte qui, tout en étant doués d'efficacité, demeurent en quelque sorte cachés pour laisser au texte sa lisibilité.[15]

L'énoncé fantôme devient une composante de l'écriture-lecture mise en évidence dans l'*Introduction à l'étude des textes*. Quand Barthes commente Chateaubriand dans sa «Préface» à la *Vie de Rancé*, livre qui récrit lui-même les *Mémoires* du cardinal de Retz, chaque nouveau scripteur prélève des éléments non actualisés par l'auteur précédent[16]. Le concept d'*énoncé fantôme* revêt donc un grand intérêt pour l'étude des mécanismes d'engendrement textuel. Mais ce texte virtuel, forgé par le lecteur à partir d'un texte imprimé, ne semble pas pouvoir être confondu avec l'intertexte, texte imprimé dont un autre texte porte la trace. Si le lecteur est lui-même écrivain, l'énoncé virtuel devenant à son tour texte littéraire, la différence semble annulée, mais l'objet prioritaire devient le nouveau texte. Pour reprendre la terminologie de Barthes, l'*écrivain* l'emporte sur l'*écrivant*, l'attention portée à mon texte (dérivé) sur celle accordée au texte d'autrui (cadre définitoire du présent essai). Aussi préférera-t-on limiter le champ de l'intertextualité à l'ensemble des textes susceptibles par la chronologie d'avoir nourri la mémoire littéraire du scripteur.

Réminiscence, interlecture

L'article de Laurent Jenny mentionnait déjà la notion de *réminiscence* : notion précieuse, car elle suggère que l'intertexte peut être non reconnu du scripteur et seulement décelé par celui qui déchiffre en second le texte. Ici passe sans doute la ligne de démarcation entre la traditionnelle critique des sources et une poétique moderne de l'intertextualité. Contre certaines affirmations parfois hâtives, Jenny soulignait la parenté entre l'une et l'autre : «L'intertextualité prise au sens strict n'est pas sans rapport avec la critique "des sources"»[17]. Mais il reprochait surtout à ladite critique son caractère confus ou mystérieux. La distinction, si elle doit être faite, réside peut-être dans la part de souvenir inconscient présidant à l'écriture intertextuelle. La source renvoie pour sa part à l'hégémonie complète de l'auteur sur le sens.

On serait donc tenté, quitte à rompre l'admirable symétrie du tableau à double entrée reproduit plus haut, d'y introduire comme cinquième catégorie cette réminiscence (plus ou moins consciente), que l'on rangerait naturellement dans la colonne du non explicite! Notion trop fuyante, diront les adeptes d'une poétique des formes dures. Et si, malgré tout, cette catégorie recouvrait la partie invisible de l'iceberg intertexte et la part la plus productive du double mécanisme d'écriture et de lecture?

Pour réagir contre la minoration du lecteur par une poétique centrée sur le scripteur, Jean Bellemin-Noël proposa naguère le concept d'interlecture, spécifié sous les formes reconnues de *mention, citation, allusion* et sous la forme nouvelle de l'*évocation* :

> – ÉVOCATION : le fait que dans une œuvre d'art apparaissent au cours d'une lecture des éléments invitant à opérer un rapprochement de type allusif avec un énoncé appartenant à un autre ouvrage : sa différence avec l'allusion tient à ce que *rien n'indique que l'auteur a procédé sciemment à une telle référence ni qu'une large majorité des lecteurs la repéreront*. En somme, c'est une espèce d'allusion qui joue obscurément dans les registres de l'insu collectif et de l'inconscient ou du préconscient individuel.[18]

L'interlecture/évocation est proche de la réminiscence : elle présente l'avantage de reconnaître l'activité du lecteur dans le rapprochement entre les textes, sans avaliser les débordements chronologiques. Toutefois, elle fait disparaître la notion de texte qui fonde ce rapprochement et pourrait ainsi ouvrir la voie à un subjectivisme discutable. Empruntant à l'*évocation* ce qu'elle implique de soumission à cette autre limite, la mémoire du lecteur, on verra dans la reconnaissance intertextuelle, le résultat du croisement de deux mémoires, virtuellement présentes en amont et en aval du texte.

Roman des intertextes

La reconnaissance d'*intertextes latents* et le *jeu interprétatif*, applicable à tous les intertextes, pourraient donc constituer les deux volets spécifiques d'un roman des intertextes. L'*intertexte latent* diffère de l'*énoncé fantôme* : l'un renvoie à un énoncé préexistant, l'autre à des énoncés possibles mais virtuels, non imputables à un auteur antérieur; leurs points communs sont néanmoins d'être cachés et d'enrichir la lecture. La mise à jour de réminiscences inconscientes opère sur les marges de l'intertextualité manifeste; elle se fonde sur le texte lu et sur l'évocation, en surimpression, de matrices textuelles suggérées avec une précision et une intensité variables. Le va-et-vient d'un texte à l'autre s'apparente à ces «promenades inférentielles» décrites par Umberto Eco[19]. La promenade exprime assez heureusement l'activité, le plaisir et la part d'aléa propres à cette activité. De l'imaginaire culturel du lecteur, de sa plus ou moins grande richesse, dépend la qualité des rapprochements. Aussi bien, cent cinquante ans avant la somme théorique de Gérard Genette, la métaphore du palimpseste fut-elle d'abord appliquée par Thomas De Quincey au lecteur lui-même :

> Qu'est-ce que le cerveau humain, sinon un palimpseste immense et naturel? Mon cerveau est un palimpseste, le tien aussi, lecteur. Des couches innombrables d'idées, d'images, de sentiments sont tombées successivement sur ton cerveau, aussi doucement que la lumière. Il a semblé que chacune ensevelissait la précédente. Mais en réalité aucune n'a péri. [...]

> Oui, lecteur, innombrables sont les poèmes de joie ou de peine qui se sont gravés successivement sur le palimpseste de ton cerveau...[20]

Nathalie Piégay-Gros voit ici «une image essentiellement romantique, valorisant l'origine et l'unité»[21], contre l'hétérogénéité constitutive du tissu intertextuel. On peut aussi, sans sacraliser cette unité, en reconnaître l'existence provisoire et relative dans ces deux moments particuliers qui entourent le texte, l'événement de son écriture — on y reviendra — et celui que constituent chacune des lectures. Notons au passage cette suggestion du «mangeur d'opium anglais» : l'exploration menée à partir de la mémoire lectrice plonge dans un imaginaire à la fois culturel et affectif, elle s'y aventure sans pouvoir faire l'impasse sur sa propre subjectivité, ce qui justifie encore, d'une autre manière, l'image du roman, dans le sens second retenu ici.

L'*interprétation* de l'intertexte ne saurait quant à elle être réduite à un sens programmé par l'auteur. Car le texte importé dans l'œuvre est une entité insaisissable prise également dans des cohérences fantasmatiques. On a vu plus haut (chapitres 5 et 6) le système de valeurs produit par l'écriture se déliter au contact de cet agent corrosif, l'intertexte Jarry, manifeste chez Triolet et latent chez Perec; de même, le sens du récit kleistien dépend en partie de l'importance accordée par le lecteur à ces intertextes opposés : Rousseau et Sade. L'intertextualité manifeste peut conserver sa charge d'énigme. On le vérifiera plus loin avec le jeu des épigraphes dans un roman de Georges Hyvernaud (chapitre X).

Essayons auparavant d'illustrer ce qui pourrait être la part la plus neuve de ce propos : la reconnaissance et l'interprétation de l'*intertexte latent*.

NOTES

[1] Nathalie Piégay-Gros, *Introduction à l'intertextualité*, Dunod, 1996; Nathalie Limat-Letellier, «Historique du concept d'intertextualité», in *L'intertextualité*, Annales littéraires de l'Université de Franche-Comté, n° 637, 1998; Tiphaine Samoyault, *L'Intertextualité, Mémoire de la littérature*, Nathan, 2001; Sophie Rabau, *L'intertextualité*, GF Flammarion, «Corpus», 2002.
[2] Nathalie Piégay-Gros, *op. cit.*, p. 20.
[3] Julia Kristeva, *Séméiotikè, Recherches pour une sémanalyse*, Seuil, 1969, rééd. coll. «Points Essais», p. 85.
[4] Roland Barthes, Article «Texte (Théorie du)», rédigé en 1973 pour l'*Encyclopædia Universalis*, volume 15, p. 1015.
[5] *Séméiotikè*, p. 11.
[6] «La signifiance sera [...] cet engendrement qu'on peut saisir doublement : 1. engendrement du tissu de la langue; 2. engendrement de ce «je» qui se met en position de présenter la signifiance. Ce qui s'ouvre dans cette verticale est l'opération (linguistique) de génération du phénotexte. Nous appellerons cette opération un géno-texte en dédoublant ainsi la notion de texte en phéno-texte et géno-texte (surface et fond, structure signifiée et productivité signifiante)» (*Séméiotikè*, p. 219).
[7] Michael Riffaterre, «L'intertexte inconnu», *Littérature*, n° 41, février 1981, p. 4.
[8] Laurent Jenny, «La stratégie de la forme», *Poétique*, n° 27, 1976, p. 262.
[9] *Paratexte* (indications périphériques), *Métatexte* (commentaire) et *Architexte* (genre) complètent le tableau analytique de cette transtextualité ou «transcendance textuelle» qui occupe tout le champ précédemment dévolu à l'intertexte (*Palimpsestes*, Seuil, 1982, p. 7-8).
[10] «Une typologie de l'emprunt», *Poétique*, n° 80, novembre 1989, p. 489-497.
[11] Pierre-Marc de Biasi, «Intertextualité (Théorie de)», *Encyclopædia universalis*, éd. 1989, p. 514. «Synthèse provisoire» mise en évidence par Nathalie Limat-Letellier, *op. cit.*, p. 59.
[12] Michael Riffaterre, article cité, p. 4-5.
[13] Roland Barthes, *Le plaisir du texte*, Seuil, 1973, coll. «Points Essais», p. 50.
[14] «Et si réécrire un texte c'était en fait en actualiser certains textes possibles?», note Sophie Rabau (*op. cit.*, p. 219).
[15] Michel Charles, *Introduction à l'étude des textes*, Seuil, 1995, p. 176. Les analyses développées dans cet ouvrage s'appliquent pour l'essentiel aux œuvres classiques dont la clarté apparente se trouve ainsi dotée d'une profondeur nouvelle. J'ai tenté néanmoins de montrer que l'énoncé fantôme pouvait aider à lire un texte moderne de la disjonction extrême dans mon essai *Le lecteur et le livre fantôme Essai sur* La Défense de l'infini *de Louis Aragon, op. cit.*
[16] «Lorsque Chateaubriand donne des traces de sa lecture de Retz et produit son texte fantôme des *Mémoires*, il substitue aussi une écriture à une autre» (*Introduction à l'étude des textes*, p. 365).
[17] «La stratégie de la forme», *op. cit.*, p. 262.
[18] Jean Bellemin-Noël, «De l'interlecture», in *Comment la littérature agit-elle?*, Actes du Colloque de Reims, Direction Michel Picard, mai 1992, Klincksieck, 1994, p. 156, repris dans *Plaisirs de vampire, op. cit.*, p. 23.
[19] Umberto Eco, *Lector in fabula*, p. 150.
[20] Thomas De Quincey, *Suspiria de profundis*, in *Les confessions d'un mangeur d'opium anglais*, 1822, Gallimard, 1962, rééd. «L'Imaginaire», trad. Pierre Leyris, 1990, p. 214-216.
[21] *Op. cit.*, p. 127.

Chapitre 9
Avatars d'une strophe maldororienne

1. ANDRÉ BRETON – PAUL ÉLUARD :
L'IMMACULÉE CONCEPTION ET LA STROPHE FANTÔME

L'homme

> *Prenons le Boulevard Bonne-Nouvelle*
> *et montrons-le.*

La conception

«Un jour compris entre deux autres jours et, comme d'habitude, pas de nuit sans étoile, le ventre long de la femme monte, c'est une pierre et la seule visible, la seule véritable, dans la cascade. (B) Tout ce qui s'est tant de fois défait se défait encore, tout ce que le ventre long de la femme a tant de fois entrepris, de conserver son plaisir plus pur que le froid de se sentir absent de soi-même, s'entreprend encore. (E) C'est à ne pas entendre un souffle de bête fauve tout près de soi. Ce n'est pas le don qu'on aimerait faire d'une seule pièce de ce trésor déterré qui n'est pas la vie qu'on aimerait avoir reçue puisque aussi bien le ventre long de la femme est son ventre et que le rêve, le seul rêve est de n'être pas né. (B) La nuit habituelle est tellement suffisante. L'ignorance y trouve si bien son compte. Elle n'interrompt pas l'amour qui ne se couche ni ne se lève. (E) On a bien soufflé sur les charbons, on s'est bien regardé en face au point de se perdre de vue. Tout à l'heure encore... Nous n'étions chacun que nous. (B)

L'homme ne se reproduit pas dans un grand éclat de rire. L'homme ne se reproduit pas. Il n'a jamais peuplé son lit que des yeux ardents de son amour. (E) Il suppose le problème résolu, et c'est tout. Le problème est rarement résolu. Les **chiffonniers** ont des fils qui sont en réalité des fils de rois, des fils qui confondent en ouvrant les yeux le diadème de leurs mères avec les fanes merveilleuses des carottes. (B) Des vipères naissent quelque part. Les pères de famille n'en croient rien. On ne coupe la tête qu'au désir. (E) Place, dit le **conducteur** du vieil **omnibus**, le **conducteur** qui te ressemblera, qui me ressemblera sans pitié pour les **chevaux** à tête de mer d'huile. Et comme il est très poli, place, ajoute-t-il, s'il vous plaît. **L'omnibus fantôme** est **déjà loin**. (B)

Il faudrait rester le même, toujours, avec cette déconcertante allure de gymnaste, avec ce port de tête ridicule. Mais voici que la **statue** tombe en **poussière**, qu'elle refuse de garder son nom. (E) Tu n'en sais heureusement rien et c'est à peine si tu regardes du côté de l'image murale qui montre Mazeppa, seul, éperdu dans la steppe. Il me semble que depuis hier il a bougé. Cette pièce est absurde, prenons garde. (B) Il y a ici des murs que tu ne franchiras pas, des murs que je couvrirai d'injures et de menaces, des murs qui sont à jamais couleur de sang vieilli, de sang versé (E).»

(André Breton, *Œuvres complètes*, I, Bibliothèque de la Pléiade, p. 841-842)

Dans *Palimpsestes*, Gérard Genette assimile l'écriture automatique à un «tissu de clichés»[1] et se garde de citer en exemple un seul texte relevant de cette écriture. Il est vrai que certains sous-produits semblent lui donner raison; il est non moins exact que les textes automatiques jouent du stéréotype qu'ils déconstruisent en le plaçant dans un éclairage d'étrangeté. Mais la qualité des proses automatiques dépend aussi de l'imaginaire du scripteur, largement tributaire de sa mémoire littéraire.

L'Immaculée Conception (1930), qui fut écrit par Breton et Éluard selon la méthode d'alternance inaugurée dans *Les Champs magnétiques*, relève de l'automatisme par l'incohérence (au moins apparente) de ses évocations et par la rapidité qui présida à sa réalisation[2]. Grâce au manuscrit, les bonnes éditions permettent d'identifier les voix, ici matérialisées par la majuscule entre parenthèses. Délibérément soumise au relâchement de l'attention consciente, l'écriture automatique semble exclure l'intertextualité manifeste qui suppose la restitution cohérente d'un autre texte. Mais elle n'exclut pas la présence d'intertextes latents, lambeaux de textes encore soumis, peut-être, à des mécanismes de déplacement. Tel me paraît être le cas ici pour les éléments signalés en caractères gras qui évoquent tous une strophe des *Chants de Maldoror* (II, 4).

Avant de préciser cette hypothèse de lecture, examinons, sans la moindre prétention à l'exhaustivité, ce curieux livre et son incipit. L'ouvrage ne relève pas entièrement de l'automatisme, mais plutôt d'une «écriture plurielle» : titre et intertitres sont autant de «digues contre la dérive de la parole»[3]. Le titre général, *L'Immaculée Conception*, annonce une variation irrévérencieuse sur un dogme tardif de l'Église catholique[4]. Les quatre parties — «L'homme», «Les possessions», «Les médiations», «Le jugement originel» — dessinent vaguement un plan susceptible d'embrasser les différentes phases de la vie humaine : on part de «la conception» — premier chapitre de «L'homme» et l'on aboutit au «jugement originel», forme retournée du Jugement dernier. Le «Boulevard Bonne-Nouvelle», placé en exergue de notre texte, renvoie lui aussi de façon parodique à la parole biblique. Le poète Joë Bousquet, «témoin privilégié» de cette création, y vit une «anthropologie poétique en opposition radicale avec la vision catholique de l'homme»[5]. Ce retournement s'opère sous le signe d'Isidore Ducasse, dont on connaît la place dans le Panthéon surréaliste. De fait, la «Note sur une collaboration», signée des deux auteurs dans les *Cahiers d'art* en janvier 1935 précise : «Être deux à détruire, à construire, à vivre, c'est déjà être tous, être l'autre à l'infini, et non plus soi»[6]. On y retrouve le thème de la poésie démultipliée, dérivé du fameux aphorisme de Ducasse : «La poésie doit être faite par tous». Le croisement des écritures qui fait de chaque scripteur le lecteur de l'autre inaugure cette circulation du sens vers un horizon généralisé. La destruction/construction renvoie notamment aux maximes des *Poésies* dont «Le jugement originel» imite la structure formelle. De même, les maîtres d'œuvre de l'édition Pléiade montrent, preuves à l'appui[7], la réécriture joyeuse à laquelle se livrent les auteurs dans la partie «médiations». Le chapitre «Il n'y a rien d'incompréhensible» démarque un texte de Gérard Bauer, «La Musique sur les cimes», paru dans *L'Intransigeant* du 11 septembre 1930 : aux musiciens, emblèmes d'un art institutionnalisé, les auteurs substituent des criminels célèbres. «Le Sentiment de la nature» est truffé d'emprunts à la Revue *La Nature*; «L'Amour» est une variation d'après le *Kâmasûtra*. Autrement dit, comme dans les *Chants de Maldoror*, l'écriture oscille entre plagiat et réécriture parodique. On est ici, une fois accompli l'indispensable travail de l'édition érudite, dans le domaine de la référence manifeste, qu'on l'appelle avec Gérard Genette *intertexte* ou *hypotexte*.

S'y ajoutent des sources reconnues ou reconnaissables[8]. Pour la partie qui nous intéresse à présent, «L'Homme» : le livre d'Otto Rank, *Le Traumatisme de la naissance* (1928), dont «Paul Éluard conseille la lecture à Joë Bousquet dans une lettre du 22 août 1928» et peut-être la *Philosophie de l'esprit* de Hegel, auteur intensément lu par Breton dans la traduction Véra (Baillière, 1867). Les cinq chapitres qui composent cette partie : «La conception», «La vie intra-utérine», «La naissance», «La vie», «La mort» s'inspireraient de la section «Anthropologie» où Hegel décrit les âges de la vie, s'attardant sur l'enfance pour mieux faire ressortir le caractère essentiel de l'âge adulte, période dominée par la «raison de la réalité». À Hegel qui met en garde contre l'hypocondrie menaçant l'enfant incapable de grandir et de s'adapter au réel, les auteurs semblent opposer dans «La vie intra-utérine» une valorisation de ce hors-temps de l'origine :

> Voyager à dos de méduse, à fleur d'eau et puis sombrer dans les profondeurs pour avoir l'appétit des poissons aveugles, des poissons aveugles qui ont l'appétit des oiseaux qui hurlent à la vie! (843)

La partie «Possessions» qui imite différentes formes d'aliénation mentale avec une exactitude reconnue par des spécialistes de la psychiatrie[9] n'est pas seulement en son principe une protestation contre le système d'incarcération imposé aux malades mentaux, elle vise à rendre à cette parole libérée du joug de la logique sociale sa fécondité poétique et sa dignité humaine. Inversion des hiérarchies.

Cet aperçu sommaire de l'œuvre permet d'entrevoir un dessein général mais ne fournit qu'une aide toute relative pour lire la page inaugurale. L'édition critique suivie ici le confirme, limitant les notes à deux références assez minces, l'une explicite à «Mazeppa», stéréotype romantique plus qu'intertexte précis — j'y reviendrai —, l'autre aux *Pléiades* de Gobineau pour l'expression «fils de rois» désignant une généalogie de caractère et non de sang.

Le lecteur se trouve donc en présence d'une section dont l'écriture déroutante — automatisme réel ou joué? — semble bannir la référence littéraire suivie. L'écriture tenterait ici de s'affronter à l'Innommable, antérieur à la gestation : l'acte d'engendrement, nié en même temps qu'il est énoncé : «L'homme ne se reproduit pas». Car si la mise au monde ainsi programmée signifie la séparation, elle ne peut qu'inspirer la révolte : «Le rêve, le seul rêve est de n'être pas né».

La scène de l'énonciation et la scène primitive se confondent dans un présent dominant dont l'ambiguïté est accentuée par les déictiques, peu à peu introduits : «Cette pièce est absurde, prenons garde. Il y a ici des murs que tu ne franchiras pas». Où est-on? Dans l'espace où vivent les énonciateurs, s'adressant à eux-mêmes? Dans la chambre de la conception? Dans l'espace utérin, déjà, symboliquement figuré, avec ses «murs qui sont à jamais couleur de sang vieilli, de sang versé»?

Les trois paragraphes qui composent la page dessinent vaguement le triangle fondateur de la génération : la femme au «ventre long» (I); l'homme, qui perd rapidement son acception générique pour se décliner en équivalents masculins : «chiffonniers», «fils de rois», «pères de famille», «conducteur» (II); l'enfant (III), dont la naissance et la conception même sont refusées, de façon véhémente : «Il y a ici des murs que tu ne franchiras pas, des murs que je couvrirai d'injures et de menaces». Mais l'écriture à l'écoute du fantasme brouille les cartes, confondant les règnes minéral, animal et humain : «Le ventre long de la femme monte, c'est une pierre»; «Des vipères naissent quelque part. Les pères de famille n'en croient rien». Et cette confusion est aussi celle des sexes. Pas besoin même de supposer l'influence des *Trois essais sur la théorie de la sexualité*[10] pour que l'imaginaire des poètes, puisant dans un archaïsme universel, retrouve ces images de sexes combinés, tel ce «ventre long de la femme» qui «monte, [...] pierre [...] dans la cascade».

On ne tentera pas de débrouiller davantage l'écheveau de l'écriture, les enchaînements par paronomase — «vipères»/«pères» —, sources d'incongruité, ou la puissance affective d'un imaginaire des éléments, sans doute relayé par la culture picturale — «les chevaux à tête de mer d'huile», par exemple, qui font songer à Dali. On n'approfondira pas non plus tout ce que l'évocation fantasmatique suggère, en opposition au mythe de la déesse salvatrice, de haine du féminin[11]. La femme détentrice de la jouissance semble d'abord, dans cette scène primitive, en exclure l'homme — elle «a tant de fois entrepris [...] de conserver son plaisir plus pur que le froid» —, quitte à le convertir en frigidité... Son retour, dans le second paragraphe, s'effectue dans les registres de la profanation — «les fils [...] confondent en ouvrant les yeux le diadème de leurs mères avec les fanes merveilleuses des carottes» — et de la menace de castration — «Les pères de famille n'en croient rien. On ne coupe la tête qu'au désir». Le lecteur ne peut que prendre la mesure de cette confusion des voix, des images, sans doute amplifiée par la dualité de l'écriture. C'est un double imaginaire qui s'offre à lui dans son altérité en partie irréductible.

Le charme de sa lecture dépend néanmoins de ce que ce matériau lui permet de reconstruire. C'est ici que l'on peut réintroduire l'énoncé fantôme de la strophe maldororienne.

Je la résume, pour tout de suite marquer la différence entre les deux textes, la dissémination des éléments interdisant de parler ici de réécriture. Lautréamont évoque, dans le décor fantomatique d'un Paris nocturne, la marche d'un omnibus dont les voyageurs, assis à l'impériale, sont indifférents à la souffrance d'un enfant qui poursuit le véhicule, masse informe :

> Il est minuit; on ne voit plus un seul **omnibus** de la Bastille à la Madeleine. Je me trompe; en voilà un qui apparaît subitement, **comme s'il sortait de dessous terre.** [...] Sont assis, à l'impériale, des hommes qui ont l'œil immobile, comme celui d'un poisson mort. [...] Lorsque le **cocher** donne un coup de fouet à ses **chevaux**, on dirait que c'est le fouet qui fait remuer son bras, et non son bras le fouet. [...] L'omnibus, pressé d'arriver à la dernière station, dévore l'espace, et fait craquer le pavé... **Il s'enfuit!**... Mais une masse informe le poursuit avec acharnement, sur ses traces, au milieu de la

poussière. «Arrêtez, je vous en **supplie**; [...] mes parents m'ont abandonné... [...] je suis un petit enfant de huit ans, et j'ai confiance en vous...». Un de ces hommes, à l'œil **froid**, donne un coup de coude à son voisin [...] L'autre baisse la tête d'une manière imperceptible, en forme d'acquiescement, et se replonge ensuite dans l'**immobilité** de son égoïsme, comme une tortue dans sa **carapace** [...] Voyez ce **chiffonnier** qui passe, courbé sur sa lanterne pâlotte; il y a en lui plus de cœur que dans tous ses pareils de l'omnibus. Il vient de ramasser l'enfant; soyez sûr qu'il le guérira, et ne l'abandonnera pas, comme ont fait ses parents. [...]

Malgré l'étrangeté de la scène, le récit de Lautréamont s'organise selon une certaine cohérence avec des protagonistes, partiellement sélectionnés ici, un mouvement, une action : l'enfant abandonné par ceux de l'impériale sera recueilli par le chiffonnier. Rien de tout cela dans «La conception» : réduction du cadre à l'abstraction d'une «pièce», succession décousue de figures masculines, absence d'action, puisque la conception est refusée : «L'homme ne se reproduit pas». Néanmoins, les éléments communs — *omnibus, chevaux, chiffonnier(s), poussière* — frappent par la rareté relative de leur association; l'intersection commune entre les deux textes s'agrandit, pourvu que l'on veuille bien ajouter aux reprises pures et simples les équivalences : *comme s'il sortait de dessous terre = fantôme, cocher = conducteur, s'enfuit = déjà loin, supplie = pitié, froid + immobilité + carapace = statue* (?).

Alors, fantasme de lecteur dépourvu de tout fondement? Peut-être. Notons tout de même des preuves externes : on a vu la forte coloration ducassienne des autres parties; la connaissance exceptionnelle des *Chants de Maldoror* est attestée, en particulier chez Breton, sous la plume duquel surgissent la majorité des éléments communs : elle rend la réminiscence plausible sinon certaine. Mais cette hypothèse de lecture permet surtout de relire la première page en ouvrant sur d'autres pistes de sens.

Observons d'abord que «le conducteur du vieil omnibus» introduit dans le texte automatique le mouvement qui lui faisait jusque-là défaut. Tout se passe comme si un micro-récit s'ébauchait ici, celui d'une vie refusée qui est aussi l'écho du monde réel où évoluent les deux auteurs. Au nom de l'absolu, ce monde, celui de la séparation, ne peut qu'être refusé. Un lien apparaît alors possible avec la référence à Mazeppa, cosaque ukrainien à la vie tumultueuse qui inspira Byron, Hugo, Pouchkine et après eux les surréalistes. «Mazeppa, seul, éperdu dans la steppe», fixe l'image du sujet généreux en butte à l'incompréhension des hommes, il atteste la filiation entre romantisme et surréalisme glorifiant le désir sans limite. L'œuvre de Lautréamont est, quant à elle, comme on le sait, la forme aiguë et parodique de ce romantisme. L'intertexte latent, si on en admet la présence, ne se prête donc pas à une interprétation uniforme, mais fait plutôt surgir un faisceau de contradictions.

Sur un plan plus général, la strophe de l'omnibus peut être comprise comme une allégorie de la vie humaine représentée par le trajet du véhicule emportant ses passagers. Or, on a vu dans la composition du livre à deux mains ce cheminement de la naissance à la mort, fût-elle retournée sur l'origine. Le premier chapitre de *L'Immaculée Conception* anticipe ainsi par l'inscription du récit archétypal sur la composition de l'ensemble.

En homme de son siècle, l'auteur des *Chants* mêle à la Nature déchaînée et fantasmatique de certaines strophes un rappel du paysage urbain, représenté dans la scène de l'omnibus par le trajet nocturne «de la Bastille à la Madeleine». À la relecture, on retrouve chez les deux surréalistes ces éléments disjoints, la «nuit» (paragraphe 1) et en exergue le «Boulevard Bonne-Nouvelle» qui, sur le tracé de la première ceinture des boulevards, se trouve juste entre la Bastille et la Madeleine[12]! Géographie imprévue...

Les personnages entrent aussi, partiellement, dans la résonance. L'enfant, parfois confondu avec l'énonciateur, est dans les deux textes le héros malheureux. Lautréamont met en scène un adolescent, Lombano, témoin impuissant du mal :

> Le coude appuyé sur les genoux et la tête entre les mains, il se demande, stupéfait, si c'est vraiment là ce qu'on appelle *la charité humaine*.

Breton et Éluard minimisent la part de la vie adulte dans la succession des cinq chapitres de «L'homme».

Mais pas de femme dans la strophe maldororienne! Il est vrai; aussi ne saurait-on songer un instant à superposer les deux textes. Pourtant, si «La conception» suggère la confusion des sexes, la scène de l'omnibus, et c'est son versant subversif, cultive celle des personnes. Qu'on relise intégralement la strophe, on verra que la «masse informe» qui «poursuit avec acharnement» le véhicule renvoie aussi bien à l'enfant abandonné qu'à ses bourreaux; de même, le narrateur qui feint de s'apitoyer se découvre un peu plus loin être Maldoror lui-même. Ces ambiguïtés lexicales délibérées situent le texte aux antipodes du mélodrame qu'il semble imiter. Or, la confusion des personnes coïncide chez Lautréamont avec un effondrement de la figure paternelle qu'on retrouve dans l'incipit à deux mains : «Voici que la statue tombe en poussière, qu'elle refuse de garder son nom». Le refus de la filiation permet d'associer au motif social du chiffonnier l'intertexte Gobineau et son ouverture sur le fantasme d'omnipotence, reniant la lignée paternelle : «Les chiffonniers ont des fils qui sont en réalité des fils de rois».

Un peu troublé, peut-être, par les rapprochements qui viennent d'être faits, on se demande quand même pourquoi ce qui relève dans telle autre page de l'œuvre d'une relation intertextuelle dûment constatable prendrait ici la forme d'une présence éclatée et incertaine. Le type d'écriture de cet incipit est une première réponse déjà proposée; une étude d'ensemble ne devrait pas manquer de s'interroger sur les factures très dissemblables, d'une partie à l'autre.

On peut toutefois proposer une autre explication. On a vu d'abord que la référence dominante des derniers chapitres portait sur les *Poésies*. Il faut rappeler à ce propos la césure qui marque l'œuvre d'Isidore Ducasse, césure entre *Les Chants de Maldoror*, reprise parodique des textes romantiques célébrant le Mal au nom de la Révolte, et les *Poésies* dont l'exergue annonce la volonté de convertir le mal en bien :

> Je remplace la mélancolie par le courage, le doute par la certitude, le désespoir par l'espoir, la méchanceté par le bien, les plaintes par le devoir, le scepticisme par la foi, les sophismes par la froideur du calme et l'orgueil par la modestie.

Ce retournement, illustré par le jeu sur les aphorismes classiques, laisse assez dubitatif; Aragon et Breton, par exemple, ne semblent pas lui avoir accordé un crédit comparable; Marguerite Bonnet souligne, dans les *Notes* consacrées aux *Pas perdus*, que Breton refusait de «lire les *Poésies* comme une réfutation des *Chants de Maldoror*»; elle précise encore que ce dernier «ne se situe pas dans la perspective manichéenne de la réécriture du mal au bien»[13]. Voire. Cela dépend de l'extension que l'on donne à la morale. Car les derniers chapitres, certes écrits à deux mains, et notamment la variation sur le *Kâmasûtra*, semblent bien proclamer contre la morale catholique l'érotisme hétérosexuel comme valeur suprême, valeur ailleurs célébrée sous l'appellation de «l'amour fou». Lisons seulement la position 24, dont la réécriture est précisément attribuée à Breton :

> Lorsque la femme se tient sur ses mains et ses genoux et que l'homme est agenouillé, c'est la *Sainte-Table*. (876)

On peut donc avancer, prudemment, l'hypothèse suivante : la dissémination des éléments empruntés à la strophe maldororienne, effet de la mémoire, affective en bien des sens, participerait du mécanisme de déplacement qui désigne, dans le Travail de rêve, la trace du refoulement, puisque aussi bien le texte du rêve raconté comme le texte automatique (?), malgré les aberrations de son contenu manifeste, relève encore d'un compromis entre le désir et la censure. La lecture en filigrane de la strophe de l'omnibus complète la sauvagerie de la scène primitive et son arrière-plan de confusion homosexuelle, par ailleurs entrevu.

Chacun jugera à sa façon le roman de l'intertexte échafaudé à partir de ce fantôme de strophe. Peut-être vaut-il comme aperçu sur l'écriture et sur les mécanismes semi-conscients qui continuent à la régir : la mémoire fragmentaire guide bien des enchaînements et elle reste à interroger. Nul doute, pour nous, que se trouve ainsi augmenté le plaisir pris à la lecture de *ce* texte. Ce plaisir n'est autre que celui, bien connu, de la circulation du sens. Car derrière la strophe des *Chants de Maldoror* se profile tout le répertoire du roman populaire et du mélodrame, et au plus profond du palimpseste, le récit biblique, matrice première par une autre voie retrouvée : «Mais voici que la statue tombe en poussière». À ce plaisir, partagé par tous les explorateurs d'intertextualité, ajoutons-en un dernier, plus spécifique : l'activité accrue, qui relie, fût-ce en partie, dans le texte de lecture, ce que le texte d'origine avait disjoint.

Mais le roman ne s'arrête pas là, car la même strophe hante, avec une ampleur incomparable un autre texte écrit quant à lui sous le signe de la cohérence et du réalisme. On y retrouvera la morale et son versant idéologique. La relation intertextuelle y prendra une tournure plus complexe, médiatisée par le rapport aux textes antérieurs de l'auteur lui-même ou autotextualité, pour parler le langage spécialisé.

2. DE *MALDOROR* AUX *VOYAGEURS DE L'IMPÉRIALE* : RÉSONANCES SCRIPTURALES[14]

> «C'est, généralement parlant, une chose singulière que la tendance attractive qui nous porte à rechercher (pour ensuite les exprimer) les ressemblances et les différences que recèlent, dans leurs naturelles propriétés, les objets les plus opposés entre eux, et quelquefois les moins aptes, en apparence, à se prêter à ce genre de combinaisons sympathiquement curieuses, et qui, ma parole d'honneur, donnent gracieusement au style de l'écrivain, qui se paie cette personnelle satisfaction, l'impossible et inoubliable aspect d'un hibou sérieux jusqu'à l'éternité.» (*Chant cinquième*, Strophe VI)

Lire *Les Voyageurs de l'impériale* à la lumière des *Chants de Maldoror* relève à la fois de l'évidence et du paradoxe. Aragon revint, en 1967, dans un long article des *Lettres françaises*, sur cette découverte majeure de sa jeunesse : «Lautréamont était toujours une force en devenir, dont nous nous trouvions être, nous, les premiers frappés, et qui, je le proclame, fit de nous, plus qu'aucun précédent majeur, ce que nous sommes devenus»[15]. Il tentait ainsi de faire comprendre l'ébranlement ressenti jadis par Breton et par lui-même à la double lecture des *Chants de Maldoror* et des *Poésies*, l'enthousiasme ensuite partagé par toute «la génération de 1917», celle des Soupault, Vaché, Fraenkel, Éluard. Le «grand homme des surréalistes»[16], hante donc tout naturellement l'œuvre de jeunesse d'Aragon, mais son influence paraît ensuite moins évidente.

De surcroît, une distance semble être prise avec le lyrisme noir des *Chants* lorsque paraît, en 1930, dans le numéro 2 du *S.A.S.D.L.R.*, la *Contribution à l'avortement des études maldororiennes*[17]. S'ouvrant sur une longue citation d'Engels, l'article d'Aragon invite à dépasser la glorification romantique du mal et à lire les deux volets de l'œuvre d'Isidore Ducasse à la lumière du matérialisme historique, unissant dans un rapport dialectique les notions de bien et de mal[18]. Des *Poésies*, ouvrage déroutant, en rupture totale avec *Les Chants de Maldoror*, Aragon retient spécialement les aphorismes «corrigeant» les moralistes classiques. Sur ce modèle, il avance le principe explicatif de la «réécriture au bien»[19] : «C'est alors qu'avec une simplicité admirable Isidore Ducasse se propose de récrire au bien ce qui était écrit au mal»[20]. Ce faisant, il minore quelque peu la dialectique interne des *Chants* et leur fonction d'exorcisme, ignorée par Ducasse lui-même dans le préambule célèbre des *Poésies*[21]. La notion de «réécriture au bien», qui ne laisse pas d'être ambiguë, servira encore en 1969 d'horizon interprétatif aux romans du *Monde réel*[22]. Aragon note alors à propos de son grand ouvrage inachevé de l'époque surréaliste : «[*La Défense de l'infini*] devait dans ses flammes laisser place à la tentative insensée de récrire au bien l'univers»[23]. La *Contribution*, qu'il faudrait replacer dans son contexte idéologique[24] marque donc un déplacement d'accent, privilégiant Ducasse contre Lautréamont.

Existe-t-il malgré tout une filiation spéciale permettant de remonter des *Voyageurs* à *Maldoror*? Le contenu manifeste du roman réaliste semble bien éloigné du texte lautréamontien. On n'y trouve plus le pastiche du grand style maldororien comme dans certaines pages du *Libertinage* ou du *Traité du style*[25], encore moins le bestiaire, si caractéristique des *Chants*, et déjà peu représenté dans ces mêmes écrits de jeunesse. Aussi convient-il plutôt d'envisager une présence souterraine attestée par certains traits d'écriture ou par une parenté structurelle plus profonde.

Or, il se trouve que le titre du roman appartient à ces réminiscences possibles. Un passage du second *Chant* offre à cet égard des similitudes troublantes : on observera les transformations imprimées par le roman aragonien à ce qui pourrait être une de ses matrices. Mais le titre renvoie également aux *Chants de Maldoror* par son motif central, les voyageurs, et par son contraire, l'immobilité paralysante, sur le mode indirect : le prisme de *La Défense de l'infini* vient ici enrichir des images qui dérivent encore de Lautréamont. Toutes proportions gardées, le récit des *Voyageurs* serait-il à *La Défense* ce qu'est, aux cinq premiers *Chants*, le roman de Mervyn (sixième *Chant*) : le réemploi dans la fable d'un langage métaphorique préalablement élaboré et dont deux figures essentielles et communes seraient les images du survol et de l'engloutissement?

*
* *

Image-titre : d'une source à ses résurgences

La strophe 4 du second *Chant* est l'hypotexte théorique à examiner. Hypotexte relève à vrai dire de l'abus de langage, si l'on veut être fidèle à l'esprit de son concepteur qui n'envisage qu'une «dérivation [...] à la fois massive [...] et déclarée, d'une manière plus ou moins officielle»[26] : tout le contraire de ce qu'on trouvera ici. Sans doute conviendrait-il mieux de parler d'*intertexte latent*, dans le sens défini plus haut. Mais (re)lisons plutôt :

> Il est minuit; on ne voit plus un seul omnibus de la Bastille à la Madeleine. Je me trompe; en voilà un qui apparaît subitement, comme s'il sortait de dessous terre. Les quelques passants attardés le regardent attentivement; car il paraît ne ressembler à aucun autre. Sont assis, à l'impériale, des hommes qui ont l'œil immobile, comme celui d'un poisson mort. [...] L'omnibus, pressé d'arriver à la dernière station, dévore l'espace, et fait craquer le pavé... Il s'enfuit!...Mais une masse informe le poursuit avec acharnement, sur ses traces, au milieu de la poussière. «Arrêtez, je vous en supplie; [...] mes parents m'ont abandonné...[...] je suis un petit enfant de huit ans, et j'ai confiance en vous...» Un de ces hommes, à l'œil froid, donne un coup de coude à son voisin, et paraît lui exprimer son mécontentement de ces gémissements [...]. L'autre baisse la tête d'une manière imperceptible, en forme d'acquiescement, et se replonge ensuite dans l'immobilité de son égoïsme, comme une tortue dans sa carapace. Tout indique dans les traits des autres voyageurs les mêmes sentiments... (II, 4)

Pour une fois, dans cette saynète qui mêle les stéréotypes du roman noir et du mélodrame populaire, ce sont les protagonistes humains qui occupent le premier plan : les hommes «assis à l'impériale», murés dans leur indifférence et l'enfant qui appelle au secours. Ajoutons-leur quatre intervenants importants : le monstre, représenté par la «masse informe», un adolescent compatissant nommé Lombano, le narrateur témoin de la scène, et enfin un chiffonnier qui sauve l'enfant. Telle est, grossièrement condensée, l'une des versions du canevas narratif.

Sur fond de décor urbain éclairé par la nuit, cette strophe propose une fable à caractère moral, que les redondances stylistiques transforment en parodie de récit édifiant. Lautréamont prête même au chiffonnier des imprécations imitées des prophètes bibliques : «Race stupide et idiote! Tu te repentiras de te conduire ainsi. C'est moi qui te le dis. Tu t'en repentiras, va! Tu t'en repentiras»[27].

La force subversive du texte réside dans les ambiguïtés syntaxiques et grammaticales de l'écriture fantastique. Elles superposent bourreaux et victime : le syntagme «il s'enfuit» renvoie de manière indécidable à l'omnibus et à l'enfant poursuivi, la «masse informe» désigne aussi bien le monstre acharné à sa perte que la victime néantisée, le *Je* du narrateur, conjugue Maldoror, maître de la cruauté qui dissuade Lombano de porter secours à la victime, et Lautréamont, condamnant au nom d'une vraie charité «l'homme, cette bête fauve, et le Créateur, qui n'aurait pas dû engendrer une pareille vermine». Ces équivoques syntaxiques participent pour le lecteur de l'expérience initiatique de l'Autre vers quoi tend l'ensemble de l'œuvre.

Le souvenir de cette strophe est-il intervenu dans le choix du titre *Les Voyageurs de l'impériale*? La prudence s'impose, car si «l'impériale» revêt aujourd'hui un petit caractère exotique, elle est, dans le Paris de la Belle Époque sur quoi s'ouvre le roman, un élément courant du paysage urbain. Par ailleurs, dans le texte de Lautréamont, le syntagme «voyageurs de l'impériale» n'apparaît pas et rien n'indique que les éléments qui le composent jouissent d'une valorisation particulière.

Il faudra donc convoquer d'autres éléments pour donner plus de poids au rapprochement. L'image de «l'impériale», quant à elle, n'intervient de façon explicite qu'à la fin de la première partie. Pierre Mercadier, venu à Paris solder ses actions avant le départ pour Venise, traverse alors la ville de la gare de l'Est à la place de la Bourse : «L'omnibus l'emporta sur son impériale à travers les mille papillotements du boulevard de Strasbourg» (343). Tout ou presque semble ici différent de la lugubre scène maldororienne. Aragon souligne la «chamarrure» de ce «panorama» offert au regard du voyageur : sans doute l'heure nocturne est-elle un point commun, mais les lumières des «cafés éclairés» évoquent une atmosphère de kermesse plutôt agréable et bruyante. Le cocher et les chevaux composaient chez Lautréamont un «assemblage d'êtres bizarres et muets» : le visiteur enregistre ici «le boucan des chevaux, avec les grincements des roues sur les pierres»[28]. La technique de la narration réaliste, avec troisième personne et focalisation interne assez massive, s'oppose de surcroît aux équivoques du récit fantastique.

L'impériale connote par ailleurs un sens différent : celui de l'illusion, de l'éphémère moment d'enivrement, suggérés par l'image d'un «décor impressionniste». Cette signification sera complétée plus tard dans un passage du manuscrit sur John Law (675) : le regard depuis l'impériale y symbolisera la cécité aux mécanismes socio-économiques qui gouvernent réellement le monde. Ainsi, le titre aragonien se charge d'un contenu politique propre à la visée réaliste du livre.

La réminiscence lautréamontienne demeure néanmoins possible. Tout se passe comme si les éléments en avaient été déplacés et dispersés dans d'autres pages du roman. Ainsi, la vision lugubre semble transposée dans certaines descriptions de Venise[29] qui prolongeront le voyage entamé sur l'impériale de l'omnibus, soulignant l'illusion attachée à ce moment initial d'euphorie. Aux «personnages de pierre» du récit lautréamontien, juchés sur un omnibus tiré par des chevaux muets, répond peut-être la statue équestre du condottiere sur laquelle s'attarde le regard de Mercadier, comme sur la grinçante caricature de sa déchéance morale[30] : «Le Coleone continuait à fouler le faible et l'orphelin de tout le bronze de son cheval et de sa méchanceté» (382).

La substance morale du texte lautréamontien semble donc encore présente : on pourrait en suivre les connexions multiples dans un récit qui s'attache par ailleurs à tresser plus profondément le moral et le politique et à maintenir l'ambivalence de son personnage central, dans le cadre plus fermement délimité d'une psyché individuelle. L'ambivalence prend ainsi le relais de l'ambiguïté du récit fantastique, proposant au lecteur une expérience différente et, dans un premier temps, moins déstabilisante.

Mais les similitudes ne s'arrêtent pas là. Car l'image de l'enfant abandonné ou malheureux est aussi un des leitmotive des *Voyageurs*. Sans doute le thème est-il lourd de sens, compte tenu de la biographie de l'auteur, mais il est intéressant d'observer à son propos tout ce qui relève de la réécriture. L'enfant est volontiers féminisé : Suzanne, fillette déjà femme, et Francesca, femme enfant[31], occupent à cet égard une place de premier plan. Autour de ces figures se forment des enjeux éthiques, plus ou moins reconnus. Le désir individuel entre en conflit avec la loi morale, qu'on ne saurait sans doute réduire à l'image négative d'un conformisme bourgeois. Ainsi, l'ébauche de liaison entre Blanche Pailleron et Pierre provoque la fugue de Suzanne dans les marais, lieu du danger mortel. On note à ce moment du récit la molle et peu efficace participation de Pierre aux recherches. Et si l'auteur prend soin de le démarquer de l'inconscience de Paulette et de son amie Denise qui enquêtent en faisant tourner les tables, il lui prête un mot de conclusion à peine moins cynique : «Allons dîner!» (257). Ne dérangeons pas trop les voyageurs de l'impériale! Le rôle attribué au personnage principal contraste avec le dévouement victorieux prêté à Boniface. Cette figure de l'homme du peuple, simple et positif — «Boniface est un géant doux et malheureux» —, pourrait ainsi apparaître comme une résurgence du chiffonnier lautréamontien...

Pourtant, le romancier récuse les oppositions trop tranchées. Le sauveur de Suzanne est aussi le «Sans père», sorte de double de Pascal, auquel le rattachent sa fascination pour les eaux perfides du marais et la situation d'enfant abandonné. Quant à Pierre, le père, il frôle la mort dans un autre paysage aquatique, celui de Venise. L'image clivée du Bien (Boniface) communique ainsi avec la figure ambivalente (Pierre)[32] par leur projection commune dans un décor qui engloutit. Le glissement d'un personnage ou d'une situation à l'autre assure au lecteur, à l'échelle d'un récit long, l'expérience de la permutation entre le bien et le mal proposée de façon plus saisissante dans texte de Lautréamont.

Mais c'est toute la matière maldororienne, débordant les limites de strophe citée plus haut, qui semble faire retour dans le roman des *Voyageurs*. L'évolution de Pierre et son retour progressif vers son petit-fils pourraient être envisagés dans cette perspective. La rencontre de Jeannot et de son grand-père sur l'avenue du Bois (III, XIX) rejoue en l'inversant celle du tentateur Maldoror et de l'enfant «assis sur un banc du jardin des Tuileries» (II, 6). Le diabolique Maldoror vient attiser dans le cœur de cet enfant le désir de pouvoir et d'argent :

> N'as-tu jamais entendu parler, par exemple, de la gloire immense qu'apportent les victoires? [...] La première chose, pour devenir célèbre, est d'avoir de l'argent.

Mercadier, parvenu au comble de la décrépitude, a au contraire dépouillé toute convoitise. Seule une méprise passagère rend son «manège» équivoque aux yeux de la nurse anglaise qui accompagne l'enfant. Mais la logique maldororienne affleure dans son parcours antérieur. Dès les premières pages, l'auteur notait : «Le misérable échec de sa passion pour Paulette avait emporté tout cela. Il ne croyait plus qu'à l'argent» (60). Et devant la statue du Coleone, il est encore «hanté par le goût de la domination» (378). Il n'est pas jusqu'à la parodie biblique qui ne trouve son écho dans l'intrusion de la dame patronnesse au chevet du mourant athée. Les signes de la religion accompagnent ainsi les derniers moments du couple sordide formé avec Dora, Marie-Madeleine moderne, comme un cortège dérisoire[33].

Polysémique, l'image des «voyageurs de l'impériale» se rattache donc en partie au poème scandaleux par la trame théologico-morale qui forme la texture des *Chants de Maldoror*. L'athéisme s'y affirme comme retournement ironique du texte biblique encore pressenti, en sa lettre, comme figure de l'absolu; les voyageurs emportent avec eux cette indifférence monstrueuse qu'il faut traverser pour aller au bout du désir, fût-il mortifère. Mais on peut aussi appréhender cette image et son contraire, la paralysie, dans un rapport plus global à l'œuvre de Lautréamont, faisant intervenir des états antérieurs de l'écriture aragonienne.

Voyage et paralysie : dialectique du mouvement et de l'immobilité

Le voyage condense chez Lautréamont les valeurs ressassées par les romantiques : l'évasion, l'aspiration idéaliste à une vie meilleure. Il les traite sur un mode ironique. Parallèlement, le vrai voyage devient le voyage au figuré accompli par le lecteur s'aventurant dans le texte. L'ouverture célèbre des *Chants de Maldoror* décrit ainsi la lecture à venir comme un «chemin abrupt et sauvage» accessible seulement au lecteur «enhardi et devenu momentanément féroce comme ce qu'il lit». Ce sens figuré amène le motif contraire. En effet, les «marécages désolés de ces pages sombres et pleines de poison» sont en même temps le lieu où la marche risque de se trouver entravée : lire et s'enliser sont ainsi placés côte à côte dans un voisinage dangereux qui sera le piment de la lecture.

Cette dialectique du mouvement et de la paralysie va nourrir le texte aragonien et il sera nécessaire d'évoquer ici l'étape de *La Défense de l'infini*[34], ce texte inachevé et peut-être impossible, pour comprendre son redéploiement dans *Les Voyageurs de l'impériale*.

Chaque motif est susceptible de se changer en son contraire. Le voyage coexiste avec une forme d'immobilisme, la pulsion paralysante avec la découverte, selon le degré de passivité ou d'activité du sujet. L'évasion, version passive du voyage, se transforme en surplace : les passagers de l'impériale qui confient leur déplacement à la machine sont en réalité immobiles, le texte de Lautréamont le dit à deux reprises, amplifiant encore le figement par les images de la tortue et de la pétrification.

Mais la paralysie guette aussi l'écrivain, au début du second *Chant* :

> Je saisis la plume qui va construire le deuxième chant... instrument arraché aux ailes de quelque pyrargue roux! Mais... qu'ont-ils donc mes doigts? Les articulations demeurent paralysées dès que je commence mon travail. [...] La foudre a éclaté... elle s'est abattue sur ma fenêtre entrouverte, et m'a étendu sur le carreau, frappé au front. [...] Pourquoi cet orage et pourquoi la paralysie de mes doigts? Est-ce un avertissement d'en haut pour m'empêcher d'écrire? ... (II, 2)

La plume associée d'abord au vol du rapace peut donc s'immobiliser. Que signifie cet arrêt? Suivons, pour tenter d'en comprendre le sens, les avatars de ce texte matriciel dans la prose aragonienne. On en retrouve d'abord les éléments transposés dans l'incipit probable de *La Défense de l'infini* qui présente un vieillard paralysé et aphasique, contemplant, dans le décor onirique d'une ferme, les ébats sexuels de sa petite-fille Irène et des valets de labour. Aragon affronte ici le défi d'une représentation de la jouissance féminine[35]. Il lui associe, en des termes qui rappellent le texte lautréamontien, le voyeurisme du vieillard, opposé comme un défi aux provocations de son entourage :

> Le tonnerre couvre le nom du Créateur et les éclats de rire de l'impie. La pluie s'abat bruyamment sur les vitres. Dans les yeux du grand-père, Irène aperçoit l'éclair suivant, et se bouche les oreilles. Que craint-elle? Elle s'appuie contre la huche dont les moulures viennent doucement la pétrir.[36]

Orage, pluie, vitre, montrent la permanence d'un décor : foudre et pulsion érotique sont explicitement liés, selon la métaphore usuelle. Mais le désir amoureux est en réalité la projection du désir de l'écrivain rêvant son histoire. Un réseau d'analogies associe en effet le vieillard aphasique à la figure du scripteur. D'abord réduit au rôle de marionnette, il réapparaît notamment dans un chapitre en monologue intérieur qui souligne le lien entre voyeurisme et fantasme d'omnipotence (10, p. 53). Dans cette étrange figure, on peut ainsi lire l'objectivation cauchemardesque de l'écrivain submergé par son fantasme.

Ces éléments vont se trouver redistribués en différents moments des *Voyageurs*, édulcorés ou étendus dans la trame du récit réaliste. L'orage réapparaît de manière assez conventionnelle dans la scène de l'adultère (I, XXXIV); les deux formes, concrète et figurée, de la paralysie sont représentées à la troisième personne dans l'histoire de Pierre Mercadier. L'incapacité de l'écrivain à terminer son ouvrage sur John Law préfigure l'impotence produite par l'attaque cérébrale des dernières pages. Elle peut à certains égards être assimilée à celle de l'auteur interrompant sa *Défense de l'infini*; il s'agirait d'une mise en abîme de l'échec. Mais la mise en abîme était déjà effectuée à travers la figure caricaturale du grand-père d'Irène. La correspondance ne s'établit plus alors entre Aragon et Mercadier, mais entre ce dernier et le vieillard de *La Défense*. Le trait d'union est le rêve d'omnipotence. Lisant quelques pages de son futur ouvrage à Meyer, Pierre évoque ainsi les plus grands :

> Alexandre, ou Newton, nous fait mieux que le commun des mortels, comprendre l'insignifiance de notre destin. (126)

Il y aurait à cet égard continuité scripturale, de l'esquisse au dessin plus complet.

Parallèlement, le voyage qui mène Mercadier de Venise à Monte-Carlo n'est pas sans analogie avec l'errance suicidaire de Michel, personnage central de *La Défense de l'infini*. Si le vertige du jeu remplace celui de l'engloutissement, les eaux stagnantes de Venise sont là pour rappeler le motif majeur du marais dans lequel s'enfonce Michel Sandor, à la fin de *La Défense*, selon la version donnée dans le *Projet* de 1926. Le même idéalisme romantique affecte d'ailleurs les deux personnages, comme le souligne, pour Pierre, l'allusion de son beau-frère Blaise à une certaine lecture de Baudelaire, associant le voyage au stéréotype de l'évasion :

> Ça fait Baudelaire ce que vous me racontez là : mais les vrais voyageurs sont ceux-là seuls qui partent... Je ne suis pas voyageur... (331)

Il n'est pas sans intérêt de noter ici que la critique de la littérature-évasion est placée dans la bouche d'un artiste, maudit des siens, qui oppose à la fuite son métier : «Tenez, je crois à l'art». L'art véritable récuse les mythologies de l'ailleurs : tel était déjà, en 1928, le message du *Traité du style*.

Aragon reprend enfin l'image des voyageurs à propos des lecteurs, surtout envisagés dans la version négative de consommateurs en quête d'évasion. Les candidats à cette forme de voyage restent ainsi dans *La Défense* «dramatiquement immobiles» (*Projet*, 2, p. 16); *Les Voyageurs de l'impériale* en offre quelques équivalents[37] : Blanche Pailleron qui «tenait un livre ouvert, dans la main qui n'avait pas saisi Pascal» (137) et surtout Elvire Manescu qui «rêvait le doigt dans un livre qu'elle ne lisait pas» (565). La pointe d'ironie les désigne au lecteur réel comme exemples à ne pas suivre.

Enlisement et évasion paraissent certes deux formes assez dissemblables d'immobilisme, mais la toute puissance du fantasme pourrait constituer dans les deux cas le facteur paralysant. La lucidité du lecteur devient alors le contrepoint nécessaire pour convertir le désir inhibant en force transformatrice. Cette leçon des *Chants de Maldoror*, encore repérable dans *La Défense de l'infini*, n'est ensuite reprise que sur le mode implicite.

Comment le périlleux équilibre entre investissement fantasmatique et activité réflexive peut-il être maintenu? Un autre réseau d'images permet d'en rendre compte : la verticalité va ici se substituer à l'horizontalité de l'errance géographique.

Engloutissement, survol : vertige/prestige[38]

La leçon du texte marécage a été mûrement méditée par Aragon qui la développe à son tour dans le *Traité du style* comme épreuve imposée au lecteur :

> Partout, quand surgissent ces verdures inquiétantes, qui révèlent par leur plénitude un sous-sol infidèle et de dormantes eaux, ton royaume s'étend où le lecteur se perd. Phrases sphaignes sphinges. Osiers, marchanties, grenouillettes, plantes des lieux incertains, dont le pied soudain révèle une mare et soudain la terre marengo se dérobe, sous les basses branches d'un bois hanté glissent les lutins des nappes profondes. La métallepse [*sic*] est de règle où la sauge fleurit.[39]

La métallepse, figure générale du transfert de sens, semble désigner tous les emplois figurés de mots et notamment les images. Aussi, le marécage, si important dans *La Défense de l'infini* et dans *Les Voyageurs de l'Impériale*, devra-t-il s'interpréter conjointement de deux façons : comme topos géographique, à relier à l'imagination des éléments, et comme métaphore textuelle, métaphore d'images, si l'on veut. Comment résister à l'engloutissement?

Lautréamont convoque à cet effet des oiseaux. L'évocation célèbre des grues succède immédiatement à celle du texte marécage, au tout début du livre. Au-delà de l'incohérence apparente, les deux motifs vont se trouver liés par l'idée d'un danger à affronter. Le vol des grues[40] est offert au lecteur timide comme un exemple ou un secours :

> Par conséquent, âme timide, avant de pénétrer plus loin dans de pareilles landes inexplorées, dirige tes talons en arrière et non en avant [...] comme un angle à perte de vue de grues frileuses méditant beaucoup, qui, pendant l'hiver, vole puissamment à travers le silence, toutes voiles tendues, vers un point déterminé de l'horizon, d'où tout à coup part un vent étrange et fort, précurseur de la tempête.

Il ne s'agit pas de renoncer à la lecture : le conseil est donné «avant de pénétrer plus loin dans de pareilles landes». Les grues s'avancent «vers un point déterminé de l'horizon», au-devant de la tempête, mais cette avancée s'accompagne d'une capacité de repli stratégique indiquée par les mouvements de la grue de tête, capable de virer «soit à bâbord, soit à tribord, comme un habile capitaine», capacité de repli déjà suggérée par la position des «talons en arrière», conseillée au lecteur. Ce danger figuré par la tempête pourrait être le chaos pulsionnel que ce dernier va affronter à travers les images à venir, ce qui requerra de sa part des facultés intellectuelles dont la grue directrice est le dépositaire : «sang-froid», «intelligence», aptitude à modifier sa route pour prendre au besoin «un autre chemin philosophique et plus sûr».

L'image des étourneaux relance la métaphore textuelle au cinquième *Chant*. Blanchot a montré dans un commentaire magistral que le mouvement centrifuge et centripète de ces oiseaux était utilisé par l'auteur pour figurer, au sein du «désordre apparent», «la marche profondément ordonnée vers un ordre véritable», «la transformation, à la limite simultanée, de l'aberration en raison et de la lucidité en sommeil»[41]. Cette image décrirait donc encore la lecture sollicitée par le langage poétique et s'attachant, dans un mélange d'attention flottante et de vigilance, à l'exploration du chaos intérieur.

S'il reste dans *La Défense de l'infini* quelques évocation de volatiles rappelant le mouvement géométrique et comme épuré des grues et étourneaux[42], on remarque aussi la réduction progressive du vol d'oiseaux au schème de l'altitude. Le survol est ce mouvement combiné qui associe le déplacement horizontal et la vue panoramique plongeante. Un important chapitre du *Projet* de *La Défense* (12) met en scène le narrateur juché sur un onagre qui traverse l'espace, passant en revue différents lieux et personnages de récits potentiels. Le cavalier et sa monture piaffante atterrissent finalement sur une cathédrale où ils rencontrent, en la personne d'un archéologue, une mystérieuse figure de lecteur. L'ambition d'un narrateur omniscient, finalement vouée à l'échec, est ainsi mise en concurrence avec un processus de déchiffrement.

Ces questions prennent une dimension nouvelle dans *Les Voyageurs de l'impériale*. La volonté d'embrasser la diversité du réel correspond à la vision multifocale du narrateur et s'exprime dans une image de prédilection : «le panorama», déjà associée au terme «roman» dans le titre complet du premier grand récit d'Aragon, *Anicet ou le Panorama, roman* (1921). Dans *Les Voyageurs*, l'image du regard panoramique diverge en deux directions : elle connote, ainsi qu'on l'a vu, le regard flou ou superficiel : depuis l'impériale, Mercadier ne découvre qu'un «décor impressionniste»; mais elle permet aussi de prendre un peu de recul par rapport à ce qu'on voit : son fils Pascal contemplant le paysage au sommet de la montagne, près de Sainteville, découvre les vallées environnantes à une autre échelle :

> De l'autre côté, les glacis de l'entonnoir ne remontaient pas jusqu'à la hauteur de Pascal : ils s'échancraient à mi-route, au milieu d'arbres légers, verts et bleus, semblant s'appuyer sur un décor plus lointain. On sentait que derrière eux, il devait y avoir encore un autre abîme, d'autres vallées circulaires dont on n'atteignait au loin que les palissades pelées ou les forêts semblables à des grappes de fourmis. (90-91)

Invité par le romancier à découvrir le kaléidoscope des personnages et des scènes, le lecteur semble quant à lui partagé entre ces deux tendances, selon une dialectique de la connaissance et de la méconnaissance.

Car le regard panoramique prêté aux personnages s'enrichit de surcroît d'une autre valeur : il communique avec le monde infiniment riche des sensations. Les hauteurs entrent ainsi en interaction avec une plongée imaginaire dans les profondeurs. Les passages consacrés à Sainteville et à ses paysages en offrent une illustration saisissante. L'architecture du château met en opposition la terrasse par où s'admire «le découvert de la vallée», «comme si on se tenait sur le toit du monde» et «des chambres perdues des sous-sols auxquelles on ne peut s'empêcher de rêver» (81). La montagne, territoire de jeu des enfants, fait à son tour alterner mouvement ascendant et chute. Le marais, attirant et perfide, partage avec le vide contemplé d'en haut cette vertu de solliciter l'imagination. L'expression la plus aiguë en est donnée par l'ivresse prêtée à Pascal au sommet de la montagne : «Un peu comme si [...] on avait atteint le bord du monde visible, et qu'au-delà eussent débuté les fantasmagories» (89).

Aragon reprend ici textuellement les derniers mots de *La Défense de l'infini* dans le *Projet* de 1926 : «Alors commencèrent les fantasmagories». Cette phrase succède à l'enlisement mortel de Michel Sandor dans les marais. Fausse conclusion en forme d'ouverture, elle renvoie nécessairement le lecteur de *La Défense* aux pages qui précèdent, dans lesquelles a été exploré tout l'attrait érotique du marécage, mélange de terre et d'eau, objet d'identification primaire. Dans les deux textes, l'imagination scripturale joue avec un fantasme de réintégration du corps maternel, destructeur s'il est mis à exécution dans l'expérience réelle, mais régénérateur dès lors qu'il devient objet de représentation esthétique[43]. Le texte des *Voyageurs* le redit avec une force nouvelle dans la grande scène qui raconte le sauvetage de Suzanne :

> Une fois enfoncé dans cette nuit, Boniface se sentit soudain entré dans l'intimité d'une femme. Il y avait entre la nature et lui un rapport de complicité, qu'il éprouvait confusément. (260)

Cette pénétration imaginaire qui implique le corps entier du marcheur appartient toujours au registre fusionnel et correspond, au plan fantasmatique, à une absorption par le corps maternel. Du point de vue de l'inconscient, on touche ici au sommet de la régression, qui coïncide remarquablement avec la psychologie plus schématique prêtée au personnage. Pour sympathique qu'elle soit, la figure de Boniface ne saurait être au lecteur d'un grand bénéfice psychologique.

La suite du roman va s'attacher au contraire à étudier, à travers l'histoire de Pierre, une expérience d'échec et d'enlisement figuré. Le regard panoramique du lecteur est ainsi appelé à comparer une série d'investissements psychiques[44]. Comme dans *La Défense de l'infini*, et malgré la différence profonde entre les deux textes, la représentation du suicide devient le motif central à partir duquel s'élabore une double expérience érotique et esthétique qui pourrait s'apparenter à un mécanisme de sauvegarde. La dialectique vertige/prestige correspond à la relance constante de cette expérience, mais elle inverse la hiérarchie entre les deux termes : le vertige est en effet privilégié comme instrument d'une connaissance partielle et toute provisoire.

Encore faut-il, pour que ce mécanisme puisse jouer, que soit assuré le dédoublement de l'auteur et du lecteur à travers la créature de fiction. On aborde ici cette volonté de roman affirmée par Aragon, malgré les dénégations de l'époque surréaliste, et représentée à la dernière page de *La Défense* par la relation du suicide de Michel dans une narration classique, avec passé simple et troisième personne. Avec *Les Voyageurs de l'impériale*, on passe de l'ébauche à la réalisation de grande ampleur : le roman va être ce moyen d'explorer les sentiments humains par le recours au dédoublement et aux projections qu'il permet.

Ce retour au roman comme fiction développée dans un récit suivi est peut-être la dernière correspondance secrète à établir entre l'écriture d'Aragon et celle des *Chants de Maldoror*. Après le parcours initiatique des cinq premiers *Chants* qui impose au lecteur une série de métamorphoses déstabilisantes, le narrateur éprouve le besoin de revenir à une forme plus cohérente et c'est, dans le sixième *Chant*, l'histoire de Mervyn, «petit roman de trente pages», qui nous est contée. Certes, cette histoire reste très parodique et l'auteur, se défiant de la trop grande crédulité engendrée par la fiction, se dépeint ironiquement sous les traits d'un «professeur d'hypnotisme» qui «a beaucoup crétinisé son lecteur» (VI, 8). Mais la réutilisation d'images des chants antérieurs prévient en quelque sorte ce mécanisme et fait de ce court récit le prototype d'une écriture nouvelle qui saurait conjuguer la force de suggestion poétique et le suivi narratif.

Qu'en reste-t-il chez Aragon? Un abîme sépare les deux récits dont la dimension est sans commune mesure. À la désintégration centrifuge de l'adolescent Mervyn, projeté contre le dôme du Panthéon, s'oppose la lente destruction centripète de Pierre Mercadier. L'intention parodique, encore présente chez Aragon dans les narrations de la période surréaliste, a été gommée dans le roman réaliste qui se nourrit de bien d'autres influences littéraires et utilise la densité référentielle comme tremplin pour l'imaginaire. Il demeure peut-être l'ambition de conjuguer, cette fois à grande échelle, une grammaire métaphorique de l'espace et des éléments, nourrie de références littéraires, et une continuité métonymique inscrite dans un cadre géographique cohérent. Le travail d'écriture de *La Défense de l'infini* constitue à cet égard une étape intermédiaire capitale. Comme les premiers *Chants de Maldoror* préparent l'histoire de Mervyn, les fragments éclatés de cette *Défense* vont être l'espèce de laboratoire d'images dans lequel puiseront les romans du *Monde réel* et en particulier celui des *Voyageurs*[45].

*
* *

La coïncidence lexicale décelée à propos du titre a donc permis un rapprochement plus serré avec *Les Chants de Maldoror*, dont la substance morale continue à nourrir profondément l'écriture des *Voyageurs de l'impériale*. Néanmoins, cet *intertexte latent* se trouve démarqué, parfois pris, comme dans la scène de l'omnibus, à rebours. Il ne s'agit pas à strictement parler de réécriture qui supposerait la convocation explicite d'un hypotexte tombé dans un discrédit relatif depuis la *Contribution* de 1930. La dispersion dans le roman d'Aragon d'éléments appartenant à la fable du second *Chant* semble plutôt indiquer par le procédé de déplacement une imprégnation à caractère onirique. Maldoror serait-il le refoulé du roman de 1940?

Cette hypothèse doit être avancée avec prudence, tant la «réécriture au bien» reste finalement discrète. De nombreux lecteurs, sensibles au côté démoralisant de l'histoire, n'ont d'ailleurs pas retenu comme essentiel le dessein général du roman, pourtant décrit en 1965 par l'auteur comme «entreprise de liquidation de l'individualisme, ce monstre ébouriffé»[46].

Plus profondément, le livre s'apparente encore aux *Chants* par la médiation des écrits antérieurs et notamment de *La Défense de l'infini*. Intertextualité latente et autotextualité semblent ici ne pouvoir être saisies l'une sans l'autre. Paralysie et voyage, ascension et chute, sont développés à partir du modèle d'origine sur le double plan de l'expérience vécue — appréhendée dans des êtres de fiction — et de l'expérience du texte. Revenant au «monde réel», Aragon n'a pas renoncé à l'infini sensible et semble même y ajouter l'absolu d'une morale authentique : il en traite, comme Lautréamont, mais sur un mode plus implicite, permettant au lecteur d'explorer les extrêmes.

Un mouvement continu de l'écriture unissait *Les Chants de Maldoror* aux *Poésies* : sans doute est-ce le legs le plus précieux recueilli et développé par l'auteur des *Voyageurs*. Ce mouvement commun se donne pour horizon de dépasser le clivage entre prose et poésie, de renouveler la prose narrative en lui gardant tout le pouvoir heuristique de la métaphore.

POST-SCRIPTUM

On n'a pas cherché dans ce qui précède à ajouter une nouvelle pièce à la volumineuse bibliothèque consacrée à l'intertextualité. Sous toutes ses formes, cette dernière amène le plus souvent le lecteur à construire une interprétation dont la teneur précise portera aussi les marques de sa propre subjectivité et de sa culture. Chacun peut ainsi méditer sur le sens à donner à l'évocation d'*Amadis des Gaules* dans le *Quichotte* ou des *Suspiria de profundis* dans *Les paradis artificiels*. L'ampleur du *roman interprétatif*, au moins dans le premier cas, souligne l'éventail des interprétations possibles. Avec l'*intertexte latent*, ce travail interprétatif prend une dimension nouvelle qui associe la reconnaissance et la mise à jour d'effets de sens. Peut-être la densité des significations induites est-elle susceptible de valider au moins en partie le bien-fondé de la reconnaissance.

Les deux exemples qui viennent d'être traités représentent-ils un cas particulier? En un sens oui, tant fut grande la place accordée à Lautréamont-Ducasse dans le Panthéon surréaliste. Mais bien des auteurs semblent hantés par leurs lectures au-delà des influences reconnues. L'enquête externe n'est toutefois pas à négliger, si l'on veut éviter l'arbitraire. On peut ainsi élargir le répertoire littéraire d'un écrivain au-delà des influences signalées par lui : la fable de Perec qui avoue dans *W* «[relire] sans cesse, Flaubert et Jules Verne, Roussel et Kafka, Leiris et Queneau»[47] peut aussi être appréhendée à la lumière de Jarry — *Le Surmâle* ou *La Chandelle verte* —, pourvu que l'on sache la filiation de l'Oulipo avec le collège de Pataphysique[48].

L'intertexte latent est le lieu à partir duquel peut être pensée une relation vivante avec d'autres textes; relation globale incluant toutes les faces de la psyché, consciente et inconsciente. Un style, un schème narratif ou rhétorique ne sont pas des formes linguistiques désincarnées : ils condensent un ensemble d'affects et d'idéologèmes constamment à l'œuvre dans l'écriture nouvelle qui se souvient d'eux. Chaque écrivain noue ainsi un rapport singulier avec les textes dont son écriture montre la réminiscence. Au lecteur incombe la délicate mais passionnante tâche de penser dans son texte interprétatif ce rapport nié ou effacé, d'en mettre à jour les effets de sens. L'intertexte latent implique que l'intention créatrice soit dépassée par la réalisation, que l'auteur puisse être mis en contradiction avec ses buts avoués; un recul de souveraineté au profit du lecteur qui ne représente certainement pas une dévalorisation de l'œuvre.

Mais cette dépossession partielle, admise par certains des plus grands, est parfois reconnue avec difficulté, et seulement, si l'on ose dire, dans la chair de l'écriture. On en trouvera un peu plus loin la preuve par l'allégorie, chez le même Breton...

NOTES

[1] *Palimpsestes, op. cit.*, p. 156.
[2] «Le manuscrit du musée Picasso décrit dans la Note sur le texte porte la date : *1er – 15 septembre 1930*», précisent Marguerite Bonnet et Étienne-Alain Hubert dans la *Notice* de *L'Immaculée Conception* (*Œuvres Complètes* d'André Breton, éd. La Pléiade, I, p. 1630). En abrégé, désormais : *Notice*; les citations d'autres parties du livre renvoient à cette édition.
[3] M.B. et E.A.H., *Notice*, p. 1634 et 1651.
[4] Ce dogme fut proclamé par le pape Pie IX en 1854. Souvent interprété à contresens, il ne s'applique pas à la naissance du Christ, mais à Marie, «préservée dès sa naissance de la

souillure du péché originel et, par voie de conséquence, de la corruption corporelle et de la mort» (*Notice*, p. 1629-1630).

[5] Joë Bousquet, *Carnet*, n° 8, octobre 1931, p. 26-32, cité dans *Notice*, p. 1634.

[6] *Notice*, p. 1635.

[7] Les exemples qui suivent sont empruntés à la *Notice* de l'œuvre, p. 1641-1650.

[8] Grâce à la *Notice*, p. 1634-167!

[9] Voir à ce sujet la thèse du docteur Alain Rauzy, *À propos de «l'immaculée Conception» d'André Breton et Paul Éluard. Contribution à l'étude des rapports du surréalisme et de la psychiatrie*, 96 pages dactyl., 1970, Faculté de Médecine de l'Université de Paris, cité dans *Notice*, p. 1640.

[10] Comme le supposent les auteurs de la *Notice*, p. 1635.

[11] Dans la préface à la *Petite Anthologie poétique du surréalisme* de Georges Hugnet (éditions Jeanne Bucher, 1934), préface attribuée à Salvador Dali mais sans doute relue par Breton et Éluard, on lit : «Si le Premier et le Second Manifestes étaient l'exposé du contenu manifeste du rêve surréaliste, L'IMMACULÉE CONCEPTION est l'exposé de son contenu latent» (cité dans la *Notice* de l'œuvre, p. 1632).

[12] Les lieux et monuments de Paris s'inscrivent pour les deux auteurs dans un mythe de la ville; lire, à ce sujet, Marie-Claire Bancquart, *Le Paris des surréalistes*, Seghers, 1972. Pour les amateurs de géographie urbaine, rappelons que l'enchaînement des boulevards est le suivant : **Madeleine** – Capucines – Italiens – Montmartre – Poissonnière – **Bonne-Nouvelle** – Saint-Martin – Temple – Filles du Calvaire – Beaumarchais – **Bastille**.

[13] M. Bonnet, Notes sur *Les Pas perdus*, Breton, *OC*, I, p. 1257.

[14] Gallimard, «folio», n° 120. Les numéros entre parenthèses renvoient à cette édition. Une première version de cette étude a été publiée dans *Lectures d'Aragon «Les Voyageurs de l'impériale»*, Collectif, Presses Universitaires de Rennes, 2001.

[15] «Lautréamont et nous», *Les Lettres françaises*, 1er juin 1967, p. 6.

[16] Aragon, *Traité du style*, 1928, Gallimard, rééd. «L'Imaginaire», p. 205.

[17] *Le Surréalisme Au Service De La Révolution* (S.A.S.D.L.R.), n° 2, octobre 1930.

[18] «La contradiction sexuelle chez Sade, la contradiction sociale chez Engels et Marx, la contradiction éthique pure chez Ducasse, sont les failles où s'acharnent ces trois pensées; à leur niveau, la conception du bien et du mal, et celle de leur rôle comme moteur historique (de l'individu, de la société, des faits eux-mêmes) sont remises en question. (*Contribution à l'avortement des études maldororiennes*, rééd. *L'Œuvre Poétique*, 15 volumes, Livre Club Diderot, 1974-1981, V, p. 131.)

[19] À ce sujet et pour le recensement des occurrences de la réécriture dans l'œuvre ultérieure d'Aragon, lire Édouard Béguin, «La notion critique de réécriture chez Aragon», *Recherches Croisées Aragon/Elsa Triolet* (*RCAET*), Annales Littéraires de l'Université de Franche-Comté, n° 4, 1992, p. 119-146.

[20] *Contribution*, p. 136.

[21] «Je remplace la mélancolie par le courage, le doute par la certitude, le désespoir par l'espoir, la méchanceté par le bien, les plaintes par le devoir, le scepticisme par la foi, les sophismes par la froideur du calme et l'orgueil par la modestie» : épigraphe de *Poésies*, I. Cette ouverture prend le contre-pied du propos prêté au narrateur, au début des *Chants* : «Moi, je fais servir mon génie à peindre les délices de la cruauté!» (I, 4)

[22] *Je n'ai jamais appris à écrire ou les incipit*, Skira, 1969, rééd. *Œuvres romanesques croisées*, Robert Laffont, 1964-1974, tome 42, p. 203.

[23] Pour le rapport à Isidore Ducasse dans *La Défense de l'infini*, on pourra lire le chapitre «L'empreinte de Lautréamont-Ducasse», in Alain Trouvé, *Le lecteur et le livre fantôme. Essai sur La Défense de l'infini de Louis Aragon*, *op. cit.*, p. 139-155.

[24] Les questions littéraires et politiques se mêlent ici dans un débat complexe dont le fond est pour Aragon l'évolution du surréalisme vers le réalisme, sous-tendu par une vision du

monde. Il est à noter que Breton ne suivit pas Aragon dans son interprétation du renversement opéré par les *Poésies*. Marguerite Bonnet considère à ce sujet que «Breton ne se situe pas dans la perspective manichéenne de la réécriture du mal au bien» (M. Bonnet, Notes sur *Les Pas perdus*, in André Breton, *Œuvres Complètes*, éd. La Pléiade», I, p. 1257).

[25] Lire par exemple *L'Extra*, in *Le Libertinage*, Gallimard, «L'Imaginaire», ou le *Traité du style*, p. 16-17.

[26] Gérard Genette, *Palimpsestes, op. cit.*, p. 16. L'auteur, qui se déclare «brouillé avec l'herméneutique textuelle», déclare ne pas vouloir «épouser sur le tard l'herméneutique hypertextuelle» et se justifie : «J'envisage la relation entre le texte et son lecteur d'une manière plus socialisée, plus ouvertement contractuelle, comme relevant d'une pragmatique consciente et organisée». Rien qui autorise vraiment, on va le voir, la désignation de la strophe comme *hypotexte*. Ayant d'abord utilisé cette appellation dans l'étude citée plus haut, dont ce chapitre s'inspire, je corrige : *intertexte latent*.

[27] Hubert Juin reprend à ce propos en note les remarques de Philippe Sellier (Bordas, 1970) qui rapprochait ce passage des menaces proférées par les prophètes : «voir : Isaïe, I, 3-4; Matthieu, III, 7-8, et XVI, 4» (Isidore Ducasse COMTE DE LAUTRÉAMONT, *Œuvres complètes*, nrf, Poésie/Gallimard, p. 410).

[28] D'autres occurrences du motif du cheval seraient sans doute à étudier dans le récit d'Aragon : cheval fou héroïquement maîtrisé par Mercadier, dont le geste prélude à la conquête de Blanche Pailleron (I, XXIII); le même cheval «derrière la chapelle, Jockey attaché à un anneau du mur, qui gratte le sol avec son sabot» (I, XXX). Déchaîné ou apaisé, immobile ou en mouvement, le cheval connote dans toutes ces scènes l'ambivalence du désir sexuel en conflit avec la loi morale.

[29] «Le ciel s'assombrissait, le vent devenait presque intolérable, la lagune s'était vidée, et les Fundamente semblaient absolument déserts» (388).

[30] Le parallèle moral entre Mercadier et le Coleone est récurrent dans la seconde partie : p. 378, 382, 401.

[31] «Et puis tout d'un coup, il se représentait la petite en larmes, abandonnée par lui, qui sait, enceinte...» (383). Là encore, l'image de l'enfant est récurrente (p. 378, 379, 388, 392). Francesca surgit d'ailleurs de la ville au milieu d'une troupe d'enfants mendiants dont elle se distingue à peine, malgré ses velléités d'autorité. Face à son frère Angelo, lui aussi «enfant faible et soûl» (401), Mercadier composera par instants dans la grande scène faustienne du jeu une sorte de nouveau Méphisto.

[32] Le commentaire du narrateur offre de cette ambivalence une première traduction morale encore entachée de dérision lorsque Pierre donne de l'argent aux mendiants de Venise : «La mendicité impudente du tout-petit attendrit cet homme qui a laissé si volontiers ses propres enfants» (378). Dans le face à face avec Angelo au cours duquel Mercadier met en jeu sa vie, le monologue intérieur interprète la conduite du héros en termes religieux : «Miser sur une carte à la fois la catastrophe et sa rédemption» (404).

[33] La présence d'un cadre religieux apparaît encore dans d'autres épisodes importants : l'adultère se consomme derrière la chapelle montagnarde (1re partie); Francesca impose à Mercadier un détour par l'église du Redentore où il a «la révélation de la piété de sa compagne» (387).

[34] Pour plus de détails sur le rapport entre Lautréamont et *La Défense de l'infini*, voir *Le lecteur et le livre fantôme*.

[35] Lire, à ce sujet, Julia Kristeva, *Sens et non-sens de la révolte*, Fayard, 1996. La scène de la ferme figurait en 1926 en tête d'un *Projet de La Défense de l'infini* remis au mécène Jacques Doucet en vue d'une prochaine publication. Il sera repris dans *Le Con d'Irène*, livre érotique publié clandestinement, et qui peut être considéré comme une des pièces majeures de cette *Défense*, en partie détruite et en partie conservée.

[36] *Projet* de 1926, 1, in *La Défense de l'infini*, édition renouvelée et augmentée par Lionel Follet, Gallimard, CAHIERS DE LA NRF, 1997, p. 14 (les références qui suivent renvoient à cette édition).

[37] À noter cependant que le voyage au sens propre de déplacement géographique peut apparaître comme sujet de lecture intéressant : «Une grande conversation sur le Thibet, le dalaï-lama que personne n'a jamais vu, et l'explorateur Savage Landor. Pascal avait lu un article dans *Lectures pour tous*...» (214). Mais cette forme de lecture est désignée comme puérile, puisque la scène se passe entre les enfants (Pascal, Suzanne et Yvonne).

[38] *Le lecteur et le livre fantôme*, III, III, 3.

[39] *Traité du style*, Gallimard, «L'Imaginaire», p. 173-174.

[40] Michel Charles a montré la complexité de cette image qui associe de manière indécidable, selon lui, le lecteur et le texte lui-même (lire, à ce sujet, *Rhétorique de la lecture*, I, «La catégorie de l'illisible», Seuil, 1977). Quoi qu'il en soit, le motif du vol nous paraît faire système dans le texte avec l'enfoncement dans le marécage auquel il s'oppose.

[41] Maurice Blanchot, *Lautréamont et Sade*, Minuit, 1963, p. 145.

[42] Voir par exemple le début du chapitre 18, *Projet* de *La Défense de l'infini*, *op. cit.*, p. 82.

[43] Lire, à ce sujet, Amy Smiley, *L'écriture de la terre dans l'œuvre romanesque d'Aragon*, Champion, 1994.

[44] Parmi les enlisés évoqués à propos des jeux d'enfants autour du marais, on trouve «le grand frère de Michel [qui] s'y était noyé» (88). Ainsi se trouve soulignée par le prénom la continuité scripturale de *La Défense* aux *Voyageurs*.

[45] Cette hypothèse complète en un certain sens celle de Suzanne Bernard dans son ouvrage *La permanence du surréalisme dans le cycle du monde réel*, Corti, 1984. Mais son étude centre son attention sur d'autres traits du surréalisme.

[46] *Et, comme de toute mort renaît une vie...*, préface des *Voyageurs de l'impériale*, 1965, édition citée, p. 27.

[47] *W ou le souvenir d'enfance*, *op. cit.*, p. 193.

[48] Voir *supra* chapitre 5.

Chapitre 10
Le jeu des épigraphes dans *Le wagon à vaches* de Georges Hyvernaud[1]

Georges Hyvernaud affirme dès son premier écrit une volonté de rupture avec l'institution littéraire. *La Peau et les os* représente la faillite des «humanités classiques et modernes» à travers le portrait acerbe de Faucheret, l'universitaire dont la morale ne résiste pas à la dégradation de l'internement. La littérature elle-même devient suspecte : le narrateur du *Wagon à vaches* s'en démarque avec ironie :

> La littérature française, Dieu merci, peut se passer de mes services. Elle ne manque pas de bras, la littérature française, ça fait plaisir. Elle ne manque pas de mains. On en a pour tous les goûts, pour toutes les besognes. On a des anxieux, des maux du siècle, des durs et des mous, des bien fringués, des chefs de rayon. (p. 31)

Rupture avec la Littérature institutionnelle, mais inscription dans le champ littéraire sous une forme nouvelle : le paradoxe n'est qu'apparent et fut illustré par d'autres avant Hyvernaud, sous une forme parfois plus spectaculaire sinon plus radicale.

Les épigraphes du *Wagon à vaches* le rendent perceptible dès la première lecture[2]. En effet, l'épigraphe, «citation par excellence»[3], est à ce titre un «opérateur trivial d'intertextualité», entendons le lieu dans lequel se fait entendre de manière explicite la présence plus ou moins perturbatrice, au sein de l'œuvre, de voix différentes. Marque-t-elle ici un retour au sein de la Littérature universelle qui annihilerait le mouvement de révolte par ailleurs exprimé? La citation semble en effet moins iconoclaste que le collage, selon Henri Béhar :

> [Dans] l'usage courant, la citation fonctionne à l'inverse du collage. Elle se signale par des marques graphiques (ou verbales) elle est prise à témoin, appel à la barre (...). [Le] collage est la pratique sémiotique qui subvertit l'essentiel de la littérature en touchant à l'ensemble de ses codes.[4]

J'aurai l'occasion de montrer que les deux formes — collage et citation — coexistent ici.

La citation fait aussi émerger un écrivain lecteur. En tant qu'épigraphe, elle est un élément clef du péritexte qui prédétermine la manière de lire, un *seuil*. Gérard Genette recense quatre fonctions de l'épigraphe : le commentaire du titre, le commentaire du texte (plus ou moins clair), la référence culturelle (centrée sur l'identité de l'auteur), l'effet épigraphe (pratique culturellement et historiquement datée)[5].

Précisons encore deux données particulières : la multiplication de l'épigraphe, en tête de seize chapitres sur dix-sept, et la réduction des citations au nom de l'auteur cité, sans référence à l'œuvre. Sauf exception, je me situerai du côté du texte citant et m'abstiendrai de rechercher cette source, ce qui circonscrira (un peu) un sujet bien vaste.

M'inspirant librement de ce qui vient d'être dit, j'examinerai successivement les épigraphes dans l'énonciation, leur fonction de commentaire, leur fonction culturelle et, enfin, le cas particulier du rapport avec Henry Miller, le seul auteur deux fois épigraphé.

Les épigraphes du point de vue énonciatif

La source énonciative peut être envisagée de deux façons.

En un sens, l'*épigrapheur*[6] ne peut être que l'auteur, responsable du livre dans son ensemble et donc aussi du choix des épigraphes qui assurent la liaison entre le texte et le hors texte. À la sobriété de l'écriture répond le dépouillement du péritexte — réduit, en l'absence de préface auctoriale, de postface ou de bibliographie, à ces seules épigraphes. Faut-il y lire un programme d'écriture — qu'énoncent en général une préface ou une postface — ou un programme de lecture — illustré par les bibliographies ? Deux faisceaux d'indications qui convergeraient vers une sorte de bibliothèque idéale. Cette tentation n'est pas dépourvue de fondement, on le verra. Aux quatre fonctions recensées s'ajouterait celle de substitution. Mais si l'auteur avait voulu pleinement assumer ce double rôle du préfacier et du bibliographe, n'eût-il pas gagné à le faire dans le cadre traditionnellement prévu à cet effet ?

Un examen plus attentif montre que l'instance énonciative des épigraphes est en réalité le narrateur personnage du livre. Du roman, devrait-on dire, puisque aussi bien la fiction intervient dans la fabrication du personnage central qui n'est plus, comme le narrateur de *La Peau et les os* et comme Georges Hyvernaud, un professeur, mais l'employé de

«Busson frères, Eaux gazeuses», qui fait «des écritures pour gagner [sa] croûte» (p. 75). Il est aussi l'ami ou plutôt l'interlocuteur de Bourladou, cette autre figure de fiction fortement typée. Trois enchaînements de l'épigraphe à l'incipit de chapitre viennent illustrer cette identité de l'épigrapheur et du narrateur :

> 2 : *Le petit écrivain raconte sa petite vie.* ALBERT THIBAUDET
> Voilà ce que j'y fais, le soir, chez moi.
> 8 : *Et c'est ainsi qu'avance l'humanité : avec quelques riches, avec quelques mendiants — et avec tous les pauvres.* E.M. CIORAN
> Si je n'ai pas fait mon chemin, ce n'est pourtant pas faute d'avoir marché.
> 12 : *Ulysse engage une vache/Pour chanter à son lutrin/Vache vache herbivache/Oh les jolis trains à vaches/Ô la jolie vache à train.* MAURICE FOMBEURE
> Pas possible de s'y coucher sur le dos, dans le wagon à vaches.

Dans chacun de ces exemples, la phrase d'ouverture fonctionne comme commentaire de l'épigraphe par le narrateur et la citation comme déclencheur de l'écriture. Car le narrateur est aussi romancier, en train d'écrire *Le Wagon à vaches*, en quoi il se rapproche de Georges Hyvernaud, sans se confondre avec lui.

L'épigraphe — en règle générale «cet avant-poste du livre où rien autour ne [...] protège [l'auteur]»[7] — fonctionne ici différemment et sur un mode distancié associant la parole greffée au narrateur. Observons au passage la différence avec la pratique de Stendhal dans *Le Rouge et le Noir*. Le rapprochement s'impose puisque la première épigraphe du *Wagon* revient à cet auteur. La similitude formelle est frappante : les deux auteurs placent une épigraphe en tête de chaque chapitre, n'abandonnant ce procédé qu'à la fin, soit pour Hyvernaud au dix-septième et dernier chapitre[8]. Mais Stendhal traite son héros à la troisième personne. Les épigraphes du *Rouge* sont donc entièrement imputables à l'auteur réel, celles du *Wagon*, au narrateur personnage. Barthes observe l'importance du second degré dans les textes modernes :

> Une bonne part de notre travail intellectuel consiste à porter la suspicion sur n'importe quel énoncé en révélant l'échelonnement de ses degrés; cet échelonnement est infini et ce gouffre ouvert à chaque mot, cette folie du langage, nous l'appelons scientifiquement *énonciation*[9].

L'emploi des italiques achève de complexifier le dispositif énonciatif. Maintenue de la première édition[10] à l'édition actuelle et préférée aux guillemets, la présentation des citations en italiques souligne l'adhésion de l'énonciateur à l'énoncé emprunté[11]. Mais il s'agit toujours de l'énonciateur fictif. La distance annulée d'un côté est donc réintroduite d'un autre. Il pourrait être important de mettre en regard cet échelonnement de l'énonciation et l'ambition par ailleurs affirmée de tenir un langage de vérité.

À cette subtilité des positions énonciatives semble s'opposer la transparence de l'épigraphe dans sa fonction de commentaire.

L'épigraphe comme commentaire du texte

Son sens, plus ou moins clair, varie selon quatre degrés.

Commentaire transparent

Embrayeur de l'écriture, il s'applique au point de départ de l'énoncé[12]. Il sert également à annoncer un élément thématique : l'urinoir ou la décrépitude vestimentaire du prisonnier de retour dans le civil[13].

Il condense parfois le discours tenu dans l'ensemble du chapitre. Ainsi, la phrase de Baudelaire «*Pourquoi réussirais-je puisque je n'ai même pas envie d'essayer*» (7) paraît bien résumer l'attitude du narrateur opposé au carriérisme des Flouche et autre Bourladou. Mais de quelle réussite s'agit-il? Celle du notable ou celle de l'écrivain que le narrateur, projection de l'écrivain, se décidera finalement à devenir? Le renoncement de Dardillot, passé du «mauvais côté pendant l'Occupation», et les condamnations schématiques propres à la période d'épuration, entrent en harmonie avec l'épigraphe de Gide (10) : «*Presque tous les gens que j'ai connus sonnent faux*». Le chapitre 13 s'en prend aux cérémonies de commémoration militaire, vantant une gloire toujours factice dont il vaudrait mieux se détourner, comme le suggère le conseil donné par Alain en pareille circonstance[14]. Enfin, la phrase de la jeune recrue[15] anticipe sous la forme d'un euphémisme savoureux sur l'évocation des premiers temps de la mobilisation.

Même dans sa forme la plus littérale, l'épigraphe n'est donc jamais purement tautologique. Le commentaire se fait parfois indirect.

Allusion[16]

«*Je ne choisis pas mes amis*» (1, Stendhal) suggère une vie dominée par les pesanteurs sociologiques dans laquelle les «amis» sont tout au plus des relations : Bourladou ou Porcher. L'énoncé appelle secondairement d'autres questions portant sur la qualité du narrateur — est-on soi-même un homme de qualité si les amis que l'on se reconnaît ne sont pas choisis? — ou sur la liberté de choisir son existence : le texte dialogue ici avec la philosophie existentialiste et son concept central de choix.

De même, la citation d'Apollinaire (9) requiert un décodage. «*Je connais des gens de toutes sortes. Ils n'égalent pas leur destin*» : c'est encore la réputation des morts, inscrits au fronton des monuments, qui semble visée par l'allusion à ces gens qui «n'égalent pas leur destin». Or, le chapitre écorne l'image trop manichéenne de la Résistance à travers l'évocation emblématique de Fauchiez, mort à Buchenwald, mais responsable de l'exécution sommaire d'un résistant que la jalousie l'avait poussé à dénoncer sans preuve.

Quelques épigraphes obligent à pousser un peu plus le travail d'interprétation.

Allégorie

La citation de Michaux[17] utilise une image littéraire pour exprimer l'absurdité du monde dans lequel évolue l'écrivain narrateur du *Wagon*, décontenancé par la société de l'après-guerre et ses discours journalistiques tout faits. La résistance passive du narrateur est figurée de manière humoristique par le sommeil de Plume. Derrière la créature de Michaux se profile une autre figure littéraire, elle aussi victime d'un procès absurde, le Joseph K de Kafka.

Quelques vers du romancier américain Dos Passos dessinent une seconde image de l'homme moderne, privé de repère et d'identité :

un étranger non identifié/à destination inconnue/le chapeau baissé sur le visage,/mais en a-t-il seulement un? (11)

Ces vers élargissent la portée du drame humain et contribuent à lui faire atteindre la dimension universelle.

Enfin, une phrase empruntée à un autre Américain, Henry Miller, donne une troisième image encore moins rassurante de la condition humaine :

Et maintenant, mesdames et messieurs, avec ce petit ouvre-boîtes universel, que je tiens entre les mains, je vais ouvrir une boîte de sardines. (16)

Même s'il ne connaît pas *Printemps noir*, le texte d'origine, le lecteur, sensible à la dérision contenue dans cette déclaration, en perçoit les applications métaphoriques. La boîte de sardines redouble en effet sur un mode plus noir encore et en la resserrant, l'image centrale du wagon à vaches mise en place à l'articulation des chapitres 11 et 12. L'«ouvre-boîtes universel» semble alors désigner, sur le mode du même humour grinçant, le livre qui s'achève. Cette citation de Miller combinée à celle de Fombeure contribue rétrospectivement au commentaire du titre du roman.

Énoncés ironiques ou indécidables

Dérision ou énigme sont aussi de la partie. L'épigraphe du chapitre 5 reprend l'article 2 de la Déclaration des Droits de l'homme de 1789 :

«*Ces droits sont la liberté, la propriété, la sûreté et la résistance à l'oppression*». Le ton solennel laisse pressentir une application ironique confirmée par le discours de Bourladou sur la Résistance (au début) ou encore par le slogan lu sur un mur «FAITES TRAVAILLER VOTRE CAPITAL». Le commentaire achève de lever ici toute ambiguïté :

> On peut bien retrouver les murs et les mots d'autrefois — on sait le mensonge des murs et des mots (p. 55).

La citation de Claudel (14) use de l'ironie de façon moins tranchée. «*Il faut y aller une fois de plus? Tant que vous voudrez, mon général*» : le propos relève de l'obéissance aveugle, ou de sa parodie. Or, une partie du chapitre évoque la question de la discipline militaire à travers la figure grotesque du capitaine Lebiche à la «tête de mouton étroite et perplexe». Mais si l'antimilitarisme ne fait guère de doute, la portée de la formule comporte une marge d'indécision : il faut en effet attendre que le capitaine quitte le bureau pour que ses hommes le traitent «de con et d'emmerdeur» et que Malebranche se risque à le parodier. La vie militaire n'exclut donc pas l'obéissance aveugle.

D'autres applications ironiques sont encore envisageables. La phrase de Victor Hugo «*Ce sont des souliers qui deviendront des savates*» qui commente le retour du prisonnier, on l'a vu, pourrait être étendue ironiquement à tous ceux qui ont su faire leur place dans le monde de l'après-guerre, à Flouche, député et ancien ministre, se plaignant avec une pointe d'autosatisfaction des fatigues de l'homme politique : «– Je suis fourbu, mon cher, éreinté, à bout de force...» (p. 65).

La fonction de commentaire n'aboutit donc pas à un aplatissement de la parole réduite à quelques vérités négatives. La clarté du propos n'exclut pas une certaine subtilité des allusions. Le jeu poétique ou humoristique sollicite une connivence et la perception, à demi-mots, de significations plus fines. Ce jeu prend une tout autre dimension si l'on tient compte des auteurs cités.

Les épigraphes et le rapport au patrimoine littéraire

J'évoquerai d'abord la pratique de l'épigraphe comme indice culturel, puis trois aspects de cette pratique : la désacralisation, l'assimilation, le choix.

L'effet-épigraphe : une pratique atypique et porteuse d'intention

Un rapide examen des œuvres écrites autour de l'année 53 ou dans la période qui précède montre que l'emploi de l'épigraphe en tête de chaque chapitre n'est pas un procédé employé par les auteurs les plus en vue[18]. Gérard Genette, qui étudie le phénomène dans ses variations historiques, détecte dans

> la débauche épigraphique du début du XIXᵉ siècle, un désir d'intégrer le roman, et en particulier le roman historique ou «philosophique», dans une tradition culturelle.[19]

À l'inverse, «l'épigraphe est à peu près absente chez Flaubert, Zola, James», représentants de la «grande tradition réaliste moderne»[20], dont elle contredit le parti pris d'objectivité apparente, mais elle fait retour, plutôt en tête de récit, chez les auteurs des années 60.

Qu'en déduire pour le livre qui nous intéresse? Le choix retenu est encore celui de la marginalité. Il se démarque aussi d'un courant réaliste auquel un étiquetage rapide tendrait parfois à rattacher Hyvernaud. Il pourrait enfin être perçu comme «signal (qui se veut indice) de culture, mot de passe d'intellectualité»[21].

Il est pourtant à remarquer que le procédé de l'épigraphe est absent du premier récit *La Peau et les os*. Cette forme nouvelle semble correspondre à une visée plus large de l'écriture. *La Peau et les os* ancrait le discours dans l'expérience radicale de l'internement, *Le Wagon à vaches* étend cette radicalité à la condition humaine. Voyons à présent dans quel esprit Hyvernaud pratique l'épigraphe.

Désacralisation du patrimoine

Une certaine désinvolture transparaît dans l'effacement du titre des œuvres d'origine, rejetées dans l'anonymat. La désacralisation n'épargne pas non plus les auteurs. Au panthéon des grands écrivains, Hyvernaud ajoute la voix d'une recrue anonyme à moitié analphabète (15)[22]. Cette mise en parallèle conduit à une dérision des valeurs établies. Elle signifie aussi, sur un mode plus sérieux, l'égale dignité des locuteurs, indépendamment de toute reconnaissance institutionnelle. Elle est en quelque sorte la parole donnée aux sans-grade de la culture par un auteur lui-même cultivé. Il le montre en multipliant les références ou allusions à d'autres auteurs, dans le corps du texte. Pour décrire le premier cantonnement de la cinquième compagnie (chapitre 15), la mention est explicite :

> Les grilles rouillées, le lierre des murs et les effets de neige conféraient à ces lieux une poésie très verlainienne (p. 168).

Un peu plus loin apparaît le premier vers de *Colloque sentimental* à peine déformé et intégré à la description sous la forme du collage : «Le capitaine est allé faire un tour dans le parc du Château. Dans le grand [= vieux] parc solitaire et glacé». Ainsi, l'inversion des valeurs est complète : à l'anonyme la place en exergue, au poète célèbre la place obscure au sein d'un chapitre consacré à la vie quotidienne du régiment.

Le choix de certaines citations paraît relever d'une forme voisine d'humour : l'œuvre de géants de la littérature se trouve réduite à des énoncés minimalistes : «*Je ne choisis pas mes amis*», «*Pourquoi réussirais-je puisque je n'ai pas même envie d'essayer?*» ou encore «*Ce sont des souliers qui deviendront des savates*». De plus, les auteurs cités ne le sont pas par l'aspect le plus connu de son œuvre. Ni Baudelaire ni Apollinaire n'apparaissent par exemple comme poètes. Stendhal et Hugo sont évoqués dans un contexte plutôt dépréciatif : «Madame Bourladou a voulu savoir si j'avais entendu la conférence de M. André Loufiot qui est venu traiter, pour l'élite de nos concitoyens, de l'amour dans l'œuvre de Stendhal» (chapitre 3, p. 26). La poésie de Victor Hugo citée au chapitre 13 sert aux commémorations des morts par ailleurs dénoncées. Mais on aurait tort de conclure à une dépréciation de ces auteurs, quand il s'agit surtout de ridiculiser à travers leur récupération des aspects du conformisme bien pensant.

De plus on observe aussi un transfert partiel de leur écriture à celle du roman.

Assimilation

Le premier exemple de cette assimilation pourrait être une certaine parenté entre la phrase hyvernaldienne et le style sobre de Stendhal. L'assimilation s'effectue toutefois selon un dosage variable de rejet et d'appropriation. Elle s'accompagne d'un mécanisme assez subtil de déplacement. Deux exemples permettront d'illustrer cette assimilation plus ou moins critique.

Baudelaire paraît absent du chapitre 7 dont il fournit l'épigraphe. Les seuls vers cités sont ceux de la chanson de Bourladou :

> *Le soldat est comme son pompon,*
> *Plus il devient vieux plus il devient bête...*

Mais un vers de l'auteur des *Fleurs du mal* apparaît tout de même, en collage, dans un chapitre antérieur (4) qui évoque l'intérieur bourgeois du même personnage :

> Chez Bourladou, c'est cossu, funèbre et encaustiqué. *Des meubles luisants, polis par les ans*, frottés par Solange (p. 43).

La chute de la seconde phrase reprend sur un mode nettement parodique le vers de *L'Invitation au voyage*. Et le jeu va plus loin, si l'on prend en compte le goût de l'écrivain pour les noms propres et pour les associations en forme de paronomase. On pourrait alors entendre dans le nom de **Bourlad**ou, à côté du paragramme de Bourdaloue, le prédicateur, celui, plus discret, de **Baudelaire**, comme dans Dardillot, qui rêve d'être un héros de Dostoïevski, se retrouvent certains des phonèmes qui composent le nom de cet auteur (p. 110). Il serait là encore hasardeux de trancher de façon trop catégorique. Ce que fait entendre la caricature grinçante de Bourladou n'est évidemment pas tout Baudelaire pour Hyvernaud, seulement une certaine expression de l'idéal en poésie, et peut-être davantage son retentissement dans un lectorat bourgeois.

Le cas de Maurice Fombeure relève davantage de la symbiose. De nombreuses affinités semblent relier les deux auteurs. Tous deux partagent le refus de la grandiloquence, lyrique ou épique, et le goût de la dérision, sensible dans ces quelques vers extraits des *Arentelles* composées en 1943 :

Ulysse engage une vache
Pour chanter à son lutrin.
Vache vache herbivache
Oh les jolis trains à vaches,
Ô la jolie vache à train.

Sans doute n'est ce pas par hasard si cette première strophe du poème *Phantases* prend pour héros un Ulysse transplanté dans un décor délicieusement familier, composé de vaches et de trains. Dans ce rappel parodique du héros d'Homère, on peut entendre l'écho minimaliste de grandes œuvres romanesques qui interrogent déjà d'un point de vue moderne le genre épique en le saturant ou en le déconstruisant — *Ulysse* de Joyce (1921) en particulier. À sa manière, proche de celle de Fombeure, Hyvernaud prend au piège des mots la grandiloquence épique, s'amusant à donner le nom d'Ulysse à l'oncle «devenu un pas grand chose à force de malheur et de boisson». Ce personnage — l'oncle Ulysse — est évoqué à deux reprises, aux chapitres 1 et 7 : il précède donc l'épigraphe qui reprendra son nom en tête du chapitre 12. La citation poétique se trouve ainsi associée au récit antérieur selon une double contagion métonymique et métaphorique. Ulysse devient en effet la figure emblématique de tous les paumés voués aux enterrements sordides des pauvres ou au transport forcé dans les wagons à bestiaux.

Un système d'allusions à distance relie donc *Le Wagon à vaches* à certains des auteurs épigraphés. On voit aussi se dessiner des choix.

Les épigraphes comme filiation sélective

Revenons à cette référence aux auteurs plutôt qu'aux œuvres afin de déterminer plus précisément le rapport entre la citation et sa source. La citation d'auteur fonctionne comme *image* choisie mettant en relief une *proportionnalité de qualité*[23].

Du réseau des épigraphes se dégagent alors quelques traits privilégiés. La réflexion du moraliste parfois coulée dans la forme de la maxime marque le refus des systèmes (Alain), la recherche de la vérité par l'âpre imitation du code civil (Stendhal), contre les tricheries (Gide), par le dépouillement le plus extrême (Cioran). Un pessimisme lucide, condition d'une nouvelle sérénité, réunit aussi une autre constellation d'épigraphes (Cioran, Apollinaire, Alain, Baudelaire, Stendhal). L'humour et la dérision constituent une troisième tendance illustrée par Miller, Michaux ou Fombeure. La sensibilité à la réalité de la pauvreté et à la pesanteur des conditions s'y ajoute avec Hugo, Dos Passos et Thibaudet. Enfin, le refus de l'épopée rassemble Fombeure, Alain ou Claudel. Se constitue ainsi une sorte d'autoportrait, dont les traits les plus attachants sont aussi les plus énigmatiques.

Que penser, à cet égard, de la filiation claudélienne, revendiquée en abîme par le narrateur[24]? Claudel, dont le torrent lyrico-poétique est aux antipodes de l'écriture hyvernaldienne, mais dont l'œuvre monumentale comporte, comme celle d'Hugo, la palette de tous les registres et de tous les tons, et donc un possible point de rencontre? Faut-il conclure à une rencontre partielle, voire réductrice, ou à une sorte de lyrisme rentré qui resurgirait de ces aveux indirects de l'écriture? La question reste ouverte. Voyons enfin le cas particulier d'Henry Miller.

Printemps noir : de la connivence à l'hypertextualité

Les citations d'Henry Miller semblent posséder une fonction spécifique : on peut en effet envisager, à partir du texte cité, un rapport de similitude[25] et de transformation (hypertextuelle). Deux indices étayent cette affirmation : Miller est le seul auteur deux fois épigraphé et les épigraphes sont extraites du même livre : *Printemps noir*, publié en 1936 et traduit en 1946 en français. La place manquant ici pour examiner en détail la relation entre les textes, je me limiterai à deux observations préalables, puis au commentaire de quelques citations de *Printemps noir*, pour tenter d'éclairer la pratique hypertextuelle d'Hyvernaud.

On remarque d'abord la présence quasi systématique d'épigraphes dans *Printemps noir*[26]. Ceci établit une parenté formelle entre les deux livres. Pourtant, le livre de Miller mentionné dans le roman n'est pas celui auquel appartiennent les citations, mais son premier ouvrage célèbre : *Tropique du Cancer*. Il est vrai que ce livre vanté par le narrateur au grand scandale de Mme Bourladou donne au débat littéraire reflété à l'intérieur du roman sa dimension de révolte radicale contre l'édifice social. Rappelons à ce propos que la censure sur l'œuvre de Miller ne fut levée aux Etats-Unis qu'en 1961.

Venons-en à présent aux citations. On relève dans ce *Printemps noir* écrit en 1936 comme une prémonition de la catastrophe imminente qui fait écrire à Miller : «C'est avec un pressentiment de la fin — que ce soit demain ou dans trois siècles — que j'écris fiévreusement mon livre»[27]. Un peu plus loin, l'image d'une humanité vouée à la destruction emprunte déjà l'image du wagon à bestiaux qui deviendra sinistre réalité historique avant d'être à nouveau convertie en image littéraire par Hyvernaud :

> J'imaginai le monde entier se mettant en vacances pour songer à la statistique. Ce jour-là, tant de suicides qu'il n'y aurait pas assez de wagons pour ramasser les cadavres. En passant devant les voies de garage à la Porte, je saisis la puanteur écœurante des trains à bestiaux.

La lecture de Miller intervient donc aussi dans le choix du titre fait par Hyvernaud, ainsi qu'on l'a déjà suggéré.

L'épigraphe consacrée aux urinoirs atteste une lecture active de Miller dont il faudrait examiner le détail. Hyvernaud emprunte à *Printemps noir* le procédé de dramatisation. Le motif court sur plusieurs chapitres du *Wagon*; chez Miller, il occupe la majeure partie de la troisième section : *Un samedi après-midi*. Un sens commun de la dérision unit les deux auteurs, à quoi il faut ajouter l'attention déterminante portée au corps, à ses fonctions naturelles et au plaisir qui peut en résulter. Miller écrit ainsi : «Au centre même est le corps. Au-delà, rien que doute, désespoir, désillusion» (p. 256). À quoi semble répondre le savoureux commentaire du narrateur dans *Le Wagon* :

> Pissoter, parlocher, comme ça, bien tranquillement, ce n'est pas grand chose si on veut. Mais quand même un plaisir qui compte (p. 21).

Mais Miller réalise une véritable ode à l'urinoir[28] dont Hyvernaud évacue la dimension lyrique. Cette condensation va de pair avec une mise en perspective originale. Car si l'action d'uriner est présentée comme un plaisir dès le chapitre 2, cette satisfaction est opposée par Hyvernaud à un passé encore présent dans les mémoires :

> Je ne l'ai pas toujours eu, le droit de pisser. Je me rappelle ces routes de Poméranie où nous poussaient les Allemands, il n'y a pas si longtemps : interdit de s'arrêter, interdit de pisser (p. 21).

Contrairement à Miller qui mêle globalement la satisfaction des besoins vitaux et la conscience de l'anéantissement auquel l'humanité est vouée, Hyvernaud hiérarchise les degrés de l'expérience humaine.

La seconde épigraphe permet aussi d'observer le travail de transformation auquel se livre le romancier. Elle appartient chez Miller au deuxième chapitre intitulé *Troisième ou quatrième jour de printemps*. Le «petit ouvre-boîtes universel» est déjà traité comme métaphore du texte littéraire. À la page qui précède figure une digression sur le nom de Valparaiso et sur toutes les associations qui peuvent en découler sous la plume de l'écrivain. Lisons la phrase qui suit la citation reprise en épigraphe :

> Avec ce petit ouvre-boîtes que je tiens entre les mains, c'est tout pareil — que vous vouliez ouvrir une boîte de sardines ou une pharmacie (p. 50).

L'équivalence entre la boîte de sardines et la pharmacie amène en effet Miller à brasser par le texte littéraire l'infinie diversité des expériences auxquelles l'écriture donne accès. Elle va de pair avec l'ambition totalisante de son livre. Hyvernaud en revanche ne retient que la première image pour son pouvoir de suggestion symbolique. Il procède par ailleurs à une réorganisation du matériau emprunté. En effet, chez Miller, l'image de l'ouvre-boîtes précède d'une page celle des trains à bestiaux. Hyvernaud inverse l'ordre des deux phrases et les éloigne en les plaçant en tête des chapitres 3 et 16 : le symbole du titre prend forme, entre-temps, autour des chapitres 11 et 12, la boîte de sardines qui est la résurgence du wagon ne survient que vers la fin. L'effet dramatique prend ainsi un relief supplémentaire.

Le style percutant d'Hyvernaud, sa sobriété recherchée, s'allient donc ici à une vaste culture littéraire que l'auteur prend plaisir à montrer en brouillant les pistes. On voit se dessiner, à travers le jeu auquel il se livre, l'ambition et les contours d'une écriture nouvelle, procédant de manière originale à une assimilation critique du patrimoine. Aux morceaux choisis, Hyvernaud substitue des auteurs choisis. Parmi eux, Henry Miller occupe une place de tout premier plan.

La relative clarté des épigraphes dans leur fonction de commentaire ne doit pas faire illusion : le faux éloge côtoie la dépréciation trompeuse, la prétendue transparence est démentie par l'échelonnement de l'énonciation et par les mécanismes de déplacement, le collage (plus discret) fait pendant à la citation (plus visible).

Les épigraphes offrent enfin une manière d'autoportrait littéraire. La concision et une certaine sobriété classique voisinent avec les révoltes de la conscience moderne. Une polyphonie se fait entendre. En un sens, le style d'Hyvernaud s'oppose au lyrisme de certains auteurs épigraphés. Mais peut-être cette sobriété est-elle seulement la face visible d'une sensibilité rentrée que les épigraphes aideraient à entrevoir.

POST-SCRIPTUM

Il ne nous déplaît pas d'avoir fait se suivre les deux extrêmes de l'intertextualité — latente et ostensible — entre lesquelles oscille le jeu de la lecture. Les formes les plus objectives, apparemment moins problématiques, ne livrent pas pour autant tous leurs secrets. Le mixage d'emprunts hétéroclites compose ce «grain de la voix» qui fait la singularité de l'écrivain et laisse par instants s'interroger sur la portée du geste créateur, sur sa signification existentielle. On retrouvera plus loin cette question (*infra* chapitre 12).

NOTES

[1] Édition de référence : *Le Wagon à vaches*, Le Dilettante, 1997. Première publication de cette étude dans le volume *Présence de Georges Hyvernaud*, textes réunis par Yves Ménager, Presses Universitaires de Reims, Collection «Littérature et Seconde Guerre Mondiale», 2001, p. 165-182.
[2] Je découvre après coup, dans la *Préface* rédigée par Etiemble en 1984, pour les éditions Ramsay, l'intérêt pour les épigraphes du roman. S'adressant à Hyvernaud, Etiemble écrit : «Ce qui tout d'abord m'a ému dans votre *Wagon à vaches*, ce sont les épigraphes pertinentes et percutantes sur quoi s'ouvre chacun de vos chapitres», p. VIII. Il me semble que la caution — involontaire — du grand critique universitaire renforce la légitimité de l'enquête qui va suivre.
[3] Antoine Compagnon, *La Seconde main ou le travail de la citation*, Seuil, 1979, p. 30.
[4] Henri Béhar, *Littéruptures*, L'Âge d'Homme, Lausanne, 1988, p. 186-187.
[5] Gérard Genette, *Seuils*, Seuil, 1987, p. 134-149.
[6] Pour reprendre la terminologie de Genette qui distingue *épigrapheur* et *épigraphé*.
[7] Antoine Compagnon, p. 337.
[8] Dans *Le Rouge et le Noir*, les 41 premiers chapitres comportent une épigraphe. Le procédé est abandonné dans les quatre derniers chapitres. On le trouve aussi dans *Armance*, pour 27 des 31 chapitres.
[9] *Roland Barthes par Roland Barthes*, Seuil, «Écrivains de toujours», 1975, p. 70.
[10] *Le Wagon à vaches* a paru pour la première fois aux éditions Denoël en 1953.
[11] «L'usage paraît distinguer les guillemets de l'italique (ce qui est contraire à leur origine commune) quant à l'écart qu'ils signifient dans l'énonciation. Aux guillemets, on attribue l'endoxal, ce dont le sujet se désiste parce que c'est trop bête. À l'italique, le paradoxal, une insistance ou une surenchère de l'auteur, une revendication de l'énonciation. L'italique équivaudrait à «Je souligne» ou «C'est bien moi qui le dis» (A. Compagnon, *op. cit.*, p. 41).

[12] Albert Thibaudet : «*Le petit écrivain raconte sa petite vie*» (2); Cioran : «*Et c'est ainsi qu'avance l'humanité : avec quelques riches, avec quelques mendiants – et avec tous ses pauvres*» (8); Maurice Fombeure : «*Ulysse engage une vache/Pour chanter à son lutrin./Vache vache herbivache/Oh les jolis trains à vaches,/Ô la jolie vache à train.*» (12)

[13] Henri Miller : «*Presque toujours les français ont choisi le bon endroit pour leurs urinoirs*» (3); Victor Hugo : «*C'est peu de chose après tout. Ce sont des souliers qui deviendront des savates*» (6).

[14] Alain : «*Devant la cérémonie guerrière, s'en aller. Si l'on est tenu de rester, penser aux morts, compter les morts. Penser aux aveugles de guerre, cela rafraîchit les passions. Et pour ceux qui portent le deuil, au lieu de s'enivrer et de s'étourdir de gloire, avoir le courage d'être malheureux.*»

[15] «*Quand je suis arrives au corps j'ai vue que cetais plus la même sorte que dans le sivile.*» Un des hommes de la cinquième compagnie, à l'examen d'incorporation des jeunes recrues (15).

[16] Épigraphes 1 et 9.

[17] «– L'exécution aura lieu demain. Accusé, avez-vous quelque chose à ajouter ? – Excusez-moi, dit-il, mais je n'ai pas suivi l'affaire. Et il se rendormit.» (4)

[18] Vérification menée chez les romanciers de langue française suivants : Aragon, H. Bazin, Beckett, Bernanos, Camus, Céline, Colette, Drieu la Rochelle, Duras, Gide, Giono, Gracq, Malraux, Mauriac, Nimier, Nizan, Romains, Sarraute, Sartre, Triolet, Vailland, Yourcenar.

[19] *Seuils*, p. 148.

[20] *Ibid.*, p. 138.

[21] *Ibid.*, p. 148-149.

[22] Citation authentique puisqu'elle figure dans les Lettres de Georges Hyvernaud à sa femme : *L'Ivrogne et l'Emmerdeur*, Seghers, 1991, p. 45.

[23] On retrouve ici la distinction faite par Antoine Compagnon à propos du caractère iconique de la citation entre l'*image* et le *diagramme*. Dans la citation *image* préférée par Hyvernaud, le *representamen* imite des *propriétés* élémentaires de l'objet; dans la citation *diagramme*, il reproduit des *relations* entre des éléments de l'objet. Compagnon précise : «Le diagramme et l'image s'opposent donc comme les relations que l'emprunteur entretient soit avec l'objet d'échange, soit avec le prêteur» (*op. cit.*, p. 335).

[24] «Un type qui peut parler de Picasso ou de l'art nègre, réciter des poèmes de Claudel» (p. 82).

[25] Il s'agirait d'un cas exceptionnel de citation *diagramme*.

[26] On trouve des épigraphes en tête de 9 des 10 chapitres ou sections du livre. Il est à remarquer toutefois qu'il s'agit le plus souvent d'épigraphes à caractère autotextuel. La seule attribuée à un auteur, Miguel de Unamuno, est de surcroît une épigraphe globale précédant les dix sections du livre. Contrairement à *Printemps noir*, *Tropique du cancer* ne comporte pas d'épigraphes.

[27] «Folio», p. 41. Les citations qui suivent renvoient à cette édition.

[28] «Combien de fois me suis-je tenu ainsi dans ce monde gracieux et souriant, tout éclaboussé de soleil, au fol gazouillis des oiseaux, avec une femme me regardant du haut d'une fenêtre ouverte, son sourire émietté en mignons petits morceaux que les oiseaux ramassent dans leur bec et déposent parfois au pied d'un urinoir où l'eau gargouille mélodieusement, et voici qu'un homme s'avance, la braguette ouverte, et se met à déverser le contenu fumant de sa vessie sur les miettes qui se dissolvent! Debout ainsi, le cœur, la braguette et la vessie ouverts, il me semble me rappeler tous les urinoirs où je suis entré — toutes les sensations les plus agréables, tous les souvenirs les plus délicieux, comme si mon cerveau était un immense divan encombré de coussins, et ma vie un long somme par un brûlant après-midi qui vous assoupit» (p. 62). Chez Miller, la dérision relance le lyrisme au lieu de le combattre.

Chapitre 11
Cristal et sempervivum :
l'écriture allégorique
dans *L'amour fou* d'André Breton[1]

Il existe dans l'œuvre de Breton une veine allégorique puissante et multiforme dont on peut suivre le cours de *Nadja*[2] à *Arcane 17*[3]. *L'Amour fou* (1937), dernier grand texte du surréalisme d'avant-guerre, en offre une version intéressante qui explore les liens entre la rencontre amoureuse[4], les trouvailles de mots et d'objets. Les sept chapitres de contenu assez hétérogène font alterner les registres de la divagation poétique et de l'interprétation : l'écriture de ce livre peut ainsi être replacée dans la tradition rhétorique de l'allégorie, figure ambivalente de l'énigme et du dévoilement. C'est cette inscription à peine reconnue par l'auteur et par les commentateurs que l'on voudrait ici interroger.

Sans doute Breton proclame-t-il très fort son athéisme, par quoi il semble s'éloigner de l'usage théologique de l'allégorie. Mais si la transcendance est devenue immanence, la Vérité n'a fait que changer de pôle, sa quête demeure plus forte que jamais; la Révélation née de l'Amour ou de la Poésie, c'est tout un, conserve la charge de sacré jadis attribuée à la divinité. Hantée par le désir de transparence et d'unité, la «poésie surréaliste» de Breton serait, ainsi que l'a souligné Julien Gracq, «non pas création, mais dévoilement, éclatement d'une croûte d'opacité»[5]. Ce mouvement vers la lumière, par quoi on définirait une indéniable tentation idéaliste, admirée par les uns, critiquée par d'autres, ferait pencher la balance allégorique vers le pôle de la clarté. Mais les images maintiennent un degré résiduel d'obscurité qui conteste en permanence la prétention du poète à dire l'Absolu. Parmi elles, le sempervivum, cette «espèce autochtone» des Canaries, dotée «de la propriété effrayante de continuer à se développer en n'importe quelles conditions» : peut-être le germe de l'anarchie.

On suivra ce balancement de la parole poétique entre transparence et chaos en prenant pour repères trois formes d'expression allégorique : la mythologie, le rêve et la métaphore textuelle.

«Mythologie moderne»[6]

Le terreau de la mythologie antique

L'attention portée au monde moderne ne fait pas table rase des Anciens : le récit de la passion — rencontre, éblouissement, discorde — puise dans la tradition mythologique. Le voyage des amants dans le paysage enchanteur des Canaries, au chapitre V, amène une évocation poétique de l'Âge d'or (746) annoncée par l'allusion à Orphée, garant de l'harmonie (743). «Les blancs navires [qui] rêvent dans la rade, Arianes de par toute leur chevelure d'étoiles et leur aisselle de climats» (738), renvoient, par métaphore et métonymie, à l'expérience amoureuse et au mythe de Thésée. L'*Introduction au Discours sur le peu de réalité* (1925) comparait déjà le poète à Hercule et à Thésée[7], non pour reproduire les vieux mythes mais pour les transformer. Le chapitre VI s'ouvre sur la légende de Vénus «blessée par Diomède» puis choisie par Pâris, grâce à la pomme d'or offerte par Discorde, sur laquelle il fit graver «l'inscription fatidique : À LA PLUS BELLE» (764). La dimension allégorique de la mythologie est ici expressément soulignée :

> Devant la force d'un tel mythe, dont nous sont garants son pouvoir d'expansion immédiate et sa persistance jusqu'à nous, nous ne pouvons douter qu'il exprime une vérité commune éternelle, qu'il traduise dans la langue allégorique une série d'observations fondées qui ne sauraient admettre d'autre champ que l'existence humaine (*ibid.*).

Qu'est-ce à dire? En un sens, Breton renoue avec la lecture allégorique d'Homère déjà présente chez les philosophes de l'Antiquité hellénistique et romaine. Mais il n'adhère pas pour autant à l'ancienne exégèse qui conduisit par exemple un Porphyre à interpréter les fictions de l'Iliade, contre les réserves de Platon lui-même, dans le sens d'un néo-platonisme religieux et philosophique[8]. Il s'agit plutôt, dans le prolongement du romantisme allemand de Iéna, de refonder une mythologie moderne qui prolonge et dépasse l'héritage des Grecs.

Schelling et Schlegel corrigés?

«L'absolu littéraire»[9] recherché par les écrivains de l'Athenaeum serait cette parole transcendante dépassant l'opposition traditionnelle entre littérature et philosophie pour donner accès, par l'invention d'une mythologie nouvelle, à une vérité supérieure. On lit ainsi dans les *Textes esthétiques* de Schelling : «La représentation de l'Absolu par l'indifférence absolue de l'universel et du particulier dans le particulier = art. Le matériau universel de cette représentation = mythologie»[10]. Schlegel, quant à lui, écrit : «Notre poésie manque de ce centre qu'était la mythologie pour les Anciens [...] toute belle mythologie, qu'est-elle autre qu'une expression hiéroglyphique de la nature qui l'entoure, transfigurée par la fantaisie et par l'amour?»[11] Mais pour ces auteurs la mythologie se rapproche plus du symbole qu'ils conçoivent, dans le sillage de Goethe, comme «révélation vivante et instantanée de l'inexplorable»[12]. L'allégorie, figure du déchiffrement, suspecte de schématisme et d'abstraction, n'est qu'une étape intermédiaire de la pensée. Ce qui amène Schelling à conclure : «La mythologie prend fin dès que l'allégorie commence»[13]. La critique elle-même se fait poétique chez ces auteurs, plaçant le savoir absolu sous la dépendance d'une catégorie transgénérique, Poème ou Roman.

En revanche Breton associe, sans les confondre tout à fait, les deux voix de l'émotion lyrique et du déchiffrement, de l'écriture automatique et de «l'exposé concerté»[14]. L'une formule par des moyens poétiques le mythe modernisé, l'autre se charge d'en dévoiler le noyau de vérité.

Énigmes de l'amour et de la ville

La ville et la femme sont les figures de cette mythologie moderne qui articule le collectif et le singulier. L'amour et la poésie vont lui donner une expression. Breton dresse une cartographie érotique de Paris, avec ses lieux privilégiés. Durant la mythique «Nuit du Tournesol» qui fait suite à la rencontre du 29 mai 1934, les deux amants s'arrêtent devant la Tour Saint Jacques, célébrée en 1923 par Breton dans un poème automatique précisément intitulé «Tournesol». Cette fleur, emblème de la tour, lui apparaît à présent comme une image de la femme qui vient d'entrer dans sa vie : le poème a donc préfiguré la rencontre! De même, la cuiller soulier achetée au «Marché aux puces» (chapitre III) entretient avec elle de mystérieux rapports. Le leitmotiv de l'énigme ponctue le récit[15] : savoir extraire de la vie quotidienne les «menues découvertes» qui fondent le merveilleux, c'est essayer de s'orienter dans une «*forêt d'indices*» (685); le vertige de l'amour est associé à «l'approche du sphinx»[16] (737); les causes occasionnelles des comportements amoureux conservent un caractère «grandement énigmatique» (768). La ville, de surcroît — la tour Saint-Jacques en particulier[17] — se charge de significations alchimiques : les couleurs de la cité rappellent le «virement du bleu au rouge en quoi réside la propriété spécifique du tournesol réactif» (717).

Vers une lumière nouvelle

Face à ces signaux enregistrés par le poète, le discours tend à poser les principes d'un programme interprétatif dont on ne jugera pas ici la cohérence, se contentant de décrire son ambition. Il s'agit en quelque sorte de faire alterner les moyens de l'intuition et ceux de la raison scientifique, comme le montre la caution rétrospective du physicien Gustave Juvet :

> Ce n'est pas moi, c'est M. Juvet qui, dans *La Structure des nouvelles théories physiques*, écrit en 1933 : «C'est dans la surprise créée par une nouvelle image ou par une nouvelle association d'images, qu'il faut voir le plus important élément du progrès des sciences physiques, puisque c'est l'étonnement qui excite la logique, toujours assez froide, et qui l'oblige à établir de nouvelles coordinations». (751)

L'insurrection contre la logique ordinaire, représentée par le *Manifeste* de 1924 et par les écritures automatiques, se double de l'aspiration à une logique supérieure dont la souplesse permettrait de comprendre l'homme en faisant place aux manifestations apparentes d'irrationnel. Comme il a souvent été remarqué[18], la philosophie de Hegel fournit le cadre intellectuel d'une telle compréhension. Non plus le jeune Hegel du cercle de Iéna, mais le philosophe de la maturité, fondateur de la dialectique et de la méthode historique dans la philosophie de l'art. Le chapitre I se réfère, dans son passage sur le cristal, à *La Philosophie de la nature* — j'y reviendrai. Il prétend expliquer et justifier par la dialectique la quête de l'amour absolu à travers la multiplicité des rencontres :

> Pourtant je crois entrevoir une synthèse possible de cette idée [l'amour unique] et de sa négation. (677)

Mais Breton veut dépasser Hegel : cette science nouvelle qui extrairait de sa propre mythologie un noyau essentiel de vérité, il l'oriente depuis plusieurs années vers une synthèse freudo-marxiste[19] illustrée ici par des allusions à Engels — *l'Origine de la famille* — et à Marx — le *Manifeste communiste* (745). Le «hasard objectif» déjà évoqué dans *Nadja* en constitue le pivot :

> *Le hasard serait la forme de manifestation de la nécessité extérieure qui se fraie un chemin dans l'inconscient humain* (pour tenter hardiment d'interpréter et de concilier sur ce point Engels et Freud). (690)

L'emploi des italiques marque la reprise quasi textuelle d'un passage de *Ludwig Feuerbach*[20]. Breton emprunte à Cournot l'idée de «séries indépendantes dans l'ordre de la causalité» pour réaliser la greffe de l'inconscient freudien sur l'analyse matérialiste de Engels. Le chapitre II, commentant une question posée par Éluard et lui-même sur «la rencontre capitale de votre vie», énonce «les deux séries causales (naturelle et humaine)» (691) qui président à ces hasards déterminants. L'ultime chapitre revient sur ce tressage décisif de la «nécessité naturelle», d'une part, et de «la nécessité humaine, la nécessité *logique*» (784), d'autre part. Il s'agit «de dégager la loi de production de ces échanges mystérieux entre le matériel et le mental» (712) observés par la poésie.

La visée de cette mythologie moderne est donc universelle. Révolution (marxiste) et accès au surréel (inconscient), le Bien supérieur et le Vrai, en constituent l'horizon, hors de toute révélation divine, puisque la pensée se veut athée, débarrassée du «dualisme du bien et du mal» (744). Déjà, en 1930, le *Second manifeste* évoquait ce «point de l'esprit» vers lequel tend l'activité surréaliste, «d'où la vie et la mort, le réel et l'imaginaire, le passé et le futur, le communicable et l'incommunicable, le haut et le bas cessent d'être perçus contradictoirement»[21]. Le «point sublime», dans le chapitre VII de *L'Amour fou*, lui fait encore écho. Le discours philosophico-scientifique tend ainsi à poser les principes d'un programme interprétatif comme une promesse d'élucidation.

Vérité obscurcie

Mais on notera, pour en finir avec la dimension mythologique de l'écriture et contre cette volonté d'en éclairer le sens, la densité du réseau intertextuel auquel elle renvoie. Au répertoire antique viennent en effet s'adjoindre des référents artistiques diversifiés. Ainsi, remarque Marguerite Bonnet,

> l'association de l'héroïne antique Ariane avec les navires a pu naître du souvenir de plusieurs toiles de Chirico : *L'Après-midi d'Ariane* (1913) où la statue du personnage, allongée sur un socle, lève le bras droit derrière et au-dessus de sa tête, dans la pose consacrée par la statuaire, de manière à découvrir l'aisselle.[22]

De même, l'Âge d'or évoqué par la description de la vallée de la Orotava est associé au «film de Buñuel et Dali», «la seule entreprise d'exaltation de l'amour total tel que je l'envisage» et, par le ricochet d'une note — «non plus la seule, mais une des deux seules [entreprises]» — au film *Peter Ibbetson* d'Henry Hathaway, réalisé en 1935 d'après le roman de Georges Du Maurier. Sans doute pourra-t-on envisager le schème de l'amour absolu comme le vecteur commun de toutes ces représentations. La diversité des références n'en vient pas moins compliquer la tâche de l'interprète. «L'arbre à pain», marque de «l'inépuisable générosité naturelle susceptible de pourvoir aux besoins humains les plus divers», ajoute encore d'autres référents littéraires au mythe de l'Âge d'or, réunissant en une même page Roussel, Bernardin de Saint-Pierre et Rimbaud. La richesse des intertextes vient densifier et peut-être étoiler la signification du matériau mythique[23].

L'ambition de clarté est donc pour le moins contrecarrée par l'épaisseur du palimpseste sur lequel s'écrivent les mythes modernisés; la Vérité du mythe nouveau reste par ailleurs programmatique, implicitement renvoyée à la communauté des interprètes à laquelle elle se destine. Il est pourtant un domaine dans lequel le scripteur semble vouloir s'avancer davantage : celui de la «Science des rêves»[24] dont son écriture se veut l'enregistreur fidèle.

Rêve et herméneutique freudienne : limites de l'autoanalyse

L'inconscient freudien : substitut de Dieu?

L'interprétation des rêves est le second degré d'une écriture/lecture allégorique. L'œuvre de Freud fait ici office de clef herméneutique, non plus cette «clef des songes» raillée par le fondateur de la psychanalyse au début de son maître livre *Die Traumdeutung*, mais la théorie de l'appareil psychique qui invite à lire dans le rêve l'expression d'un désir inconscient. L'analyse moderne serait-elle le substitut de l'ancienne oniromancie? La Science débarrassée de la superstition conservant le privilège jadis détenu par la Pythie d'être le porte-parole d'une Vérité supérieure. Jean Starobinski, commentant l'étude sur «Le message automatique» reprise dans *Point du jour* (1934), a souligné la parenté entre la psychanalyse, version Breton, et la parapsychologie de Myers ou de Richet :

> Le parti que prend Breton est [...] de conserver presque intégralement le *merveilleux* du spiritisme, tandis qu'il s'applique à en refuser les prémisses dogmatiques. Mais cela ne va pas sans question.[25]

Nul doute, néanmoins, que la pensée de Freud trouve chez Breton un écho exceptionnel, déjà attesté dans les textes antérieurs, en particulier *Les Vases communicants*, et à nouveau vérifiable ici.

Le rival de Freud

Les références à la psychanalyse prennent des formes multiples : citation, allusion, contamination lexicale par les catégories analytiques, travaux pratiques d'application, enfin, à propos desquels se posera la question de l'auto-analyse. Le livre s'ouvre sur une vision, un «fantasme» (676) montrant les personnages d'un «théâtre mental», «à la tombée du jour [...], comme s'ils se soumettaient à un rite, [...] errant sans mot dire au bord de la mer» (675). Et Breton de noter entre parenthèses : «Je ne me cache pas qu'ici la psychanalyse aurait son mot à dire», avant d'évoquer un peu plus loin, s'agissant de cette «aigrette de vent aux tempes, [...] véritable frisson» ressenti devant certaines œuvres d'art, les «profonds refoulements» qu'il faudrait vaincre pour en percer le contenu érotique précis. Suivent d'autres emprunts au lexique freudien : «la censure» (706), «le contenu latent» (707), «la libido humaine» (739). Breton cite Freud d'après *Le Moi et le Soi*[26] : «D'Éros et de la lutte contre Éros!» (708) et mentionne comme un modèle «l'admirable communication de Freud : *Un souvenir d'enfance de Léonard de Vinci*» (753).

Son ambition est de dépasser dans l'auto-analyse le maître viennois qui pratiqua cet exercice, mais reconnut dans une lettre à Wilhelm Fliess ne pouvoir mener l'investigation à son terme[27]. *Les Vases communicants* (1932) constitue une étape importante :

> Je ne vois rien dans tout l'accomplissement de la fonction onirique, qui n'emprunte **clairement** [je souligne], pour peu qu'on veuille se donner la peine de l'examiner, aux seules données de la *vie vécue*, rien qui, je ne saurais y revenir trop de fois, soustraction faite de ces données sur lesquelles s'exerce poétiquement l'imagination, puisse constituer un *résidu* appréciable qu'on tenterait de faire passer pour irréductible. (*OC*, II, p. 134)

On reviendra sur ce «résidu» qui fait tout le problème de l'interprétation. Rappelons que ce livre développe un freudisme non orthodoxe[28] : récusant la coupure établie par Freud entre les pensées du rêve et la réalité, Breton s'emploie à montrer que les deux plans «communiquent», la vie éveillée étant encore gouvernée par le fantasme qui en détermine les singularités. L'idée réapparaît dans *L'Amour fou*, qui fait le lien, sous la forme de l'auto-citation, avec le livre de 1932 :

> *La trouvaille d'objet remplit ici rigoureusement le même office que le rêve, en ce sens qu'elle libère l'individu de scrupules affectifs paralysants, le réconforte et lui fait comprendre que l'obstacle qu'il pouvait croire insurmontable est franchi.* (700)

C'est précisément dans ce chapitre III, à propos des objets achetés en compagnie du sculpteur Giacometti au «marché aux puces», que va s'exercer une part importante de l'auto-analyse. Le choix «électif» de Breton se porte sur

> une grande cuiller en bois, d'exécution paysanne, mais assez belle, me semble-t-il, assez hardie de forme, dont le manche, lorsqu'elle reposait sur sa partie convexe, s'élevait de la hauteur d'un petit soulier faisant corps avec elle. (700)

Les pages qui suivent entreprennent de décrypter ce choix, d'en dégager la signification sexuelle par le biais de souvenirs associés — la demande non satisfaite adressée à Giacometti pour qu'il réalise la sculpture en verre de la pantoufle de Cendrillon — et par le décodage de la «figuration symbolique». La cuiller est ainsi identifiée comme objet phallique :

> Tout le mouvement de ma pensée antérieure avait eu pour point de départ l'égalité objective : pantoufle = cuiller = pénis = moule parfait de ce pénis. (707)

Voici donc le scripteur doublé d'un interprète averti, rompu à toutes les subtilités de l'analyse, détenteur absolu du sens? Cette prétention n'a pas manqué d'être dénoncée comme naïveté par des lecteurs se recommandant de l'approche analytique.

Exégèse et textanalyse

Dans *Les Vases communicants*, «le poète [...] est passé à coté de son inconscient, pour ne déchiffrer de son matériel que les corrélations les mieux admises par la censure»[29]. Jean Bellemin-Noël souscrit à ce diagnostic du psychanalyste Jean Guillaumin et renchérit : l'«autoscopie analytique» de Breton ne saurait être confondue avec l'impossible interprétation de soi, ou plutôt «exégèse», à laquelle il se livre, dans sa prétention à l'absolu; ce qui en résulte n'est en vérité qu'«un bloc d'autographie»[30]. La textanalyse peut alors se déployer, avec ses trouvailles et ses associations jubilatoires. Sous le désir hétérosexuel, l'analyse des fantasmes traque et décrypte le matériau inconscient plus archaïque, celui de la fusion du sujet avec l'Origine et du déni de la castration,

> la dominante d'angoisse devant le bloc «mère phallique-narcissisme homosexuel-poursuite éperdue de la figure paternelle». (174)

La critique analytique prend ainsi l'auteur et ses condamnations de l'homosexualité[31] en flagrant délit de dénégation.

François Migeot a soumis à un traitement analogue le texte de *L'Amour fou*, démystifiant d'abord la prétention réaliste[32] cachée derrière les proclamations d'authenticité :

> Plutôt qu'à un amalgame de fragments représentatifs d'un prétendu réel, on a affaire à un tissu qui conjugue des motifs [...] à une élaboration textuelle qui vise à produire l'illusion réaliste que les choses se sont bien passées comme elles sont rapportées, alors que c'est elle qui les met en scène.[33]

On renverra pour le détail à cette stimulante «réécriture» qui montre, derrière la façade hétérosexuelle de l'interprétation, la présence de deux structures archaïques, fétichisme et parent combiné, deux formes de déni de la différence. L'examen de la cuiller-soulier en est la première preuve emblématique : son manche et sa partie creuse, la chaussure-talon qui lui sert de support, révèlent un symbolisme sexuel double. La textanalyse trouve aussi un aliment dans la poétique des lieux : «La mère-Paris (Notre-Dame; l'Île de la Cité, *berceau* de Paris) a bien un phallus (clignotant)»[34]. Les paysages des Canaries et du «Fort-Bloqué» offrent un matériau complémentaire.

En un sens, donc, ces lectures sont fondées à souligner l'illusion de transparence liée au projet d'auto-analyse. On ne peut réellement lire en soi sans le secours d'un tiers. La dimension narrative du texte, relayée par le motif de la marche, serait pour François Migeot le vecteur de cette exploration, exposant la méconnaissance du scripteur à l'interprétation du critique. L'ambivalence des images évoquant le paradis naturel des Canaries[35], l'angoisse qu'elle fait naître peuvent se comprendre comme la trace d'un refoulement, comme le besoin irrépressible d'une expression détournée. Le mécanisme de déplacement en est un autre signe. Ainsi, la structure fétichiste du désir, oubliée dans la page sur la cuiller-soulier, est implicitement suggérée plus loin, lorsque Breton exprime son admiration pour le *Souvenir d'enfance de Léonard de Vinci*. On ne saurait néanmoins se tailler de trop faciles succès au détriment du poète, oubliant la nature spécifique du matériau psychique ici offert : texte littéraire et non discours d'analysant, texte mixte, à tout le moins.

Création littéraire et rêve éveillé

Le texte littéraire peut en effet être envisagé comme une des formations de compromis que le sujet réalise avec son inconscient[36]. Sans doute les vérités mises à jour ne dépassent-elles guère le niveau préconscient, mais on peut aussi prêter au scripteur l'intuition de cette limite et l'aptitude à la représenter. En ce sens, les évocations de témoins, de tierces personnes, le motif récurrent du théâtre sont autant d'invitations à compléter la lettre du discours par une autre interprétation.

Aussi ne suivra-t-on pas tout à fait Jean Bellemin-Noël critiquant le recours au témoin Paul Éluard, dans un passage des *Vases communicants*. Même si le détail de la procédure envisagée ne relève pas d'une bonne orthodoxie freudienne[37], la recherche par autrui d'une vérité sur soi demeure dans l'esprit un correctif majeur de la prétention à l'autoanalyse. Ici, la présence du tiers renvoie à la figure de Giacometti, attiré lui aussi par un objet du marché aux puces, «un demi-masque de métal» (199) :

> Ce désir plus ou moins conscient [...] n'entraîne de trouvaille à deux, sans doute à davantage, qu'autant qu'il est axé sur *des préoccupations communes typiques*. Je serais tenté de dire que les deux individus qui marchent l'un près de l'autre constituent une seule machine à influence *amorcée*. (701)

Ces «préoccupations communes typiques» sont assez différentes de la relation entre l'analyste et l'analysant : elles pourraient en revanche, de même que la «trouvaille à deux», s'appliquer à la relation entre le lecteur et son texte. La lettre finale, écrite après la séparation du couple, place également la parole du poète sous le regard supposé d'un tiers. Ceci au prix d'une contradiction interne. Car Écusette de Noireuil, l'enfant né de cette union, semble d'abord figurer une dernière résurgence de cet absolu féminin imaginairement construit à partir du fantasme de la mère phallique — «ma toute petite enfant [...] qui êtes à la fois comme le corail et la perle»; son nom rappelle l'objet magique et la «femme *scandaleusement belle*» (713) dont elle est la fille[38]; mais Breton l'imagine dans un futur éloigné de quinze ans — «au beau printemps 1952». Ce temps est donc à la fois celui de la communication lyrique perpétuée (par le souhait final) et de la distance dont bénéficie le regard de l'autre, temps de la participation fantasmatique et de la réflexivité[39]. La structure du collage accentue cette distance : la réunion dans l'après-coup de chapitres parfois pré-publiés ou écrits dans des contextes différents[40] conserve un coefficient d'hétérogénéité qui œuvre dans le même sens du recul critique.

L'autre du Sujet est enfin symbolisé par le théâtre mental sur lequel s'ouvre le livre. Une écriture hantée par l'Absolu, par l'amour «lieu idéal de jonction, de fusion» (713) s'exposerait à une stérile projection hallucinatoire si elle ne sécrétait comme d'elle-même ce garde-fou, le théâtre intérieur. Mallarmé, dans les *Notes en vue du «Livre»*, Aragon, dans *La Défense de l'infini*, ont joué du même motif, non sans analogie : tous deux partagent d'ailleurs avec Breton la particularité d'avoir peu écrit pour le théâtre proprement dit[41]. Ici, les figurants mis en scène dans la première phrase «portent les *clefs des situations*», mais, on l'a vu, l'emploi de ces clefs est d'abord esquivé, remis en quelque sorte à d'autres. Plus prudente et moins naïve qu'on semble le supposer, l'attitude du scripteur vis-à-vis de l'auto-analyse est donc pour le moins double, partagée entre un rêve d'accomplissement et un retranchement de fait derrière ce résidu de l'écriture, non plus métaphysique mais poétique, ainsi qu'il a été dit plus haut.

C'est cette écriture se réfléchissant elle-même qu'il convient à présent d'examiner.

Cristal, nuage et sempervivum

La métaphore textuelle, ultime et problématique degré de l'allégorie, sera ici interrogée. Le cristal, motif récurrent, semble condenser un idéal esthétique : la transparence, image de la connaissance absolue. La «maison de verre» (*Nadja*[42]) ou de «sel gemme» en est un avatar :

> La maison que j'habite, ma vie, ce que j'écris : je rêve que cela apparaisse de loin comme ces cubes de sel gemme. (681)

Breton, par cette image empruntée au monde minéral, s'éloigne fort de la métaphore du marécage inventée par Lautréamont pour désigner son texte, au début des *Chants de Maldoror*, de ce marécage qui est encore l'emblème du texte poétique pour Aragon dans *Le Paysan de Paris*[43]. Mais la métaphore du cristal est peut-être moins transparente que le cristal lui-même. Le registre végétal vient par ailleurs la concurrencer, comme un pas en direction du marécage oublié.

Surréalisme et cristal

Dans une poétique du dévoilement[44], le voile ou nuage est premier :

> Le désir, seul ressort du monde, le désir, seule rigueur que l'homme ait à connaître, où puis-je être mieux pour l'adorer qu'à l'intérieur du nuage? [...]
> Me voici dans le nuage, me voici dans la pièce intensément opaque où j'ai toujours rêvé de pénétrer. J'erre dans la superbe salle de bain de buée. [...]
> Je te désire. Je ne désire que toi. [...] Mais je finirai bien par te trouver et le monde entier s'éclairera à nouveau parce que nous nous aimons, parce qu'une chaîne d'illuminations passe par nous. (755-756)

Illumination de l'amour qui dissipe les brumes du désir en quête de réalisation. Illumination de la poésie. Coïncidence.

Sans doute dans ce cristal, produit de la cristallisation, peut-on aussi entendre le souvenir des analyses stendhaliennes, car le minéral pur est encore signe de perfection :

> Nul plus haut enseignement artistique ne me paraît pouvoir être reçu que du cristal. L'œuvre d'art, au même titre d'ailleurs que tel fragment de la vie humaine considérée dans sa signification la plus grave, me paraît dénuée de valeur si elle ne présente pas la dureté, la rigidité, la régularité, le lustre sur toutes ses faces extérieures, intérieures, du cristal. (681)

«Dureté», «rigidité», «régularité», «lustre» sont ses attributs : les canons de l'art classique ne sont pas loin, comme si, inversant les périodes décrites par Hegel dans son *Esthétique*, on passait du voile romantique à la transparence classique. À moins qu'il ne s'agisse plutôt de la «dissolution de la forme romantique de l'art»[45] envisagée par ce dernier à la fin de son panorama diachronique?

Vitesses de la lumière

L'ambiguïté de l'image surgit lorsqu'on s'interroge sur la réalisation — immédiate ou discursive — de la transparence. Le commentaire qui suit la citation, page 681, tend à imposer la première version, refusant de «fonder la beauté formelle sur un travail de perfectionnement volontaire» pour préciser aussitôt :

> Je ne cesse pas, au contraire, d'être porté à l'apologie de la création, de l'action spontanée et cela dans la mesure même où le cristal, par définition non améliorable, en est l'expression la plus parfaite.

Il s'agit donc de conjurer l'image de la transparence classique, fruit d'un travail. Le cristal serait le produit de l'illumination poétique, Révélation de l'absolu, par l'automatisme, triomphe de la conception romantique du symbole sur l'allégorie. Pourtant, le texte semble hésiter :

> C'est comme si tout à coup la nuit profonde de l'existence humaine était percée, comme si la nécessité naturelle, consentant à ne faire qu'une avec la nécessité logique, toutes choses étaient livrées à la transparence totale, reliées par une chaîne de verre

dont ne manquât pas un maillon. L'amorce d'un contact, entre tous éblouissant, de l'homme avec le monde des choses... (711)

Fulgurance de l'œuvre qui éclaire «tout à coup» le monde et assure «un contact entre tous éblouissant»; mais la transparence du cristal apparaît aussi comme l'aboutissement d'un processus symbolisé par la «chaîne de verre»[46]. Ce processus est celui de la science supérieure capable, selon le modèle de la dialectique hégélienne, d'articuler les séries causales de la «nécessité naturelle» et de «la nécessité logique».

Cristal et beauté convulsive

La soudaineté n'est d'ailleurs pas le seul attribut de la beauté. La beauté «convulsive» annoncée à la fin de *Nadja* réapparaît ici sous une forme plus détaillée (680, 687) :

La beauté convulsive sera érotique-voilée, explosante-fixe, magique-circonstancielle ou ne sera pas. (687)

Les paires d'adjectifs marquent l'ambivalence : «érotique» se situe en effet du côté de la transparence rêvée[47]. Il forme donc avec «voilée» un couple antithétique. «Magique-circonstancielle» dit peut-être l'opposition de l'important et de l'anecdotique. Mouvement et immobilité, dans la paire «explosante-fixe», indiquent par avance la dualité du cristal, minéral solide et fruit d'une cristallisation, donc du figement progressif d'une matière mobile. Le terme revêt de surcroît une forte dimension hégélienne : une *Lettre à A. Rolland de Renéville*, datée de février 1932 — lettre d'hommage à la poésie de Char —, le confirme :

J'estime que la cristallisation, au sens hégélien de «moment où l'activité mobile et sans repos du magnétisme atteint à un repos complet», que Char obtient sans cesse de sa pensée prête à chaque ligne d'*Artine*, de *L'Action de la justice est éteinte*, une transparence et une dureté extrêmes qui lui sont propres et le gardent plus que tout autre du poncif surréaliste...[48]

Le cristal serait donc le garde-fou contre les divagations de sens liées à une certaine pratique de l'automatisme; pourtant l'écriture l'entoure de connotations négatives. L'*Introduction au discours sur le peu de réalité* comparait le poète à «Thésée enfermé pour toujours dans son labyrinthe de cristal»[49]. Le labyrinthe, symbole de l'inconscient, est peut-être devenu accessible à la connaissance, mais on y reste prisonnier. Reprenant dans la lettre finale le thème initial de la maison transparente, Breton évoque aussi sa «fameuse maison *inhabitable* [je souligne] de sel gemme» (784). L'image appelle aussi son contraire.

Coraux et plantes

Gracq a analysé l'ambiguïté de la prose bretonienne, partagée entre le «joug rationnel de la syntaxe» et la résistance du mot, «rebelle à toute sujétion définitive»[50]. Les images révèlent la même dualité. La faune calcifiée du corail s'oppose au cristal :

> Si le lieu même où la «figure» — au sens hégélien de mécanisme matériel de l'individualité — par-delà le magnétisme atteint sa réalité est par excellence le cristal, le lieu où elle perd idéalement cette réalité toute-puissante est à mes yeux les coraux, pour peu que je les réintègre comme il se doit à la vie, dans l'éclatant miroitement de la mer. (681)

Les «haies de mésanges bleues de l'aragonite» (variante du cristal) doivent alors s'associer au «pont de trésors de la «grande barrière» australienne» pour représenter le «processus de formation et de destruction de la vie» (682). Et Breton d'imaginer une troisième condition pour définir la beauté convulsive : «Le sentiment poignant de la chose révélée» (682). Nécessité et insuffisance de la métaphore textuelle pour décrire le fait esthétique.

Le végétal est aussi appelé en renfort. En amont de l'illumination : la «*sensitive*» est cette «herbe d'énigme» qui prélude au «don absolu d'un être à un autre» (750). Elle évoque le chaos ou au moins la surprise de la sensation, non encore éclairée par la réciprocité de l'amour. En aval apparaît enfin le sempervivum.

C'est une des curiosités de la flore des Canaries, dont les paysages de nature «en marche vers l'homme»[51], font affleurer, derrière la façade paradisiaque, un monde de pulsions mêlant jouissance et angoisse. Après l'euphorbe, «superbe hydre laitière» qui saigne du «lait» et du «sperme» quand on la blesse à coups de pierre, le sempervivum retient l'attention :

> Autrement gênant est de s'arracher à la contemplation de cette espèce autochtone, je crois, de sempervivum qui jouit de la propriété effrayante de continuer à se développer en n'importe quelles conditions et cela aussi bien à partir d'un fragment de feuille que d'une feuille : froissée, piquée, déchirée, brûlée, serrée entre les pages d'un livre à tout jamais fermé, cette écaille glauque dont on ne sait s'il convient en fin de compte de la serrer contre son cœur ou de l'insulter, se porte bien. (740)

Étrangement fasciné, le narrateur se répand en détails qui suggèrent un double niveau de lecture — on y revient dans un instant. Voyons d'abord la confirmation de l'allégorie :

> Elle [l'espèce sempervivum] est belle et confondante comme la subjectivité humaine [...]. Non moins belle, non moins inextirpable que cette volonté désespérée d'aujourd'hui, qui peut être qualifiée de *surréaliste* aussi bien dans le domaine des sciences particulières que dans le domaine de la poésie et des arts, d'opérer à chaque instant la synthèse du rationnel et du réel, sans crainte de faire entrer dans le mot «réel» tout ce qu'il peut contenir d'irrationnel *jusqu'à nouvel ordre*. (741-743)

Avatar de l'écriture surréaliste, le sempervivum serait donc un contrepoint du cristal. Mais il désigne en même temps ce qui échappe à l'entreprise surréaliste, ce qui rend sa volonté «désespérée». On peut donc y voir aussi une image de la lecture. Cette plante «effrayante» et qui «se porte bien» est en effet capable de proliférer «à partir d'un fragment de feuille» et même entre «les pages d'un livre fermé». Elle éveille des sentiments ambivalents, comparables peut-être à ceux du scripteur pour l'herméneute, un être à «serrer contre son cœur» ou à «insulter». À moins que, «pour parer à toute velléité d'envahissement de la terre», on ne le fasse «bouillir»[52], réduisant son langage en quête de nouveauté à ce «langage cuit» raillé par Desnos!

Du scripteur à l'interprète, le sempervivum rappelle le fascinant et inquiétant engendrement du sens que rien ne saurait fixer définitivement. Métaphore textuelle, il pourrait s'appliquer, autant qu'au texte d'origine, au texte du critique, ainsi alerté sur les failles et non-dits de sa propre subjectivité, quand bien même il prétendrait passer avec le texte un «contrat d'impersonnalité»[53].

*
* *

Hantée par l'absolu de la connaissance et de la passion, l'écriture de Breton ne pouvait donc manquer d'inscrire un épisode original dans le feuilleton allégorique ouvert dès les origines de la littérature. Rien de surprenant, à vrai dire, pour un mouvement qui, sous un athéisme virulent, développa peut-être une des dernières grandes formes de religiosité laïque. Entre mythologie et onirisme, automatismes poétiques et réflexion concertée, le texte de *L'Amour fou* cherche pour soi et pour tous le chemin d'une Vérité à laquelle le cristal donne tout son éclat. Hegel en est l'agent syncrétique. On ne sait alors si «l'apparaître» poétique est, selon le mot de Heidegger à propos de la *Phénoménologie de l'esprit*, «la parousie de l'absolu»[54], ou si l'écriture renvoie cette vérité, par le dépassement dialectique qu'elle appelle, à un futur indéterminé. Quoi qu'il en soit, le «résidu» poétique charrie plus discrètement des métaphores théâtrales ou végétales[55] qui achèvent, dans la demi-conscience de l'écriture, d'ouvrir à d'autres voix que celle de l'auteur le champ interprétatif. Au plus secret de l'image, le «sempervivum» dit peut-être le lien intime et angoissant entre la survie de l'œuvre et la fin de ce rêve d'hégémonie.

NOTES

[1] Édition de référence : *Œuvres Complètes*, La Pléiade, II, 1992. Ce chapitre est la version légèrement remaniée d'une communication présentée le 3 juin 2003 dans le cadre du séminaire «Allégorie et symbole» organisé par le groupe de recherche ADONI de l'Université de Poitiers. La revue numérique *ASTU* éditée par le Centre de recherche sur le surréalisme de l'Université de Paris III en a repris le texte en juin 2003.
[2] Le livre publié en 1928 se termine sur un bouquet d'allégories dont la fleur principale n'est autre que Nadja elle-même, emblème de la «beauté convulsive».
[3] Dans *Arcane 17* (1944-1947), dont le titre renvoie aux lames du tarot, l'allégorie exploite poétiquement le réservoir des symboles alchimiques. Sur le rapport entre l'écriture de Breton et l'ésotérisme, lire Michel Carrouges, *André Breton et les données fondamentales du surréalisme*, Gallimard, 1950.
[4] Le récit est inspiré par la rencontre, le 19 mai 1934, de la danseuse de music-hall Jacqueline Lamba — «l'Ondine». De cette liaison passionnée et orageuse naît en décembre 1935 une fille, que Breton nomme dans le livre «Écusette de Noireuil» : la lettre du dernier chapitre est adressée à la jeune fille qu'elle sera quinze ans plus tard.
[5] Julien Gracq, «Spectre du Poisson soluble», *André Breton – Essais et témoignages*, recueillis par Marc Eigeldinger, La Baconnière, Neuchâtel, 1950, rééd. in Julien Gracq, *Œuvres complètes*, éd. La Pléiade, I, p. 909.
[6] Le projet de refonder une mythologie moderne est largement partagé au sein du groupe surréaliste. On pense en particulier à la «Préface à une mythologie moderne» d'Aragon, par quoi s'ouvre *Le Paysan de Paris* (1926).
[7] *Introduction au discours sur le peu de réalité*, *Commerce*, 1925, Gallimard, 1927, *Œuvres complètes*, II, p. 265 et 275.
[8] Voir à ce sujet Stéphane Toulouse, «La lecture allégorique d'Homère chez Porphyre : principes et méthode d'une pratique philosophique», in *La Lecture littéraire*, n° 4, «L'allégorie», Klincksieck, février 2000, p. 25-50; et Jean Pépin, *Mythe et allégorie*, Aubier-Montaigne, 1958.
[9] P. Lacoue-Labarthe, J.-L. Nancy, *L'absolu littéraire*, Seuil, 1978.
[10] Schelling, «Schème, allégorie, symbole», 1802, *Textes esthétiques*, Klincksieck, présentation Xavier Tilliette, p. 48.
[11] Schlegel, *Discours sur la mythologie*, in *Entretien sur la poésie*, L'Athenaeum, 1800, repris dans *L'absolu littéraire*, p. 311-315.
[12] J.W. von Goethe, *Ecrits sur l'art*, Flammarion, coll. «Garnier-Flammarion», 1996, p. 310.
[13] «La représentation selon laquelle l'universel signifie le particulier, ou selon laquelle le particulier est intuitionné au moyen de l'universel, est *schématisme*. La représentation selon laquelle le particulier signifie l'universel, ou selon laquelle l'universel est intuitionné au moyen du particulier, est *allégorique*. La synthèse des deux, où ni l'universel ne signifie le particulier, ni le particulier l'universel, mais où les deux ne font qu'un absolument, est le *symbolique* [...]. La mythologie prend fin dès que l'allégorie commence» («Schème, allégorie, symbole», *op. cit.*).
[14] Julien Gracq identifie deux «sortes de traitement de l'écriture» chez Breton : «D'une part, l'écriture automatique proprement dite (celle du *Poisson soluble*, de *L'Immaculée Conception*), d'autre part, les exposés concertés que représentent les *Manifestes*, *Point du jour*, *Les Vases communicants*» (*André Breton*, in Julien Gracq, *OC*, II, p. 495). *L'Amour fou* est peut-être le texte qui fait le mieux apparaître l'association et l'interaction des deux écritures.
[15] P. 685, 707, 717, 737, 750, 768.

[16] Devant Nadja, Breton se décrit déjà «comme un homme foudroyé aux pieds du Sphinx», ne dissociant amour et énigme qu'à la fin du récit, quand la femme réelle [Suzanne Muzard] aura en quelque sorte pris dans sa pensée le relais de Nadja, figure allégorique : «Je dis que tu me détournes pour toujours de l'énigme» (Breton, *Nadja*, *OC*, I, p. 714 et 752).

[17] Marguerite Bonnet rappelle que l'alchimiste Nicolas Flamel «aurait fait couvrir le petit portail [de la tour] de figures emblématiques et hiéroglyphiques en 1389», *Notice*, p. 1916. Nicolas Flamel et les alchimistes avaient déjà fait l'objet d'une présentation élogieuse dans le *Second Manifeste du surréalisme*, *OC*, I, p. 818-819.

[18] Voir notamment les commentaires de Marguerite Bonnet, dans l'édition Pléiade des *Œuvres complètes*.

[19] Le texte des *Vases communicants* (1932) constitue à cet égard une étape importante.

[20] Livre de Friedrich Engels. Voir à ce sujet le commentaire de M. Bonnet, p. 1712.

[21] *OC*, I, p. 781.

[22] *Notice*, p. 1722.

[23] Guy Ducrey a montré également ce que «l'Ondine» Jacqueline Lamba doit à la Faustine de Raymond Roussel (Locus solus) et avant lui au «mythe [...] de la Danseuse, tel que l'avait élaboré, après Baudelaire, le XIXe siècle finissant» («Les danseuses d'André Breton», in *Cahiers de l'Herne*, «André Breton», L'Herne, 1998, p. 203-213.

[24] Par cette expression, souvent reprise dans *Les Vases communicants*, Breton désigne la traduction française de l'ouvrage de Freud *die Traumdeutung* (1900).

[25] Jean Starobinski, «Freud, Breton, Myers», texte publié dans *André Breton – Essais et témoignages*, recueillis par Marc Eigeldinger, *op. cit.*, repris dans Jean Starobinski, *La relation critique*, Gallimard, 1970, rééd. 2001, p. 398.

[26] Citation amplifiée (p. 709) par un autre passage du même livre sur «les deux instincts» de vie et de mort qui s'affrontent dans les comportements humains. *Le Moi et le Soi* (traduction S. Jankélévitch, 1927) est connu aujourd'hui sous le titre *Le Moi et le Ça* (traduction J. Laplanche, 1981).

[27] «Mon autoanalyse reste en plan. J'en ai maintenant compris la raison. C'est parce que je ne puis m'analyser moi-même qu'en me servant de connaissances objectivement acquises comme pour un étranger. Une vraie auto-analyse est réellement impossible sans quoi il n'y aurait plus de maladie. Comme mes cas me posent certains autres problèmes, je me vois obligé d'arrêter ma propre analyse» (Freud, *Lettre à Wilhelm Fliess du 14 novembre 1897*, citée dans Elisabeth Roudinesco et Michel Plon, *Dictionnaire de la psychanalyse*, Fayard, 1997, p. 80).

[28] Voir Jean Starobinski, article cité.

[29] Jean Guillaumin, *Le Rêve et le Moi*, PUF, coll. «Le Fil rouge», 1979, p. 204.

[30] Jean Bellemin-Noël, «Des vases trop communiquant», in *Biographies du désir*, PUF, 1988, p. 128-138.

[31] Lire à ce sujet les positions hostiles à l'homosexualité prises par Breton, Péret et Unik à l'occasion des «Recherches sur la sexualité», dans *Archives du surréalisme*, 4, Janvier 1928-août 1932, présenté et annoté par José Pierre, Gallimard, 1990, p. 39-40.

[32] Le narrateur cherche à persuader par tous les moyens de l'authenticité de son récit, utilisant notamment les documents photographiques qui l'illustrent comme autant de preuves de l'irruption du merveilleux dans la vie ordinaire.

[33] François Migeot, «L'amour fou dans le sillage de la narration», *Mélusine*, XI, L'Âge d'Homme, 1990, p. 236.

[34] *Op. cit.*, p. 241.

[35] «Comment ne pas se surprendre à vouloir aimer ainsi, au sein de la nature réconciliée? Elles sont pourtant là les interdictions, les sonneries d'alarme, elles sont toutes prêtes à entrer en branle, les cloches de neige du datura au cas où nous nous aviserions de mettre

cette barrière infranchissable entre les autres et nous» (744). Rappelons que le datura est une plante toxique des régions chaudes...

[36] Ainsi que le montra par exemple Freud dans le célèbre article «La création littéraire et rêve éveillé» (1908), repris dans *Essais de psychanalyse appliquée*, Gallimard, «Idées», 1975, p. 69-81.

[37] «Rien de tout cela ne vaut, ces propositions sont contraires à ce qui fait l'originalité et la fécondité du freudisme [...]. Le psychanalyste n'est pas — Fliess n'a pas été pour Freud au cours de son auto-analyse — un *témoin de la vie* du sujet», *op. cit.*, p. 168.

[38] Rêvant sur la pantoufle de vair de Cendrillon et sur son rapport avec la cuiller-soulier, Breton évoque la «fourrure de vair, lorsqu'elle n'était constituée que de dos d'écureuils» (707). Retrouvant un peu plus loin «le visage que j'avais follement craint de ne jamais revoir», le narrateur note : «Son sourire à cette seconde me laisse aujourd'hui le souvenir d'un écureuil tenant une noisette verte» (p. 714-715).

[39] Au contraire, *Arcane 17* refermera la faille ici maintenue en recourant au mythe de la femme enfant : «En elle et seulement en elle me semble résider à l'état de transparence absolue l'autre prisme de vision dont on refuse obstinément de tenir compte...» (*OC*, III, p. 68).

[40] Voir à ce sujet Marguerite Bonnet, *Notice*, p. 1692-1693.

[41] Voir à ce sujet notre ouvrage, *Le lecteur et le livre fantôme, Essai sur La Défense de l'infini de Louis Aragon*, *op. cit.*, p. 316-319.

[42] «Pour moi, je continuerai à habiter ma maison de verre, où l'on peut voir à toute heure qui vient me rendre visite» (*Nadja*, *OC*, I, p. 651).

[43] Le narrateur s'en prend vertement à Kant, emblème d'un rationalisme trop abstrait, et lance : «Moustique, va! Tu prends les marécages pour la terre ferme. Tu ne t'enliseras donc jamais! Tu ne connais pas la force infinie de l'irréel» (*Le Paysan de Paris*, Gallimard, 1926, rééd. «folio», 1972, p. 76).

[44] Selon le mot de Gracq rappelé ici en introduction.

[45] Hegel, *Esthétique*, Librairie Générale Française, 1997, trad. Charles Bénard, revue et complétée par Benoît Timmermans et Paolo Zaccaria, rééd., Classiques de Poche, I, p. 728.

[46] Convergence après les divergences : Aragon dans *Le Paysan de Paris* appelle le mythe «chemin de la conscience» et «le stupéfiant image», «voie de la connaissance». On pourra, pour plus de précisions, lire notre étude «Présence de l'allégorie» dans le volume *Une tornade d'énigmes* Le Paysan de Paris *d'Aragon*, L'Improviste, 2003, p. 171-189.

[47] «L'Air de l'eau» évoquait déjà, en 1934, le désir de «poser mes lèvres sur tes cuisses de verre» (*OC*, II, p. 402). Voir, à ce sujet, Jeanne-Marie Baude, «Transparence et opacité dans la poésie d'André Breton», *Mélusine*, n° 2, L'Âge d'Homme, 1981, p. 117-129.

[48] *Lettre à A. Rolland de Renéville*, février 1932, reprise dans *Point du jour*, 1934, *OC*, II, p. 329.

[49] *Op. cit.*, p. 265.

[50] Julien Gracq, *André Breton*, *op. cit.*, p. 480-481.

[51] Julien Gracq, «Spectre du Poisson soluble», *op. cit.*, p. 911.

[52] «J'oubliais que, pour parer à toute velléité d'envahissement de la terre par le sempervivum, les hommes n'ont rien trouvé de mieux — à vrai dire rien d'autre — que de le faire bouillir» (p. 743).

[53] Jean Bellemin-Noël, «Des Vases trop communiquant», *op. cit.*, p. 133.

[54] Heidegger, «Hegel et son concept de l'expérience», in *Holzwege*, 1949, trad. Wolfgang Brokmeier, Gallimard, 1962, *Chemins qui ne mènent nulle part*, rééd. «Tel», p. 174.

[55] Cette apparition est un autre signe de convergence entre les deux figures de proue du surréalisme, qui persiste des années après la rupture. Aragon compare en 1928 l'orage de son style aux espèces incontrôlables : «Les fougères! Ici c'est chez toi. Partout, quand

surgissent ces verdures inquiétantes, qui révèlent par leur plénitude un sous-sol infidèle et de dormantes eaux, ton royaume s'étend, où le lecteur se perd» (*Traité du style*, *op. cit.*, p. 173 et *supra* chapitre 3). Dans ce lecteur qui «se perd», il faut d'abord entendre le scripteur tentant de ressaisir ce qu'il a, avec «sa gaffe de mots» (*Le Paysan de Paris*, Folio, p. 186), fait remonter des tréfonds de sa psyché.

Chapitre 12
Roman de l'auteur

> «Chacun d'eux était d'abord le personnage mythique né de tous les écrits qu'il avait signés, comme un personnage de roman naît de tous les propos que lui prête l'auteur. Le rêve que nous faisons de telles personnalités, c'est une aptitude imaginaire à répondre de ce qu'elles ont écrit, aux questions qui leur furent posées par la vie et les hommes.»
> (André Malraux, *Le Démon de l'absolu*)

Le lecteur peut-il chasser de sa pensée toute représentation dirigée, en-deçà du texte, vers celui qui l'a écrit? On l'a prétendu à l'époque de la «mort de l'Auteur», en réaction à la critique traditionnelle soumise à l'autorité suprême du créateur, garante du sens. Le retour de l'auteur semble aujourd'hui se profiler, annoncé parfois par ceux-là mêmes qui avaient contribué à abattre sa statue. Pour la société du spectacle et de la consommation médiatique dont se poursuit le développement, l'auteur n'est à vrai dire jamais mort. En témoignent, entre autres, la prolifération des biographies en tous genres et la persistance de ces émissions littéraires qui remplacent le rapport au texte par le rapport à l'homme. Il convient moins, pourtant, de restaurer une théorie ancienne que de rajuster les perspectives. La conception de la lecture défendue dans cet essai, celle d'une lecture littéraire revendiquant sa part de création, n'annule pas l'acte créateur initial, à l'origine du texte lu. On peut dans cette optique envisager de maintenir les notions d'auteur, personne et fonction mêlées, ainsi que d'œuvre; les pages qui précèdent ont d'ailleurs anticipé sur ces choix; pour appréhender au plus juste cette figure insaisissable, on avancera une dernière fois l'image du roman, roman des sources enfouies, par quoi, peut-être, s'appréhende l'objet «auteur» construit au fil des lectures et logé quelque part au fond de la toile. Écrivains et biographes nous ont précédé dans cette voie. Le roman de l'auteur échafaudé par le lecteur est appelé à en tenir compte, mais ne saurait se confondre avec ces fictions préfabriquées.

Retour de l'Auteur?

La difficulté tient d'abord à la terminologie. Auteur, écrivain, homme de lettres, scripteur, porte-plume, locuteur, narrateur... : la liste serait longue de ces termes aux acceptions flottantes, mais qui engagent un rapport à l'écrit, qu'on peut décider de nommer œuvre ou texte. Le choix des mots n'est pas innocent; l'enjeu en est l'importance spécifique accordée à celui qui intervient en amont des textes. Sans doute est-il bon de rappeler tout ce que la critique autour des années soixante-dix a apporté de salutaire dans l'étude des Lettres avant d'effectuer un retour, même partiel, aux notions d'auteur et d'œuvre.

Histoire littéraire, déterminismes, textualité

La tradition universitaire héritée du XIXe siècle privilégie l'auteur, foyer de la création, autorité garantissant le sens. L'histoire littéraire étudie «l'homme et l'œuvre», elle accumule l'érudition plus ou moins gratuite pour expliquer l'une à la lumière des intentions prêtées à l'autre. Dans ses formes évoluées, sous la plume d'un Lanson, elle s'efforce d'articuler le singulier et le général, mais reste prisonnière d'une conception du génie individuel, comme ressort ultime de la qualité littéraire :

> Nous devons pousser à la fois en deux sens contraires, dégager l'individualité, l'exprimer en son aspect unique, irréductible, indécomposable, et aussi replacer le chef-d'œuvre dans une série, faire apparaître l'homme de génie comme le produit d'un milieu et le représentant d'un groupe.[1]

Excluant le facteur du génie individuel, la sociocritique reprendra une partie de l'héritage lansonien; elle cherchera à comprendre l'œuvre littéraire par les formations discursives nées dans les groupes sociaux. Goldmann explore dans *Le Dieu caché*[2] le lien entre la noblesse de robe, le jansénisme et la vision tragique, à l'œuvre dans les tragédies de Racine. Le sujet individuel est ainsi remplacé par un sujet collectif ou transindividuel. L'idiolecte, langage unique de l'œuvre, devient le lieu de rencontre des sociolectes. Le biographisme, critique plus naïve, est obnubilé par la vie de l'Auteur, principe explicatif ultime. Sociocritique et biographisme sont néanmoins deux formes de déterminisme renvoyant le phénomène littéraire à des causes externes.

La «nouvelle critique» se distingue de ces courants par l'attention portée dans l'écriture au travail du sens ou signifiance. L'essai *Sur Racine*[3] entend ainsi renouveler l'approche du texte racinien. Pour Roland Barthes, le langage moderne, informé par la psychanalyse et le structuralisme, fait émerger les significations latentes du texte ancien et confère à la lecture un intérêt renouvelé. La controverse avec Raymond Picard à propos de cet essai fut un des temps forts de ce nouvel affrontement entre Anciens et Modernes. Amené à préciser sa position, Barthes souligne le défaut de «la critique biographique qui établit une relation systématique entre l'œuvre et la vie de l'auteur»; il cite en renfort Valéry : «L'œuvre dure en tant qu'elle est capable de paraître tout autre que son auteur l'avait faite»[4].

L'article fameux sur «La mort de l'auteur» (1968) accentue cette position et l'associe au rejet de l'œuvre, close, au profit du texte, ouvert au jeu sans fin de la signifiance :

> L'Auteur une fois éloigné, la prétention de «déchiffrer» un texte devient tout à fait inutile. Donner un auteur à un texte, c'est imposer à ce texte un cran d'arrêt, c'est le pourvoir d'un signifié dernier, c'est fermer l'écriture. [...] Par là même, la littérature (il vaut mieux dire désormais l'*écriture*), en refusant d'assigner au texte (et au monde comme texte) un «secret», c'est-à-dire un sens ultime, libère une activité que l'on pourrait appeler contre-théologique, proprement révolutionnaire, car refuser d'arrêter le sens, c'est finalement refuser Dieu et ses hypostases, la raison, la science et la loi.[5]

Il faut naturellement replacer ces lignes dans leur contexte d'époque. Plus largement, c'est bien encore, avec la notion d'auteur, celle de déterminisme qui est rejetée, en tant que principe renvoyant le sens du texte à une cause extérieure. Dans le même temps se trouve souligné le jeu interne de la langue, comme processus créateur, et Barthes de noter au passage le rôle des précurseurs dans cette conception nouvelle : Mallarmé qui proclama la «disparition élocutoire du poète»; Proust, dont le *Contre Sainte-Beuve* affirmait la nécessaire coupure entre l'homme et l'œuvre, ce que redit aussi la *Recherche* qui consacre la place éminente du sujet de l'écriture; les surréalistes même, dont l'écriture automatique serait un défi à l'Auteur, propriétaire du sens.

Le corollaire de cette mort annoncée est la promotion du lecteur, opposé à la dissémination du sens :

> Il y a un lieu où cette multiplicité se rassemble, et ce lieu, ce n'est pas l'auteur, comme on l'a dit jusqu'à présent, c'est le lecteur : le lecteur est l'espace même où s'inscrivent, sans qu'aucune ne se perde, toutes les citations dont est faite une écriture; l'unité d'un texte n'est pas dans son origine, mais dans sa destination, mais cette destination ne peut plus être personnelle : le lecteur est un homme sans histoire, sans biographie, sans psychologie; il est seulement ce quelqu'un qui tient rassemblées dans un même champ toutes les traces dont est constitué l'écrit. [...] Il faut renverser le mythe : la naissance du lecteur doit se payer de la mort de l'Auteur.[6]

Ce texte capital contribua certainement à orienter la théorie littéraire durant les dernières décennies sur la piste du lecteur. Il appelle néanmoins par le caractère péremptoire de ses formulations trois remarques. 1. Ce lecteur capable de rassembler toutes les significations pour parvenir à une Science du Texte relève d'un mythe de la théorie dont nous avons déjà fait plus haut la critique (voir *supra* 4, *Lecture et fiction*). Il ne s'agit que d'un état provisoire de la pensée barthesienne, d'ailleurs en contradiction avec la critique du déterminisme par la science évoqué il y a quelques instants, et dénoncé implicitement par la formule finale. «Renverser le mythe» pour l'appliquer à la lecture, c'est en effet échanger une part d'illusion contre une autre. 2. Le lecteur réel ne saurait être confondu avec cette instance désincarnée, peut-être postulée par l'écriture, mais certainement incapable d'effectuer la moindre opération effective de lecture pour cause d'inexistence! 3. Enfin, Barthes oublie curieusement que le scripteur fut aussi le premier lecteur de sa production; lecture et régulation de l'écrit interagissent, comme le savent tous ceux qui s'essayent à l'écriture.

S/Z (1970) paraît encore tenir le même discours :

> Notre littérature est marquée par le divorce impitoyable que l'institution littéraire maintient entre le fabricant et l'usager du texte, son propriétaire et son client, son auteur et son lecteur.[7]

Pour «faire du lecteur non plus un consommateur mais un producteur du texte», il faut s'affranchir de l'auteur, passer du texte *lisible*, texte «classique» aux significations closes, au texte *scriptible*, ouvert à la production continue du sens. Cette alternative radicale laisse peu de place à la nuance, ainsi qu'on l'a montré (voir *supra*, chapitre 1). Entre la catégorie fuyante du *scriptible* et le *texte de lecture* existe tout l'écart du virtuel à la réalisation effective. Après *S/Z* s'effectue un certain retour à l'auteur qu'on examinera plus loin.

Au même moment, Michel Foucault développe une théorie peut-être plus rigoureuse. La conférence «Qu'est-ce qu'un auteur?»[8] (1969) décrit l'auteur comme un effet textuel historiquement daté. L'effacement de l'auteur en tant qu'origine éternelle du texte laisse place à la *fonction auteur* définie par quatre paramètres : 1. l'apparition d'un nom; 2. un rapport d'appropriation; 3. un rapport d'attribution; 4. une position variable dans le livre et dans le champ discursif. Comme Barthes, Foucault envisage l'écriture comme «pratique» et non comme «résultat»; elle est pour lui cet «espace où le sujet écrivant ne cesse de disparaître»[9]. Il récuse aussi la notion d'œuvre pour lui substituer celle ce *champ discursif*; il juge impossible de délimiter dans le continuum des productions textuelles un espace spécifique, car les écrits de l'auteur peuvent tout mêler : propos plus ou moins achevés, brouillons, ratures ou écrits à caractère domestique :

> La fonction auteur est [...] caractéristique du mode d'existence, de circulation et de fonctionnement de certains discours à l'intérieur d'une société.[10]

Foucault souligne la signification primitivement pénale du rapport d'appropriation : l'auteur est d'abord celui à qui l'on peut demander des comptes, avant de devenir le bénéficiaire d'une propriété exercée sur le texte. Différentes études ont confirmé cette historicité de l'auteur. Paul Zumthor a montré sa relative absence de la littérature médiévale, plutôt tournée vers le récitant ou le copiste[11]. Selon Yves Delègue, c'est la Renaissance, notamment avec l'apparition de l'imprimerie, qui voit se développer les conditions d'émergence de l'auteur[12]. Alain Viala situe au XVIIe siècle la naissance de l'écrivain[13], avec son statut social d'homme vivant de sa plume et acquérant de ce fait une relative autonomie. Alain Brunn rappelle pourtant que «le droit d'auteur ne sera reconnu qu'au XVIIIe siècle»[14]. La perspective historique conduit à relativiser l'importance de l'auteur comme créateur de l'œuvre. On observe néanmoins, dans la fin de la conférence de Foucault, un retour, certes historicisé, de cette idée de création, déplacée à l'échelle de la discursivité :

> Il me semble qu'on a vu apparaître, au cours du XIXe siècle en Europe, des types d'auteurs assez singuliers et qu'on ne saurait confondre ni avec les «grands» auteurs littéraires, ni avec les auteurs de textes religieux canoniques, ni avec les fondateurs de sciences. Appelons-les, d'une façon un peu arbitraire, «fondateurs de discursivité». Ces auteurs ont ceci de particulier qu'ils ne sont pas seulement les auteurs de leurs œuvres, de leurs livres. Ils ont produit quelque chose de plus : la possibilité et la règle de formation d'autres textes.[15]

Marx et Freud sont cités par Foucault comme les meilleurs exemples de ces «fondateurs de discursivité». Il admet ainsi l'ébranlement exercé dans le champ textuel par certains écrits, fussent-ils rangés dans la catégorie générale des discours. Même en le rebaptisant «producteur», il n'est pas aisé de se débarrasser totalement de l'individu à l'origine de ces discours... Quant à ces textes déterminant la «possibilité [...] d'autres textes», leur champ pourrait facilement être étendu aux textes littéraires qui ont nourri des textes de lecture, ce qui serait un indice possible de qualité littéraire.

Il convient néanmoins de prendre en compte les nuances d'une pensée parfois trop vite étiquetée : Foucault évoque, à propos des retours qu'effectuent les auteurs à Freud ou à Marx, «une sorte de couture énigmatique de l'œuvre et de l'auteur»[16]. Cette intéressante remarque fait écho à notre propos.

Restauration ou mutation de l'auteur

Le terme «auteur» demeure chargé d'ambiguïté. Outre le rôle social (l'auteur, l'écrivain), le rôle textuel et ses transpositions (scripteur, locuteur, narrateur, énonciateur lyrique...), il peut aussi désigner le sujet empirique, celui à qui certains événements sont réellement arrivés.

Comment prendre en compte cette multiplicité des perspectives? Barthes, encore lui, a posé les jalons de ce chemin qui explore à rebours, mais en un sens nouveau, ce qui avait été précédemment nié. Il admet dans *Sade, Fourier, Loyola* (1971) que

> le plaisir du Texte comporte aussi un retour amical de l'auteur. L'auteur qui revient n'est certes pas celui qui a été identifié par nos institutions (histoire et enseignement de la littérature, de la philosophie, discours de l'Église); ce n'est même pas le héros d'une biographie. L'auteur qui vient de son texte et va dans notre vie n'a pas d'unité; il est un simple pluriel de «charmes», le lieu de quelques détails ténus, source cependant de vives lueurs romanesques, un chant discontinu d'amabilités, en quoi nous lisons la mort plus sûrement que dans l'épopée d'un destin; ce n'est pas une personne (civile, morale), c'est un corps.[17]

Le retour est certes prudent. Retrancher la «personne (civile, morale)» de cet auteur nouveau relève encore de l'abstraction difficilement admissible. La restauration du corps est cependant une première réaction contre une théorie trop désincarnée de l'écriture. Ce corps appartient au sujet empirique par qui s'est accomplie l'écriture. Il est un corps traversé d'événements pour qui Barthes invente le terme de *biographèmes* :

> J'aime certains traits biographiques qui, dans la vie d'un écrivain, m'enchantent à l'égal de certaines biographies; j'ai appelé ces traits des «biographèmes»; la Photographie a le même rapport à l'Histoire que le biographème à la photographie.[18]

Ces traits biographiques sont d'ailleurs loin d'être exclusivement corporels : il suffit de lire les notices morcelées de *Sade, Fourier* pour s'en convaincre[19]. Hors texte, le corps de l'écrivain est le lieu dans lequel a surgi l'événement écriture, produit de déterminations multiples (sociales, historiques, culturelles, affectives) et d'un entraînement spécifique par les mots, correspondant peut-être à la marge de liberté créatrice utilisée par le scripteur.

Le lecteur, en tant que créateur associé, a besoin de retrouver l'écho de cette impulsion initiale : c'est ce qu'affirme plus nettement *Le plaisir du texte* (1973) qui conjugue encore l'idée avec la mise à mort de l'auteur :

> Comme institution, l'auteur est mort : sa personne civile, passionnelle, biographique, a disparu; dépossédée, elle n'exerce plus sur son œuvre la formidable paternité dont l'histoire littéraire, l'enseignement, l'opinion avaient à charge d'établir et de renouveler le récit, mais dans le texte, d'une certaine façon, *je désire* l'auteur : j'ai besoin de sa figure (qui n'est ni sa représentation, ni sa projection), comme il a besoin de la mienne (sauf à «babiller»).[20]

«Figure» : le mot est lâché, qui rappelle par son étymologie la fiction seconde et la dimension poétique du langage évoquées plus haut (IV, «Lecture et fiction»). C'est aussi le terme choisi par Maurice Couturier pour appréhender la représentation de l'auteur de roman dans son essai *La Figure de l'auteur*[21]. On aura noté également, il y a quelques instants, cet auteur «source [...] de vives lueurs romanesques». Voici donc le roman pour approcher l'inconcevable. Car il s'agit de mettre en relation des entités fragmentées : le sujet empirique en ses biographèmes (corporels, historiques, culturels); le scripteur, figure abstraite du sujet écrivant, en qui se réunissent en principe les contradictions textuelles; le tout par cette construction, l'*auteur romancé*, qui n'est plus seulement effet de texte, «fonction auteur», mais effet second de lecture. Ce que suggérait à sa manière un autre article de Barthes, «De l'œuvre au texte» (1971) : «Sa vie n'est plus l'origine de ses fables, mais une fable concurrente à son œuvre»[22]. Autre fable, donc, peut-être même inventée à partir de l'œuvre. Observons que si Barthes fait encore dans cet article l'éloge du texte, ouvert au jeu du lecteur, contre l'œuvre fermée sur les significations détenues par l'auteur, il marque bien le lien entre ces deux restaurations partielles : l'auteur, son œuvre.

Pour savoir si le déplacement de l'attention vers la source du texte revêt une pertinence, revenons encore au scripteur. Ce sujet écrivant est-il une illusion, derrière laquelle se cachent d'autres déterminismes socioculturels? Un simple effet de texte? Une forme vide? Ou peut-on déceler sous cette étiquette la trace de l'acte créateur, l'inflexion particulière donnée à la parole, qui légitimerait le mouvement de pensée du lecteur vers la source?

Laurent Jenny apporte ici des éléments de réflexion avec ce qu'il nomme, dans *La Parole singulière* (1995), le «figural» :

> Appelons donc «figural» le processus esthético-sémantique qui conditionne la reconduction du discours à la puissance de l'actualité. [...] La matière sensible du discours a une valeur «déictique» en ce qu'elle se montre elle-même orientée vers le monde. Le figural est [...] doublement «représentatif. Il représente (imitativement) quelque chose du monde en re-présentant (en présentant à neuf) la forme de la langue.[23]

Le figural, parole «événement», manifeste une «triple singularité» : «non seulement l'énoncé a *une* forme, mais il procède d'*un* énonciateur et d'*une* circonstance»[24]. Cette singularité, pensée à partir du texte — «une forme» —, est également rapportée à des facteurs externes — l'«énonciateur», la «circonstance» — sur un mode tensionnel qui exclut le déterminisme réducteur. La parole ainsi envisagée n'est pas seulement expression de soi, elle est concurremment ce qui fait sortir le sujet de soi :

> Le figural projette et médiatise cette distance [à conquérir entre moi et l'autre qui motive ma parole] dans l'énoncé en y configurant le vacillement entre deux formes de la langue. Il faudra que, surmontant une rupture de communication, je passe par ces deux formes successivement identifiables comme celle de l'autre — novatrice — et la mienne — normative —, pour en mesurer le déplacement et la force d'adduction.

La perspective de l'énonciation adoptée par Jenny reste centrée sur la «source» du texte, mais elle laisse place, dans une certaine mesure, à une poétique de la lecture :

> Le figural ouvre un espace de méconnaissance et de conjecture. Car la forme qu'il avance est d'une consistance énigmatique et irréductible, sa disposition est certaine, mais son sens est au-devant d'elle.[25]

Les trois types de figuralité envisagés semblent confirmer cette bipolarisation. La *figuralité énonciative* — «qui ouvre la possibilité de l'énoncé à partir de la répercussion d'une différence première» — renvoie au pôle de l'auteur. La *figuralité rhétorique* — produite par un «calcul interlocutoire» — et la *figuralité discursive* — qui «rebondit sur la forme déjà close de l'énoncé et en relance le jeu différentiel»[26] partagent l'analyse entre les deux pôles de la production et de la réception sans tomber dans la facilité consistant à décrire le fait littéraire comme un dialogue. Car c'est plutôt ce moment de syncope du sens, par quoi le sujet s'arrache à lui-même, qui focalise à juste titre l'attention.

Dans une perspective diachronique, Mikhaïl Bakhtine avait affirmé peut-être plus nettement la nécessité de penser le langage des œuvres littéraires en le dégageant du seul système de la langue pour l'ouvrir à la circulation continue des énoncés. L'écriture et la lecture deviennent alors des productions cumulatives :

> La reproduction du texte par le sujet (retour au texte, relecture, exécution nouvelle, citation) est un événement nouveau, non reproductible dans la vie du texte, est un maillon nouveau dans la chaîne historique de l'échange verbal.[27]

Le *sur-destinataire* bakhtinien (voir *supra* chapitre 6) tentait déjà de penser, par les rapports dialogiques inter et intratextuels, ce que reprend la *figuralité discursive*, plus attentive à l'usage poétique de la langue.

Des répliques à la secousse initiale : figures de l'acte créateur

Mais l'auteur? Dira-t-on. La figure de l'auteur ne peut être pensée que si on lui assigne sa plus juste place. Le schéma de la communication reste ici très insuffisant. Bakhtine ne s'en échappe pas totalement : «échange», «destinataire», même avec un préfixe, entretiennent l'équivoque. «Communication différée» est à peine meilleur, qui supposerait encore un simple échange d'informations et gommerait la dimension esthétique du texte.

Maurice Couturier prend en compte, dans *La figure de l'auteur*, la reconstruction imaginaire opérée par le lecteur. Mais sa critique des théoriciens de la lecture conserve le schéma de la communication :

> La communication textuelle, notamment en milieu romanesque, n'est qu'une forme particulièrement sophistiquée de la communication intersubjective telle qu'elle se manifeste dans la conversation courante. [...] Les deux seuls points d'ancrage de la lecture-critique sont [...] bien, je le concède à Iser, le texte et le lecteur en tant que sujet signifiant. Cependant, alors qu'Iser considère le texte comme un objet signifiant désincarné, je le considère comme une interface entre deux interlocuteurs séparés l'un de l'autre dans le temps et l'espace mais qui se désirent, se cherchent et se fuient tout à la fois.[28]

La difficulté est là : le texte n'est pas un objet désincarné, mais le sujet qui lui a donné vie s'est pourtant définitivement absenté. Le plaisir du texte, qu'il soit de l'écrivain ou du lecteur, est lié à la projection d'un désir par quoi le sujet s'annule. Or, des désirs ne communiquent pas : au mieux se font-ils écho. Aussi l'image sismique est-elle peut-être plus appropriée : à l'ébranlement initial imposé au système de la langue par la *parole singulière* correspondraient une série de répliques d'ampleur variable : les textes de lecture. Chacune de ces répliques répète et prolonge le geste créateur dont les circonstances et la portée ne peuvent être qu'imaginées sur le mode de la conjecture, autrement dit du roman.

Une hiérarchie paraît ici devoir être réaffirmée. Car le texte «interface» pourrait devenir prétexte au dialogue intersubjectif; la relation à cet objet fantasmé, l'auteur, l'emporterait sur la relation à l'objet tangible, le texte. Or, l'auteur peut fort bien demeurer à jamais inaccessible sans que le plaisir de la lecture soit en rien altéré, comme le montrent de nombreux textes du Moyen Âge et de l'Antiquité. Il convient donc de relativiser l'importance de ce retour à l'auteur en prenant en compte la spécificité des écrits considérés.

La réflexion rencontre ici l'abondante littérature offrant au lecteur une représentation imaginaire de l'auteur.

Fictions d'auteurs

J'emprunte l'expression à un ouvrage collectif sur «l'auteur de l'Antiquité à nos jours». Dans sa «Présentation», Sophie Rabau invite à réfléchir sur tous ces auteurs «au statut référentiel incertain» :

> Que dire quand la biographie d'un auteur est un mélange inextricable de science et de fiction, quand le biographe est un mythographe qui garde en partie, cependant les traits de l'historien?[29]

Ces «fictions d'auteurs» sont aussi bien le fait des auteurs eux-mêmes. Quel crédit leur accorder? Mais d'abord, qu'entend-on ici par fiction? On retrouvera au passage la question du contrat de lecture.

Identités légendaires ou controversées

L'incertitude et la fiction grandissent à mesure que l'on remonte dans le temps. Les historiens antiques — Hérodote, Plutarque, et quelques autres — inventent ainsi un Homère tiré de ses œuvres, lui prêtant assez naïvement le cadre de vie et les aventures de ses personnages principaux[30]. Plus grave, des philologues modernes[31], emportés par le désir de combler les lacunes de leur savoir, empruntent aux *Vies* antiques et reprennent à leur compte des traits légendaires comme la cécité d'Homère. À quel degré de la fiction a-t-on ici affaire? Essayons de répondre à l'aide des critères avancés plus haut (chapitre 4).

Quelles que soient les entorses infligées par ces représentations à un référent historique perdu, cet Homère fictif, dans la mesure où il est pensé comme auteur de la double épopée, ne saurait être intégré à la sphère de la *fiction première* où évoluent ses personnages. Le pacte de feintise ludique sur lequel elle repose perd de son efficacité si le monde réel, celui de l'expérience vécue, est ressenti lui-même comme fabuleux. Or, les travaux des historiens antiques confirment ce brouillage des frontières : Hérodote ou Thucydide conçoivent leurs écrits comme des œuvres d'art mêlant Histoire et Légende. La distinction entre monde fictionnel et monde référentiel suppose qu'un réel «objectif», construit par le discours scientifique ait été élaboré et que le fabuleux ne soit pas considéré comme partie intégrante de l'expérience de réalité, ce qui semble avoir perduré jusqu'au Moyen-Âge, au moins[32]. Autrement dit, la fiction première n'a peut-être de pertinence réelle que pour les temps modernes. La fiction légende dans laquelle les *Vies* situent l'auteur Homère pourrait constituer une extension de la *fiction seconde*, liée à la dimension imaginaire ou poétique du langage. La fable, le mythe, comme figures poétiques d'un substrat historique inatteignable, en sont les formes les plus courantes. L'erreur ou la tromperie en relèvent aussi, pour autant qu'elles ne sont pas avouées comme telles, mais au contraire posées dans le contrat de lecture comme vérités. La *fiction induite* est également concernée; elle désigne le coefficient d'imaginaire qui continue d'affecter une recherche aussi savante et informée que possible. L'exemple des philologues modernes tend à prouver de manière troublante l'implication de ce troisième degré de fiction. La fiction d'auteur dans sa forme paroxystique est donc appréhendée selon un pacte référentiel suspect.

Ces légendes possèdent-elles quand même un fond de vérité? On l'a prétendu dès l'Antiquité, cherchant derrière les récits mythologiques l'expression allégorique de vérités historiques ou philosophiques (voir *supra* chapitre 11). Dans le cas présent, cette vérité s'éloignerait de la figure individuée de l'auteur pour viser une certaine généralité humaine. La cécité pourrait ainsi devenir l'emblème de la méconnaissance nécessaire à l'écriture. Pour le lecteur contemporain, surtout sensible au rayonnement de cet archétype littéraire — l'*Iliade* et l'*Odyssée* —, la représentation de l'auteur se définirait plutôt par le blanc qui affecte les traits historiques de sa figure. Elle revêt le charme de la grande distance ainsi suggérée. Tel est sans doute le sort des légendes épiques dans lesquelles la dimension des héros semble éclipser la source plus ou moins anonyme de l'écrit.

L'auteur, si incertaine soit sa figure, ne peut donc entrer en tant que producteur de ses œuvres dans la catégorie de la fiction première. Plus près de nous, la controverse sur l'auteur des *Lettres portugaises* n'échappe pas à la règle, car à supposer que l'attribution des lettres à la religieuse ait été perçue dès l'origine comme jeu, reprenant le topos déjà en cours du manuscrit prétendument trouvé — hypothèse qui semble démentie par ce qu'on sait de la première réception de l'œuvre[33] —, une telle supposition ne ferait que confirmer le statut de personnage de la religieuse, laissant derrière sa figure se profiler l'énigme de l'auteur réel.

Dans tous les cas d'identification douteuse, la valeur négative de la fiction auteur, signal de l'illusion, l'emporte sur sa valeur heuristique. Qu'en est-il, à présent, de la masse des textes qui placent au centre du discours un auteur à l'identité reconnue? Écriture de soi et écriture de l'autre en constituent les deux branches principales.

Le continent autobiographique

Ces autres formes de fiction seconde relancent le débat sur la métaphore et son pouvoir de connaissance[34]. La question a été souvent posée : peut-on croire l'auteur dans sa prétention à se dire? Il faudrait ici distinguer le mémorialiste, le diariste et l'autobiographe, tous assujettis, mais à des degrés divers, au pacte référentiel. Dans *Les Confessions*, archétype de l'autobiographie selon Philippe Lejeune[35], l'auteur jure d'emblée de dire toute la vérité sur lui-même. Le mémorialiste met davantage en avant la construction de sa figure littéraire, en relation avec la grande Histoire. C'est du moins l'impression que laisse l'image monumentale des *Mémoires d'outre-tombe*, par exemple. Mais chez l'autobiographe Rousseau, la densité de l'écriture, la construction complexe du récit, la mise en réseau métaphorique des épisodes dépassent, comme l'a bien montré Jean Starobinski, la volonté de transparence[36]. À l'écoute du texte, il est possible de traquer les non-dits jusque dans les aveux apparemment les plus impudiques — la scène fameuse de la fessée — et de lire ainsi la névrose de Jean-Jacques.

Pour le lecteur, une triple vérité peut surgir de la lecture de l'autobiographie, vérité sur l'auteur, sur l'homme (dans sa dimension générale) et vérité sur soi, obtenue par similitude et différenciation; on y reviendra. Cette vérité ne peut être atteinte que par une analyse critique du matériau mythique élaboré par l'autobiographe. Ainsi, le Livre premier des *Confessions* puise dans le répertoire antique — le mythe de l'Âge d'or — et chrétien — le mythe de la Chute — pour élaborer l'image de l'individu injustement persécuté. L'affaire se complique toutefois si l'on prend en compte l'ensemble des écrits de l'auteur et des tiers qui renchérissent sur cette dimension mythique. Le noyau de vérité du mythe risque d'être occulté par sa dimension négative — mensonge, affabulation, allégations. Dans le cas de Rousseau, le procès du misanthrope, mauvais père ou martyr, vient alors obscurcir l'essentiel, la lecture des textes.

Cette lecture devrait, pour ne pas être piégée par les apparences, associer au pacte référentiel ce que Philippe Lejeune nomme un pacte fantasmatique, rien moins, peut-être, qu'un abandon partiel de souveraineté, par le consentement auctorial à l'imaginaire. Voilà qui ne va pas sans réticences ni contradictions, même chez un moderne comme Sartre. Les références à la psychanalyse dans *Les Mots* marquent le savoir d'un auteur auquel n'a pas échappé le bouleversement introduit par Freud dans l'approche psychologique. Mais, depuis les années 1930, Sartre a mis au point son concept de *mauvaise foi* qu'il substitue plus ou moins à celui de censure. La «psychanalyse existentielle» dont il fonde le projet consiste à traquer cette mauvaise foi par la littérature; elle s'apparenterait, dans le cas d'une écriture sur soi, à une auto-analyse. Philippe Lejeune démonte l'illusion de cette prétention en repérant, dans la construction des *Mots*, par les blancs et déplacements, la trace d'un désir informulé[37]. Sartre lui-même, dans un commentaire ultérieur, va dans le même sens en qualifiant son œuvre de roman :

> Je pense que *Les Mots* n'est pas plus vrai que *La Nausée* ou *Les Chemins de la liberté*. Non pas que les faits que j'y rapporte ne soient pas vrais, mais *Les Mots* est une espèce de roman aussi, un roman auquel je crois, mais qui reste malgré tout un roman.[38]

L'oxymore «roman auquel je crois» exprime la réticence devant la fiction. Une «fiction» implicitement comprise comme jeu sur les figures. Le narrateur des *Mots* rapporte avec un humour qui n'exclut pas l'adhésion le projet scriptural de l'enfant Poulou, associant «terreur» et «rhétorique» :

> Terroriste, je ne visais que [l'être des choses] : je le constituerais par le langage; rhétoricien, je n'aimais que les mots : je dresserais des cathédrales de parole sous l'œil bleu du mot ciel.[39]

L'allusion aux *Fleurs de Tarbes*, célébrées naguères par Paulhan pour marquer son refus d'une instrumentalisation du langage, sonne comme la critique rétrospective du langage «nettoyé» réclamé dans «Qu'est-ce que la littérature?» (1948). La vérité fictionnelle de l'écriture de soi ne peut être que rhétorique.

Extensions lyriques et romanesques de l'autobiographie

Franchissant un pas supplémentaire, nombre d'auteurs ont affirmé ne pouvoir tenir ce discours authentique sur soi que par le biais du langage poétique, voire du roman, désignant, non sans ambiguïté, ces autres genres comme porteurs de leur vérité intime. Aragon déclare par exemple dans la préface des *Cloches de Bâle* :

> Ma biographie, elle est dans mes poèmes, et à qui sait lire, autrement claire que dans les romans. Ainsi, à qui voudrait démêler le vrai du faux, l'inventé du souvenir, il faudrait un système complexe de références, où les contradictions sont plus éclairantes sans doute que les similitudes.[40]

Rude tâche en effet que de démêler dans l'expression du *je* lyrique ce qui relève du *je* biographique et d'un *je* universalisable intégrant et dépassant le moi jusqu'à inclure le non-moi. On peut le mesurer à la lecture du *Paysan de Paris*, ce texte virtuose qui noie les détails biographiques dans une prose mi-romanesque mi-poétique[41]. La dimension proprement autobiographique prend pourtant chez cet auteur un relief spécial dans le recueil *Le roman inachevé* (1956)[42].

La difficulté est encore plus grande chez Breton qui, au nom du surréalisme, récuse la coupure entre rêve et réalité, sans doute fondatrice du roman (voir *supra* chapitres 3 et 9). La poésie, le mythe, envahissent alors tout l'espace, du scripteur au sujet empirique, ce qui n'exclut pas, pour le lecteur, une marge d'interprétation non prévue par l'auteur.

Quelles qu'en soient les formes, le *Je* lyrique de la poésie comprend et dépasse toujours le *Je* de l'auteur empirique confronté comme tout un chacun aux affres de l'existence, dans ses dimensions historique ou métaphysique. Jean-Michel Maulpoix note à ce sujet :

> Mythos et logos furent en effet deux façons différentes de désigner la parole [...] Lyrisme et mythe ont en partage un même souci de la transition de l'humain vers le divin. Tous deux signifient un rapport au sublime.[43]

Affirmant la parenté entre la poésie lyrique et le mythe, Maulpoix l'inscrit dans le champ appelé ici fiction seconde[44]. Nul doute qu'une part essentielle de l'auteur comme sujet projeté dans l'écriture soit ici à saisir.

Plus complexe encore est la question de la dimension autobiographique du roman. Au lieu commun, développé par Gide et Mauriac, selon lequel le roman serait en toutes circonstances plus vrai que l'autobiographie, Philippe Lejeune oppose avec raison le rôle du pacte de lecture par lequel l'auteur désigne ou non son texte romanesque comme un espace autobiographique. Quelque chose de l'auteur passe sans aucun doute dans le roman, de l'ordre du fantasmatique (voir *supra* chapitre 6); l'interprétation directe en est à jamais perdue; ne subsiste que l'écho. Ainsi, *Mémoires d'Hadrien* propose une forme parfaitement ambiguë de roman à dimension autobiographique latente, jouant sur l'altérité et la similitude entre la figure de l'empereur et celle de l'auteur. Dans les *Carnets* publiés en postface du livre, Marguerite Yourcenar renoue avec la forme autobiographique franche en relatant la rédaction de son roman, mais elle avoue son impuissance à raconter directement cette partie de sa vie :

> Se dire sans cesse que tout ce que je raconte ici est faussé par ce que je ne raconte pas; ces notes ne cernent qu'une lacune.[45]

Ce faisant, elle désigne le roman *Mémoires d'Hadrien* comme le véritable espace autobiographique, ce qui confirme la nécessité du recours au pacte fantasmatique pour aller plus loin dans la vérité sur soi.

L'autobiographie, directe ou indirecte, appelle donc de la part du lecteur une vigilance particulière en tant que témoignage sur l'auteur. Nécessaire et jamais suffisante, elle doit inciter à la défiance chaque fois que se trouve masquée la dimension fictionnelle de l'écriture derrière une vérité directement transmise. On peut voir dans la nécessité de la fiction une des raisons — positives — de la vogue rencontrée ces dernières années par l'autofiction, mais la fiction ainsi revendiquée constitue un brouillage supplémentaire qui complique d'une autre manière l'élaboration de la figure de l'auteur.

Regards de tiers

Tout autre est l'ambition des biographes qui rivalisent avec l'historien pour nous livrer l'auteur plus vrai que nature. Le pacte référentiel est ici de rigueur et le genre, florissant. L'érudition, gage du sérieux historique, bien souvent au rendez-vous. Pourtant, le résultat satisfait rarement, quand il ne contribue pas à desservir l'œuvre. Plusieurs raisons incitent au recul critique à l'égard de ce genre plus fictionnel qu'il ne l'avoue.

1. Les biographies proposent une histoire de la vie de l'auteur censée en délivrer les clefs; le nom de l'auteur devient l'équivalent magique de l'œuvre : à la limite, lire la biographie dispenserait de lire les textes. Cet emploi perverti est fortement encouragé par l'industrie du livre qui favorise ces écrits.

2. Nombre de biographies mettent en relation tel détail de la vie de l'auteur et tel passage de son œuvre, l'un étant censé être l'explication univoque de l'autre. La causalité simple est ainsi substituée à la causalité complexe qui relie la circonstance à la parole singulière. Que d'écrits sur le drame familial de Baudelaire présentés comme l'explication des *Fleurs du mal*!

3. Les biographes plus scrupuleux, soucieux de s'appuyer sur la parole de l'auteur, citent abondamment ses écrits, mais sans les mettre en perspective, sans tenir compte des contrats de lecture différents qui devraient présider à l'approche d'une préface, d'un passage de roman, d'une lettre à caractère privé. Il en résulte une égalisation des écrits, privés de leur spécificité.

4. Enfin, on a gardé le pire pour la fin, les biographes créent de toutes pièces, colportent ou amplifient une mythologie de l'auteur qui amplifie l'anecdotique quand elle ne détourne pas de la lecture. On a beaucoup glosé sur le silence de Racine, sur celui de Valéry, et sur le plus célèbre de tous, le silence définitif de Rimbaud, abandonnant la littérature au seuil de la vie adulte! Le mythe de l'adolescent génial, délaissant la poésie pour courir le monde, donne lieu dans bien des cas à des spéculations sans fin sur cette partie non littéraire de la vie de l'auteur, devenue l'aboutissement de son écriture. Et l'on oublie tout simplement l'essentiel, la révolution apportée par cette poésie aux accents uniques. Les auteurs ont souvent leur responsabilité dans cette mythologie du génie, du mage, forgée par eux-mêmes; certaines biographies leur en renvoient la caricature.

La fiction biographique peut néanmoins revêtir un caractère plus intéressant. En voici pour finir deux exemples limites fort différents.

Jeux biographiques

Lorsqu'il participe, entre 1966 et 1972, à l'élaboration de la première édition de ses œuvres dans la prestigieuse collection de la Bibliothèque de La Pléiade, Saint-John Perse rédige ce qu'on peut aujourd'hui appeler une biographie fictive. Colette Camelin et Joëlle Gardes-Tamine démontent le mécanisme mythographique :

> Pour le volume de la Pléiade, Saint-John Perse a ainsi écrit une véritable œuvre en prose. Dans la «Biographie», rédigée à la troisième personne, suivant une chronologie qui paraît objective, et dans les notes enrichies de précisions bibliographiques, il s'est livré à un pastiche de la critique universitaire bibliographique. [...] Seulement, à la différence des critiques universitaires, [il] a choisi avec soin les événements rapportés, n'hésitant pas à falsifier des données, occultant ceux qui n'allaient pas dans le sens de l'interprétation visée.[46]

On découvre que le poète a construit sa propre légende, ajoutant un prénom «Alexis Saint-Leger Leger» à son nom, «Alexis Leger», pour l'ennoblir, ou qu'il s'invente une naissance «sur l'îlet de Saint-Leger-les-Feuilles» qui le place dans la lignée des grands insulaires, Apollon à Delos, Napoléon en Corse. La correspondance est elle-même en partie truquée :

> La lettre adressée à Joseph Conrad, datée du 26 février 1921, est particulièrement significative. [...] Elle a été rédigée pour la Pléiade[47]. [...] Cette lettre a été choisie pour présenter le volume [...] dans *Le Figaro* du 18 novembre 1972 afin de montrer aux lecteurs qu'ils trouveraient dans les *œuvres complètes* des textes de grande qualité littéraire et d'une éthique élevée.[48]

Les auteurs de *La «Rhétorique profonde»* démêlent les raisons complexes qui expliquent une telle entreprise, raisons liées à «un contexte intellectuel et esthétique qu'il estimait défavorable»[49]. Semblable à «l'homme au masque d'or» mentionné dans la dédicace finale d'*Amers*, le poète forgerait ainsi, dans ce discours périphérique, «l'èthos» destiné à la postérité.

Le contexte éditorial piégea les lecteurs de l'époque et il a fallu l'enquête externe pour que soit mesurée l'étendue de la falsification. Pourtant, l'écrivain qui visait la postérité savait bien qu'un jour la dimension fictionnelle de cette pseudo-biographie finirait par apparaître; il a même laissé en ce sens «des pistes à emprunter parmi les documents de sa bibliothèque et dans les marges de ses livres»[50]. Autrement dit, on oscille entre la tromperie sur le genre et une forme de jeu dont l'institution littéraire ferait les frais. La tâche du lecteur critique est d'abord de faire la part de la mystification et de la mythification, reconnaissant peut-être en elle une forme atténuée du romanesque. Le recours au «roman de l'auteur» serait une façon d'affirmer la prééminence du sujet de l'écriture élaborant sa «belle parole» sur le sujet empirique auquel ramènent les biographies ordinaires.

Franchement romanesque, au contraire, et un brin facétieux est le livre de Marcel Schwob *Vies imaginaires* (1896). Sous un contrat ludique, cet érudit propose au lecteur dans «Lucrèce poète» un récit fondé sur la connaissance minutieuse du *De rerum natura* et sur la libre exploitation de notices anciennes au contenu peu fiable. Mais, contrairement aux biographies fictives déduisant l'homme de son œuvre par un procédé de décalque, Schwob invente ce qui manifeste l'écart entre les deux. D'abord en appelant poète celui que la tradition a fixé sous les traits du philosophe. Ensuite en prêtant à son personnage des sentiments contraires à sa morale :

> Lucrèce, note José Kany-Turpin, affirme clairement sa mission : transmettre les principes d'une doctrine ayant pour but de délivrer l'homme de la crainte et du trouble. C'est pourquoi il condamne si violemment la passion amoureuse, après en avoir décrit les mécanismes physiques. Or, le lecteur de ce «Lucrèce, poète» ne retiendra certainement pas l'image d'un homme libéré du trouble et de la passion.[51]

Quelle que soit la fiabilité de l'invention, l'intérêt romanesque de ces *Vies imaginaires* paraît bien lié au rôle de miroir déformant assigné à l'œuvre dans son rapport à l'homme. Dans un souci de justesse, le roman de l'auteur ne peut que s'en inspirer.

Plus généralement, on vient de voir le caractère ambigu de toutes ces fictions d'auteur. La vigilance critique, l'attention aux pactes de lecture, semblent de rigueur. Mais le recours à la fiction par les auteurs et leurs biographes est aussi l'indication d'un chemin nécessaire pour qui veut s'aventurer en-deçà du texte lu. La poésie tient peut-être sur le sujet qui s'adonne à l'écriture le discours de vérité le plus approchant, comme le suggérait Goethe intitulant son autobiographie *Dichtung und Wahrheit*. L'ambivalence de la rhétorique sur quoi se fondent ces fictions secondes doit néanmoins être prise en compte. Elle représente l'aiguillon et l'obstacle pour qui se lancerait dans la plus difficile des recherches.

Espace romanesque de l'auteur

Cette dernière rubrique longuement préparée risque de décevoir. On ne jouera pas à présent les Marcel Schwob, puisque aussi bien la lecture littéraire ici défendue ne revendique pas le statut de création à part entière. Tout juste essaiera-t-on, à partir des indications précédentes, de préciser en quel sens problématique pourrait se greffer sur la lecture du texte ce roman de l'auteur, excroissance monstrueuse et pourtant inévitable, dans bien des cas.

Esquisse

L'auteur, tel qu'on l'a décrit, est d'abord une construction résultant de l'assemblage d'écrits disparates, écartelée entre deux pôles : le sujet empirique et le sujet à l'œuvre, ou encore entre biographèmes et parole singulière, qui en sont la trace écrite. Les biographèmes, qu'ils soient ou non de l'auteur, relèvent en tant que tels d'un pacte référentiel, ce qui ne règle pas la question de leur fiabilité. La méthode historique s'impose : confrontation des documents et éventuellement des témoignages, recherche de la concordance probante. Quelles que soient ses bonnes intentions, l'enquête biographique n'est pas à l'abri de la fiction seconde : au mieux peut-elle tendre vers plus d'objectivité. La dimension historique — le référent de la petite et surtout de la grande Histoire — paraît néanmoins indispensable à la constitution de la figure de l'auteur, tout comme elle l'est sans doute à la lecture. On peut toujours, après Borges, s'amuser de ces mises en abîme qui présentent des auteurs fictifs engendrant des œuvres fictives, ce qui ferait disparaître l'ancrage référentiel de l'auteur. Mais il s'agit précisément de fictions. La lecture dont il est question ici se pratique par des lecteurs réels, capables de discriminer fiction (première) et expérience de réalité, texte et hors-texte. Le temps historique en constitue le cadre somme toute précieux; il est cette création collective résultant du débat entre les historiens et de l'échange au sein des sociétés. Il ne m'est pas très utile de connaître dans le détail la biographie de Shakespeare, mais je ne saurais le lire sans prendre en compte l'époque élisabéthaine, âge d'or de la littérature anglaise.

Le sujet de l'écriture, quant à lui, est porteur de cette autre vérité problématique : la vérité littéraire, approchée contradictoirement par les deux degrés de la fiction. Voici donc la représentation de l'auteur partagée entre histoire et littérature selon des médiations dont on entrevoit la complexité. Son enjeu est triple pour le lecteur : la vérité sur l'autre (l'auteur) est aussi une vérité (existentielle) sur le monde et, comme on l'a déjà entrevu, une vérité sur soi (plus ou moins reconnue). Le roman de l'auteur tel que nous essayons de le concevoir ne saurait donc se réduire à la relation auteur/lecteur; il articulerait six données : l'œuvre, le sujet écrivant, le monde de l'écrivain (petite et grande histoire), le texte de lecture, le sujet lecteur, le monde du lecteur. Schéma beaucoup trop simple, encore, qu'il faut immédiatement rectifier, tenant compte des dédoublements du sujet écrivant entre je narré et je narrant, par exemple, et plus largement entre une série d'identités plus ou moins fréquemment remises en cause. Au sujet processuel de la Lecture/écriture (voir *supra* chapitre 6), on peut à présent faire correspondre le sujet processuel de l'Écriture/lecture.

Réunir tous ces paramètres dans un même écrit paraît bien difficile et l'on comprend tous les raccourcis faciles auxquels procèdent les biographes. Ce pari a pourtant été relevé et nul, peut-être, mieux que Sartre ne pourrait être cité en exemple.

Biographies existentialistes : la totalité envahissante et interminable

Le goût de Sartre pour la biographie n'a fait que croître au fil des ans. De *Baudelaire* (1947) à *Saint Genet, martyr et comédien* (1952), puis à *L'Idiot de la famille* (1971-1972), on est passé, de l'essai relativement bref ou de la préface, au monument de près de trois mille pages, inachevé. Il ne s'agit pas de biographies au sens courant du terme mais d'interprétations de l'acte créateur qui mettent en jeu, sans le dire sous cette forme, les six facteurs mentionnés plus haut. Les données purement factuelles de la vie des auteurs vont en effet être associées à l'analyse des œuvres. La «Préface» de 1971 l'annonce :

> N'importe qui vous le dira : «Gustave Flaubert, c'est l'auteur de *Madame Bovary*». Quel est donc le rapport de l'homme à l'œuvre? Je ne l'ai jamais dit jusqu'ici. Ni personne à ma connaissance.[52]

Démarche inédite en effet, moins dans son sujet particulier que dans son essence. Elle «revient à totaliser toutes les informations dont nous disposons sur lui» sans pour autant se réduire à une addition. Sartre, en effet, dispose d'un instrument pour penser comment Gustave est devenu Flaubert : son système philosophique et notamment cette psychanalyse existentielle forgée dans *L'Être et le Néant*. Le projet est de dépasser tout en les intégrant le marxisme, insuffisant pour penser le sujet, et la psychanalyse, enrichie par la mise en lumière des conditionnements socioculturels inconscients :

> C'est qu'un homme n'est jamais un individu; il vaudrait mieux l'appeler un universel singulier : totalisé et par là même, universalisé par son époque, il la retotalise en se reproduisant en elle comme singularité.

On ne jugera pas, à partir de cet aperçu bien sommaire, de la cohérence du projet philosophique, seulement de ses implications dans la perspective de l'essai. La démarche analytique en est la clef de voûte : «Flaubert nous renvoie à sa protohistoire». La vie de Flaubert apparaît gouvernée par une névrose, qui remonte à sa «première enfance» et dont Sartre va suivre le développement, les connexions avec le siècle, et l'expression/résolution dans l'écriture.

Le cas exemplaire de Sartre présente de surcroît un trait essentiel : la partition de son œuvre entre discours philosophique et écriture littéraire. En un sens, l'acuité des analyses consacrées aux œuvres de jeunesse de Flaubert confirme la sensibilité littéraire du biographe critique. Le sous-titre «Gustave Flaubert de 1821 à 1857» fixe comme horizon la parution de *Madame Bovary*, le chef d'œuvre. Pourtant, la publication de *L'Idiot de la famille* dans la collection «Bibliothèque de philosophie» imprime à la démarche une orientation dominante non littéraire. Cette «collection», le volume nous le rappelle, a été «fondée par Jean-Paul Sartre et Maurice Merleau-Ponty». C'est donc le philosophe, fort de son système, qui nous donne à comprendre Flaubert.

Les spécialistes n'ont pas manqué de reprocher à Sartre d'utiliser Flaubert comme prétexte à l'exposé illustré des idées existentialistes. Le reproche est compréhensible; on retrouve dans le livre les grandes catégories sartriennes : le défaut d'être, sur quoi repose l'angoisse d'exister, les défenses du sujet contre cette angoisse — «l'enfant imaginaire», «l'acteur», la «névrose» —, le «salut par l'écriture», comme réponse à la névrose, la persistance du soupçon et du flottement identitaire. Autant de thèmes qui innervent aussi le récit autobiographique *Les Mots*.

Le refus de lire l'auteur à la lumière d'un système philosophique est cependant contestable. Car c'est cette perspective qui permet d'articuler l'individu et sa «donne» biographique à une vue plus générale de l'homme. Exister, être, lire, écrire : autant de modalités qui permettent en effet de passer du particulier à l'universel. La biographie sartrienne dépasse le médiocre stade de l'anecdote.

Mais elle a un revers et le biographe est en quelque sorte trahi par son écriture. Le livre apparaît aussi comme recherche déguisée, poursuivant sous le masque biographique la quête autobiographique. Derrière le portrait, l'autoportrait; derrière le récit mettant en scène l'autre, l'impossible récit direct sur soi, un des leitmotive sartriens. Roquentin, le héros de *La Nausée* (1938), projette déjà de réaliser une biographie du marquis de Rollebon avant de décider d'écrire plutôt un roman. Bruno Clément propose d'appeler *énarration* ce gauchissement du commentaire vers l'autobiographie oblique[53]. Ce qui revient encore à reconnaître une forme atténuée de roman à caractère autobiographique. Sartre avait songé durant un temps à utiliser la fiction romanesque pour mener à bien une écriture de soi que l'autobiographie *Les Mots* avait laissée en état d'inachèvement :

> Je projetais alors d'écrire une nouvelle dans laquelle j'aurais voulu faire passer, de manière indirecte, tout ce que je pensais précédemment dire dans une sorte de testament politique qui aurait été la suite de mon autobiographie et dont j'avais abandonné le projet. [...] J'aurais créé un personnage dont il aurait fallu que le lecteur pût dire : «Cet homme dont il est question, c'est Sartre». Ce qui ne signifie pas que pour le lecteur il aurait dû y avoir coïncidence du personnage et de l'auteur, mais que la meilleure manière de comprendre le personnage aurait été de comprendre ce qui venait de moi. C'est ça que j'aurais voulu écrire, une fiction qui n'en soit pas une.[54]

«Une fiction qui n'en soit pas une» : l'expression rappelle ce «roman auquel je crois» par quoi Sartre désignait dans le même «Autoportrait» son récit *Les Mots*. Autobiographie, biographie, roman : la gradation dans l'altérité apparente marquerait les trois formes d'un même projet d'écriture de soi. La biographie y occupe une position intermédiaire : la figure de l'autre (Flaubert) serait le moyen, le prétexte (?) pour se chercher, pour se dire. Flaubert, qui a réussi à être par son œuvre, est l'objet avec lequel le sujet Sartre aimerait bien coïncider. D'où la question : la quête identitaire menée par auteur interposé est-elle ici un trait personnel exacerbé propre à Jean-Paul ou peut-elle prendre un caractère universalisable? Seul le choix de la seconde réponse, vers laquelle nous inclinerions, peut réellement sauver l'intérêt du livre.

Mais ce qui pose problème, malgré tout, est plutôt l'ambition d'omniscience affichée par l'auteur, désireux d'intégrer la causalité subjective dans le système de la causalité objective. La visée scientifique du projet est attestée par la minutie historique apportée à l'établissement des biographèmes. Sartre utilise la méthode du recoupement des lettres et témoignages; pas moins de huit pages sont nécessaires pour dater la crise de catalepsie de janvier 44 :

> Au terme de cette discussion, bien qu'une démonstration rigoureuse demeure impossible, faute de documents, les plus fortes probabilités sont pour que Gustave ait été, un soir, à Pont-l'Évêque, entre le 20 et le 25 janvier, victime d'un malaise qu'il n'avait jamais encore éprouvé. C'est l'hypothèse que nous retiendrons.[55]

Il est vrai que le moment est d'importance : «C'est à Pont-l'Évêque [...] que sa jeunesse s'est "conclue", c'est là qu'un homme est mort et qu'un autre est né»[56]. L'établissement du fait sert aussitôt de tremplin pour l'interprétation :

> Avant d'interpréter la crise de Pont-l'Évêque, il faut nous demander le rôle qu'elle joue dans cette curieuse névrose dont Gustave a souffert pendant près de dix ans.[57]

Nous ne suivrons pas Sartre dans ses méandres explicatifs. Il suffit d'avoir noté ce qui anime l'écriture. Pas de limite à son pouvoir de connaissance, excepté quelques précautions oratoires. La subjectivité de l'individu mise à nu par l'analyste réalise cette transgression dans la connaissance d'autrui que Dorrit Cohn érigeait précisément en critère de la fiction romanesque, inaccessible au récit objectif (voir *supra* chapitre 4). L'impossible mais toujours désirée suppression de la frontière entre sujet et objet explique sans doute la relance à l'infini d'une écriture qui voit sans cesse se dérober le but absolu vers lequel elle tend : trois mille pages et un livre pourtant inachevé...

Si fascinante soit ici l'œuvre accomplie, il paraît difficile d'en oublier les écueils, à commencer par cette hégémonie du sujet écrivant sur le sujet écrit. On peut lui préférer *Les Mots*, avec sa concision et ses ellipses. C'est précisément sur cette figure que l'on aimerait terminer.

L'ellipse et la rêverie

La conjecture qui remonte du texte au geste créateur appelle l'approximation métaphorique. Toute reconstitution narrative et logique paraît marquée au sceau de l'illusion et risque de priver l'image de l'autre de son coefficient d'altérité effective. Aussi prendrai-je volontiers comme emblème de ces *romans de l'auteur* dont les contours ont été dessinés au cours de ce chapitre la structure utilisée par Perec pour évoquer le souvenir d'enfance, celle de plans alternés et hétérogènes que sépare, au centre du livre, entre l'histoire de Gaspard Winckler et l'île de W, entre le roman autobiographique et la transposition fantasmée de l'innommable, le signe *(...)*. L'innommable : non pas la déportation de la mère, ce biographème historique, mais sa représentation dans l'imaginaire. Dans cet espace à construire que Perec offre au lecteur de *W*, on a tenté plus haut de faire surgir, comme un texte fantôme, une interprétation du rapport métaphorique/allégorique entre les deux parties de *W*. Mais il s'agissait de lire un texte. Si, en revanche, je m'échappe effectivement de l'œuvre lue vers son auteur, je ne peux que la rapprocher de faits troublants, dont je ne saurais fournir une interprétation pleinement satisfaisante.

La négation de toute référence, directe et indirecte, en amont du texte paraît néanmoins tout aussi dommageable. *La disparition* est sans doute le lipogramme de virtuose fréquemment cité en exemple. L'invention de nouvelles contraintes a libéré un espace de productivité littéraire. Mais cela ne signifie pas, comme l'affirment certains commentateurs, que Perec vide le signe de tout contenu idéologique et de toute dimension référentielle. Car, si le texte m'amuse, m'intrigue, il me touche par ce *E* supprimé et ce qu'il désigne dans l'idiolecte perecquien : «Elle», ou «Eux», le sort d'une famille juive ordinaire pendant la Second Guerre mondiale. De même, je ne sais pas grand-chose d'Isidore Ducasse «le Montévidéen», mais il ne m'est pas indifférent de penser que l'auteur des *Chants de Maldoror* et des *Poésies* mourut à vingt-quatre ans durant la Commune de Paris. Entre les deux, le jeu d'écriture et le vécu du sujet empirique, aucune continuité directe, plutôt une série de failles qui n'effacent pas totalement la pensée de la circonstance.

On pourrait enfin rêver, pour ce roman de l'auteur, d'emprunter — encore — à Perec le procédé suggérant les lacunes et approximations de la parole : des pensées remémorées, des notes sur les pensées, et des notes sur les notes. Aux incertitudes de l'autobiographie s'ajoute en effet ici la distance qui sépare le lecteur de cet Autre à deux faces, texte et auteur. Le besoin est grand de comprendre comment s'est opérée la métamorphose du sujet circonstancié — fragmentaire et insaisissable — en une parole singulière — seule réalité tangible. La tentation d'interpréter ce que le figural représente poétiquement se nourrit peut-être de la créativité propre au lecteur. À cet égard, la démarche sartrienne conserve un intérêt que n'annule pas la projection du biographe dans son discours; mais la marge d'erreur et de méconnaissance reste considérable. Roman de l'auteur? Des hypothèses, des notes, et des notes au second degré, pour une critique en acte de l'imagination interprétative.

NOTES

[1] Gustave Lanson, «La méthode de l'histoire littéraire», *Revue du mois*, 10 octobre 1910, p. 385-413 : article cité par Alain Brunn, dans *L'auteur*, GF Flammarion, 2001, p. 184.
[2] Lucien Goldman, *Le Dieu caché*, Gallimard, 1959.
[3] Roland Barthes, *Sur Racine*, Seuil, 1963.
[4] «Au nom de la "nouvelle critique", Roland Barthes répond à Raymond Picard», *Le Figaro littéraire*, 14-20 octobre 1965, propos recueillis par Guy Le Clec'h, repris dans *Le grain de la voix*, Seuil, 1981, p. 45-46.
[5] Roland Barthes, «La mort de l'auteur», 1968, repris dans *Œuvres Complètes*, Seuil, III, p. 44.
[6] *Op. cit.*, p. 45.
[7] Roland Barthes, *S/Z*, Seuil, 1970, repris dans *Œuvres complètes*, III, p. 122.
[8] Michel Foucault, «Qu'est-ce qu'un auteur?», *Bulletin de la Société française de philosophie*, 63e année, n° 3, juillet-septembre 1969, repris dans *Dits et Écrits*, Gallimard, 1994, I, p. 789-821.
[9] *Op. cit.*, p. 792-793.
[10] *Op. cit.*, p. 798.
[11] Paul Zumthor, *Essai de poétique médiévale*, 1972, Seuil, 2000.
[12] Yves Delègue, *Le royaume d'exil. Le sujet de la littérature en quête d'auteur*, L'Obsidiane, 1991.
[13] Alain Viala, *La Naissance de l'écrivain. Sociologie de la littérature à l'âge classique*, Minuit, 1985.
[14] Alain Brunn, *L'auteur*, *op. cit.*, p. 24.
[15] *Op. cit.*, p. 804.
[16] *Op. cit.*, p. 809.
[17] Roland Barthes, *Sade, Fourier, Loyola*, Seuil, 1970, rééd. *O.C.*, III, p. 705.
[18] Roland Barthes, *La chambre claire*, 1980, *O.C.*, V, p. 811.
[19] Par exemple, à propos de Fourier, ces biographèmes numérotés : «9° Ses connaissances : sciences mathématiques et expérimentales, musique, géographie, astronomie. [...] 12° Fourier avait lu Sade» (*op. cit.*, p. 863).
[20] Roland Barthes, *Le plaisir du texte*, Seuil, 1973, p. 235.
[21] Maurice Couturier, *La Figure de l'auteur*, Seuil, 1995.
[22] R. Barthes, «De l'œuvre au texte», *Revue d'esthétique*, n° 3, 1971, repris dans *Le bruissement de la langue*, et dans *O.C.*, III, p. 913.
[23] Laurent Jenny, *La parole singulière*, Belin, 1995, p. 14 et 18.
[24] *Op. cit.*, p. 18.
[25] *Op. cit.*, p. 63.
[26] *Op. cit.*, p. 80-82.
[27] Mikhaïl Bakhtine, *Esthétique de la création verbale*, Moscou, 1979, Paris, Gallimard, «Bibliothèque des idées», 1984, trad. Alfreda Aucouturier, p. 314.
[28] *La Figure de l'auteur*, p. 242-243.
[29] *Fiction d'auteur? Le discours biographique sur l'auteur de l'Antiquité à nos jours*, textes réunis par Sandrine Dubel et Sophie Rabau, Champion, 2001, p. 17.
[30] Sophie Rabau, «Inventer l'auteur, copier l'œuvre : des *Vies d'Homère* au *Pétrone romancier* de Marcel Schwob», *Fiction d'auteur?, op. cit.*, p. 97-115.
[31] Gabriel Germain, Henri Delebecque (Rabau, *op. cit.*, p. 97).
[32] Voir, à ce sujet, Sylvie Bazin, «L'inscription du récit de voyage dans l'espace; notations descriptives dans les récits de pèlerinage (XIIe-XIVe siècle)», Colloque «Paysage et narration», Université de Reims, 27-28 septembre 2001, Actes à paraître.
[33] Les lettres furent d'abord attribuées par le libraire éditeur à une religieuse maintenue dans l'anonymat. L'enquête a retrouvé le nom de la religieuse, Mariana da Costa Alcofo-

rado (1640-1723) et celui de son destinataire, le comte de Chamilly. Puis Guilleragues, primitivement donné pour simple traducteur, a été identifié par Frédéric Deloffre comme l'auteur des lettres. Voir à ce sujet Alain Brunn, «Le cas Guilleragues», in *L'auteur, op. cit.*, p. 108-112.

[34] Voir *supra* chapitre 4, p. 61-62.

[35] Philipe Lejeune, *Le pacte autobiographique*, Seuil, 1975.

[36] Jean Starobinski, *Jean-Jacques Rousseau : la transparence et l'obstacle*, Gallimard, «Tel», 1971.

[37] «L'ordre du récit dans *Les Mots* de Sartre», in *Le pacte autobiographique*, p. 197-243.

[38] Jean-Paul Sartre, «Autoportrait à soixante-dix ans», *Situations, X*, Gallimard, 1976, p. 145-146.

[39] *Les Mots*, Gallimard, 1964, rééd. «Folio», n° 607, p. 150.

[40] «C'est là que tout a commencé», préface des *Cloches de Bâle*, rééd. *Œuvres Romanesques Croisées*, Robert Laffont, 1964-1974, VII, p. 35.

[41] Lire, à ce sujet, Cécile Narjoux, «La voix lyrique», in *Une tornade d'énigmes Le Paysan de Paris de Louis Aragon, op. cit.*, p. 29-47.

[42] La dimension narrative du recueil poétique joue en ce sens. Nathalie Piégay-Gros (*L'esthétique d'Aragon*, Sedes, 1997, p. 92) décrit ainsi «la posture que le sujet lyrique adopte envers les expériences et les circonstances d'une vie qu'il met en récit *et* en vers».

[43] Jean-Michel Maulpoix, *Le lyrisme*, Corti, 2000, p. 192-194.

[44] Ceci confirme par un autre biais la nécessité d'assouplir la classification établie par Käte Hamburger pour qui la poésie lyrique s'oppose à la fiction en ce que «la "réalité" de l'énoncé tient à son énonciation par un sujet réel, authentique» (*La logique des genres littéraires, op. cit.*, p. 56 et *supra* chapitre 4). Mais il est vrai que Hamburger ne prend en compte que la forme lourde ou première de la fiction...

[45] Marguerite Yourcenar, *Carnets de notes de «Mémoires d'Hadrien»*, in *Mémoires d'Hadrien*, Plon, 1958, rééd. Gallimard, «Folio», n° 921, p. 326.

[46] Colette Camelin et Joëlle Gardes-Tamine, *La «rhétorique profonde» de Saint-John Perse*, Champion, 2002, p. 169-171. Les citations qui suivent renvoient à cette édition.

[47] Cette découverte est due à Catherine Mayaux qui signe avec les deux auteurs susmentionnés et avec Renée Ventresque un second ouvrage de démystification : *Saint-John Perse sans masque*, La Licorne, UFR Langues Littératures Poitiers, Maison des Sciences de l'Homme et de la Société, 2002.

[48] *Op. cit.*, p. 185-186.

[49] *Op. cit.*, p. 184.

[50] *Op. cit.*, p. 182.

[51] José Kany-Turpin, «Lucrèce poète de Marcel Schwob Un poète au miroir de son œuvre», in *Fiction d'auteur?, op. cit.*, p. 164.

[52] Jean-Paul Sartre, *L'Idiot de la famille Gustave Flaubert de 1821 à 1857*, Gallimard, «Bibliothèque de philosophie», volume I, 1971, «Préface», p. 8. Les citations qui suivent appartiennent à cette préface.

[53] «Le terme d'*enarratio* [note Bruno Clément (*Le lecteur et son modèle/Voltaire, Pascal/Hugo, Shakespeare/Sartre, Flaubert*, PUF, 1999, p. 21)] est emprunté à l'Antiquité où il désigne, précisément, l'activité de commentaire.» L'expression, on le voit, est appliquée dans ce livre à diverses formes de commentaire. Elle convient tout particulièrement à la biographie de Flaubert par Sartre, le seul des trois commentaires étudiés à utiliser, avec la biographie, la forme d'une narration.

[54] «Autoportrait à 70 ans», in *Situations, X, op. cit.*, p. 145.

[55] *L'Idiot de la famille, op. cit.*, volume II, Troisième partie, p. 1787.

[56] *Ibid.*, p. 1787.

[57] *Ibid.*, p. 1793.

APHORISMES POUR NE PAS FINIR

La théorie de la lecture littéraire implique le roman de la lecture comme elle appelle son propre texte.

Le texte de lecture est au roman ce que la fiction seconde est à la fiction première.

Fiction théorique et fantasme sont les deux axes de la fiction induite dans le texte de lecture.

Image visant l'adéquation à son objet, le roman de la lecture contient le sujet parlant.

Il reconduit ainsi au poétique.

Chemin vers la connaissance, il met à jour la méconnaissance.

Le fantasme est le pivot de ce retournement continu.

L'insu affectif et intertextuel touche au fantasme, en amont et en aval du texte.

Roman de la lecture : quelque chose comme le sempervivum.

Le sujet processuel de la lecture actualise le sujet processuel de l'écriture.

La lecture création requiert la figure d'auteur.

L'œuvre littéraire joue de la référence au second degré, la lecture, au troisième.

La lecture est dans l'Histoire.

Bibliographie

Auteurs, écrivains

Aragon, Louis, *L'Œuvre Poétique* [*L'OP*], Livre Club Diderot, 15 volumes, 1974-1981.
Aragon, Louis, *Œuvres Romanesques Croisées* [*ORC*], Robert Laffont, 42 volumes, 1964-1974.
Aragon, Louis, *La Défense de l'infini*, [1923-1928], CAHIERS DE LA *NRF*, Gallimard, 1997.
Aragon, Louis, *Traité du style*, Gallimard, 1928, rééd. «L'Imaginaire», n° 59.
Aragon, Louis, *Les Voyageurs de l'impériale*, [1942], 1947, 1965 (*ORC*), rééd. «Folio», n° 120.
Breton, André, *Nadja*, Gallimard, 1928, *Œuvres Complètes* [*OC*], éd. La Pléiade, volume I.
Breton, André, *Introduction au discours sur le peu de réalité*, *Commerce*, 1925, *OC*, II.
Breton, André, *Les Vases communicants*, 1932, Gallimard, 1955, *OC*, II.
Breton, André, *L'Amour fou*, Gallimard, 1937, *OC*, II.
Breton, André, *Arcane 17*, 1944-1947, Pauvert, 1979, *OC*, III.
Ducasse, Isidore, *Poésies*, 1870.
Hyvernaud, Georges, *La peau et les os*, Le Scorpion, 1949, rééd. Le Dilettante, 1993.
Hyvernaud, Georges, *Le Wagon à vaches*, Denoël, 1953, rééd. Le Dilettante, 1997.
Kleist, Heinrich von, *Le tremblement de terre du Chili*, in *La Marquise d'O... et autres nouvelles*, Phébus libretto, trad. Armel Guerne, 1991.
Kleist, Heinrich von, *Sur le théâtre de marionnettes* (1810), Mille et une nuits, trad. Jacques Outin, 1993.
Lautréamont (Isidore Ducasse *dit le comte de*), *Chants de Maldoror*, 1869.
Le Clézio, Jean Marie Gustave, *Onitsha*, Gallimard, 1991, rééd. «Folio», n° 2472.
Perec, Georges, *La Disparition*, Denoël, 1969, rééd. Gallimard, «L'Imaginaire», n° 215.
Perec, Georges, *W ou le souvenir d'enfance*, Denoël, 1975, rééd. Gallimard, «L'Imaginaire», n° 293.
Perec, Georges, *La Vie mode d'emploi*, Hachette/POL, 1978.
Sartre, Jean-Paul, *Les Mots*, Gallimard, 1964, rééd. «Folio», n° 607.
Sartre, Jean-Paul, *L'Idiot de la famille Gustave Flaubert de 1821 à 1857*, Gallimard, «Bibliothèque de philosophie», I et II, 1971, III, 1972.
Tirso de Molina, *El burlador de Sevilla y convidado de piedra*, Aubier, 1968, rééd. 1991, traduction Pierre Guenoun.

Théoriciens, critiques, biographes

Anzieu, Didier, *Le corps de l'œuvre*, Gallimard, «Connaissance de l'Inconscient», 1981.

Assoun, Paul-Laurent, *Le Pervers et la femme*, Anthropos, 1989.

Bakhtine, Mikhaïl, *Esthétique de la création verbale*, 1979, Gallimard, «Bibliothèque des idées», 1984, trad. Alfreda Aucouturier.

Bancquart, Marie-Claire, *Le Paris des surréalistes*, Seghers, 1972.

Barthes, Roland, «Écrivains et écrivants», *Argument*, 1960, rééd. *Essais critiques*, Seuil, «Points Essais», 1964.

Barthes, Roland, *Critique et vérité*, Seuil, 1966, rééd. «Points Essais».

Barthes, Roland, «La mort de l'auteur» (1968), repris dans *Le bruissement de la langue* (1984) et dans *Œuvres Complètes*, Seuil, III

Barthes, Roland, *S/Z*, Seuil, 1970, *OC*, III.

Barthes, Roland, *Le grain de la voix* (1972), Seuil, 1982, *OC*, IV.

Barthes, Roland, *Le plaisir du texte*, Seuil, 1973, rééd. «Points Essais», *OC*, IV.

Barthes, Roland, *Roland Barthes par Roland Barthes*, Seuil, «Écrivains de toujours», 1975, *OC*, IV.

Barthes, Roland, *La chambre claire*, 1980, *OC*, V.

Béhar, Henri, *Littéruptures*, L'Âge d'Homme, Lausanne, 1988.

Bellemin-Noël, Jean, *Plaisirs de vampire*, PUF, 2001.

Bernard, Suzanne, *La permanence du surréalisme dans le cycle du monde réel*, Corti, 1984.

Blanchot, Maurice, *Lautréamont et Sade*, Minuit, 1963.

Bonnefoy, Yves, «La clef de la dernière cassette», in *Sous l'horizon du langage*, Mercure de France, 2002.

Bourdieu, Pierre, *Les règles de l'art*, Seuil, 1992.

Burgelin, Claude, *Georges Perec*, Seuil, 1988.

Camelin, Colette, et Gardes-Tamine, Joëlle, *La «rhétorique profonde» de Saint-John Perse*, Champion, 2002.

Carrouges, Michel, *André Breton et les données fondamentales du surréalisme*, Gallimard, 1950.

Charles, Michel, *Rhétorique de la lecture*, Seuil, 1977.

Charles, Michel, *L'Arbre et la Source*, Seuil, 1985.

Charles, Michel, *Introduction à l'étude des textes*, Seuil, 1995.

Clément, Bruno, *Le lecteur et son modèle*, PUF, 1999.

Cohn, Dorrit, *Le propre de la fiction*, 1999, Seuil, trad. Claude Hary-Schaeffer, 2001.

Compagnon, Antoine, *La Seconde main ou le travail de la citation*, Seuil, 1979.

Couturier, Maurice, *La Figure de l'auteur*, Seuil, 1995.

Collinet-Waller, Roselyne, *Aragon et le père, romans*, PUS, 2001.

Daix, Pierre, *Aragon*, Flammarion, 1994.

Dufays, Jean-Louis, *Stéréotype et lecture*, Mardaga, 1994.

Dumoulié, Camille, *Don Juan ou l'héroïsme du désir*, PUF, 1993.

Eco, Umberto, *Lector in fabula*, 1979, trad. Grasset et Fasquelle, 1985.

Eco, Umberto, *Les limites de l'interprétation*, 1990, trad. Bouzaher, Grasset, 1992.

Foucault, Michel, *Dits et Écrits*, Gallimard, 1994, I.

Freud, Sigmund, «La création littéraire et le rêve éveillé», *Essais de psychanalyse appliquée* (1908), Gallimard (1933), trad. M. Bonaparte et E. Marty, rééd. «Idées», p. 69-81.

Freud, Sigmund, *Formulations sur les deux principes du fonctionnement psychique*, 1911.

Freud, Sigmund, «Au-delà du principe de plaisir», in *Essais de psychanalyse* (1920), Petite Bibliothèque Payot, 1964, trad. S. Jankélévitch.
Gavillet, André, *La littérature au défi. Aragon surréaliste*, Fribourg, Galley et Cie, 1957.
Genette, Gérard, *Palimpsestes*, Seuil, 1982.
Genette, Gérard, *Seuils*, Seuil, 1987.
Genette, Gérard, *Fiction et diction*, Seuil, 1991.
Goethe, Johann W. von, *Ecrits sur l'art*, Flammarion, «Garnier-Flammarion», 1996.
Goodman, Nelson et Elgin, Catherine Z., *Esthétique et connaissance*, L'Éclat, 2001.
Gracq, Julien, *André Breton*, Corti, 1948, *Œuvres complètes*, La Pléiade, I.
Gracq, Julien, «Spectre du Poisson soluble», 1950, *OC*, I.
Gracq, Julien, *En lisant, en écrivant*, Corti, 1980.
Green, André, *Un œil en trop*, Minuit, 1969.
Hamburger, Käte, *Die Logik der Dichtung*, Stuttgart, 1977, *Logique des genres littéraires*, Seuil, 1986, trad. Pierre Cadiot.
Heidegger, Martin, «La parole d'Anaximandre», in *Chemins qui ne mènent nulle part*, 1950, Gallimard, 1962, trad. Wolfgang Brokmeier, rééd. 1980, «Tel».
Iser, Wolfgang, *Der Akt des Lesens*, Munich, 1972, *L'Acte de lecture : théorie de l'effet esthétique*, Mardaga, «Philosophie et langage», 1985, trad. E. Sznycer.
Jenny, Laurent, *La parole singulière*, Belin, 1990.
Jouve, Vincent, *L'effet-personnage*, PUF, 1992.
Jouve, Vincent, *Poétique des valeurs*, PUF, 2001.
Kant, Emmanuel, *Critique de la faculté de juger*, 1790, rééd. Aubier, trad. Alain Renaut, 1995.
Kristeva, Julia, *Séméiotikè*, Seuil, 1969, rééd. Seuil «Points Essais», 1978.
Kristeva, Julia, *Histoires d'amour*, Gallimard, «Folio», 1983.
Kristeva, Julia, *Sens et non-sens de la révolte*, Fayard, 1996.
Labarthe, Patrick, *Baudelaire et la tradition de l'allégorie*, Droz, 1999.
Lacan, Jacques, *Les Complexes familiaux*, 1938, Navarin, 1984.
Lacan, Jacques, *Ecrits*, I, Seuil, rééd. «Points», 1988.
Lacoue-Labarthe, Philippe/Nancy, Jean-Luc, *L'absolu littéraire, Théorie de la littérature du romantisme allemand*, Seuil, 1978.
Lejeune, Philipe, *Le pacte autobiographique*, Seuil, 1975.
Lejeune, Philippe, *La mémoire et l'oblique*, P.O.L, 1991.
Limat-Letellier, Nathalie, «Historique du concept d'intertextualité», in *L'intertextualité*, Annales littéraires de l'Université de Franche-Comté, n° 637, 1998.
Manguel, Alberto, *Une histoire de la lecture*, 1996, Actes Sud, 1998, trad. Christine Le Bœuf, rééd. Babel, 2000.
Mallarmé, Stéphane, «La musique et les lettres», *Œuvres Complètes*, La Pléiade, éd. H. Mondor et G. Jean-Aubry, 1970.
Mallarmé, Stéphane, *Notes sur le langage*, *Œuvres Complètes*, La Pléiade, 1998, éd. B. Marchal, I, p. 504.
Maulpoix, Jean-Michel, *Le lyrisme*, Corti, 2000.
Perron-Borelli, Michèle, *Dynamique du fantasme*, PUF, 1997.
Picard, Michel, *La lecture comme jeu*, Minuit, 1986.
Piégay-Gros, Nathalie, *Introduction à l'intertextualité*, Dunod, 1996.
[Rabau, Sophie], *Fiction d'auteur? Le discours biographique sur l'auteur de l'Antiquité à nos jours*, textes réunis par Sandrine Dubel et Sophie Rabau, Champion, 2001.
Rabau, Sophie, *L'intertextualité*, GF Flammarion, «Corpus», 2002.

Ricœur, Paul, *La métaphore vive*, Seuil, 1975.

Robert, Marthe, *Roman des origines et origines du roman*, Gallimard «Tel», 1972.

Robert, Marthe, *Un homme inexprimable*, L'Arche, 1955, rééd. 1981.

Rousset, Jean, *Le Mythe de Don Juan*, Armand Colin, «U Prisme», 1978.

Schaeffer, Jean-Marie, *Les Célibataires de l'art*, Gallimard, 1996.

Schaeffer, Jean-Marie, *Pourquoi la fiction?*, Seuil, 1999.

Schelling, Friedrich W. J., «Schème, allégorie, symbole», 1802, *Textes esthétiques*, Klincksieck, présentation Xavier Tilliette, 1978.

Schlegel, Friedrich, *Entretien sur la poésie* (1800), in Philippe Lacoue-Labarthe/Jean-Luc Nancy, *L'absolu littéraire*.

Searle, John, «Le statut logique du discours de fiction», *Sens et expression*, 1975, trad. Minuit, 1982.

Smiley, Amy, *L'écriture de la terre dans l'œuvre romanesque d'Aragon*, Champion, 1994.

Starobinski, Jean, *Jean-Jacques Rousseau : la transparence et l'obstacle*, Gallimard, «Tel», 1971.

Starobinski, Jean, *La relation critique*, «Le Chemin», 1970, rééd. Paris, Gallimard «*Tel*», 2001.

Trouvé, Alain, *Le lecteur et le livre-fantôme Essai sur* La Défense de l'infini *de Louis Aragon*, Kimé, 2000.

Winnicott, Donald W., *Jeu et réalité*, 1971, trad. C. Monod et J.- B. Pontalis, Gallimard, coll. «Connaissance de l'inconscient», 1975.

Articles et communications

Apel, Karl-Otto, «De Kant à Peirce : la transformation sémiotique de la logique transcendantale», *Philosophie*, n° 48, 1996, p. 49-70.

Baroni, Raphaël, «Incomplétudes stratégiques et tension dramatique», *Littérature*, n° 127, Septembre 2002, p. 105-127.

Baude, Jeanne-Marie, «Transparence et opacité dans la poésie d'André Breton», *Mélusine*, n° 2, L'Âge d'Homme, 1981, p. 117-129.

Bouillaguet, Annick, «Une typologie de l'emprunt», *Poétique*, n° 80, novembre 1989, p. 489-497.

Clancier, Anne, «Psycholecture des romans de Raymond Queneau», *La lecture littéraire*, Actes du Colloque de Reims, 14-16 juin 1984, Clancier-Guénaud, 1987, p. 170-186.

Clément, Catherine, «De la méconnaissance : fantasme, texte, scène», *Langages*, «*Sémiotiques textuelles*», Didier/Larousse, n° 31, septembre 1973, p. 36-52.

Kauffmann, Judith, «Portrait du lecteur en parasite», *Colloque* «L'Expérience de lecture», Université de Reims, 28-31 octobre 2002, Actes à paraître.

Montalbetti, Christine, «Fiction, réel, référence», *Littérature*, n° 123, septembre 2001, p. 44-55.

Riffaterre, Michael, «L'intertexte inconnu», *Littérature* n° 41, Février 1981, p. 4-7.

Toulouse, Stéphane, «La lecture allégorique d'Homère chez Porphyre : principes et méthode d'une pratique philosophique», *La Lecture littéraire*, n° 4, «L'allégorie», Klincksieck, février 2000, p. 25-50.

Velcic-Canivez, Mirna, «La polyphonie : Bakhtine et Ducrot», *Poétique* n° 131, p. 369-384.

Index des noms

Alain, 150, 156, 160
Alcoforado, M. da C., 202
Antelme, R., 79
Anzieu, D., 96, 97, 108
Apel, K.-O., 29, 30
Apollinaire, G., 150, 154, 156
Aragon, L., 19, 29, 30, 33, 37-53, 66, 81, 89, 93, 117, 126, 128-145, 160, 170, 175, 177, 178, 191, 203
Arland, M., 43, 52
Aristote, 37, 56, 57, 66
Arrivé, M., 76, 78, 80
Artaud, A., 46
Assoun, P. L., 85, 92
Austin, J. L., 38

Bakhtine, M., 57, 67, 81, 90, 91, 93, 111, 186, 202
Balzac, H.de, 14
Bancquart, M. C., 143
Baroni, R., 31
Barthes, R., 13-17, 21, 30, 31, 61, 65, 68, 111-114, 117, 149, 159, 180-182, 184, 185, 201, 202
Baude, J. M., 177
Baudelaire, C., 16, 23, 135, 141, 150, 154-156, 176, 193, 196
Bauer, G., 121
Bazin, H., 160
Bazin, S., 202
Beckett, S., 160
Béguin, E., 143
Behar, H., 147, 159
Bellemin-Noël, J., 16, 17, 20, 26, 28, 30, 64, 65, 68, 90, 114-115, 117, 168, 169, 174, 176, 177
Benoit, P., 106
Berggren, D., 21, 30
Bernanos, G., 160
Bernard, S., 145
Biasi, P. M., 113, 117
Billoux, François, 79
Blanchot, M., 37, 137
Boileau, N., 38
Bonnefoy, Y., 61, 62, 68

Bonnet, M., 53, 126, 142, 144, 165, 176, 177
Borges, J. L., 196
Borgomano, M., 106, 108
Bouillaguet, A., 112, 117
Bourdieu, P., 17
Bousquet, J., 121, 143
Breton, A., 33, 37, 43, 45-53, 119-127, 142, 161-178, 191
Brunn, A., 183, 201, 202
Buñuel, L., 165
Burgelin, C., 75, 79
Byron, G. G. N., lord, 124

Camelin, C., 193, 203
Camus, A., 160
Carrouges, M., 175
Casanova, J.-J., 77
Céline, L. F., 60
Chamilly, comte de, 202
Char, R., 172
Charles, M., 15, 16, 113, 114, 117, 145
Chateaubriand, F. R. de, 114, 117
Chirico, G. de, 165
Cioran, E. M., 149, 156, 160
Clair, R., 80
Clancier, A., 92
Claudel, P., 152, 156, 160
Clément, B., 198, 203
Clément, C., 82, 92
Cohen, A., 30
Cohn, D., 56, 57, 66, 67, 68, 199
Coleridge, S. T., 21
Colette, 160
Collinet-Waller, R., 53
Compagnon, A., 147, 149, 159, 160
Conrad, J., 194
Cournot, A. A., 164
Couturier, M., 184, 186, 187, 202
Cunard, N., 45, 52

Daix, P., 52
Dali, S., 123, 143, 165
De Gaulle, C., 79
Delebecque, H., 202
Delègue, Y., 183, 202

Deleuze, G., 68
Deloffre, F., 202
De Quincey, T., 115, 116, 117, 141
Descartes, R., 60
Desnos, R., 50, 174
Dorchain, A., 39
Dos Passos, J., 151, 156
Dostoïevski, F. M., 155
Doubrovsky, S., 45
Doucet, J., 144
Drieu La Rochelle, P., 160
Dubel, S., 202
Ducasse, I., 50, 52, 121, 126, 128, 129, 142, 143, 200
Duchamp, M., 80
Ducrey, G., 176
Ducrot, O., 67
Dufays, J. L., 17
Du Maurier, G., 165
Dumoulié, C., 85, 86, 92
Duras, M., 160

Eco, U., 23, 24, 27, 28, 30, 31, 69, 79, 115, 117
Ehrenbourg, I., 79
Eigeldinger, M., 175, 176
Einstein, A., 41
Elgin, C. Z., 68
Éluard, P., 119-128, 143, 169
Engels, F., 128, 143, 164, 176
Ernst, M., 80
Étiemble, R., 159

Ferenczi, S., 85
Feuerbach, L., 164
Flamel, N., 176
Flaubert, G., 113, 142, 153, 196-199, 203
Fliess, W., 167, 176, 177
Follet, L., 145
Fombeure, M., 149, 151, 155, 156, 160
Foucault, M., 182, 183, 202
Fourier, C., 184, 202
Freud, S., 25, 31, 41, 63, 64, 65, 67, 68, 72, 73, 82, 85, 98, 164, 166-169, 176, 177, 183, 190

Gardes-Tamine, J., 193, 203
Gautier, T., 26
Gavillet, A., 53,
Gayot, P., 80
Genet, J., 196
Genette, G., 17, 56, 59, 66, 67, 112, 113, 115, 117, 120, 121, 129, 142, 144, 148, 153, 159
Germain, G., 202
Ghil, V., 38
Giacometti, A., 167, 169
Gide, A., 150, 156, 160, 192

Giono, J., 26, 160
Gobineau, J.A., comte de, 122, 125
Goethe, J. W. von, 163, 175, 195
Goldmann, L., 201
Goodman, N., 61, 68, 180
Gracq, J., 26, 29, 37, 160, 161, 172, 175, 177
Green, A., 82, 92
Guillaumin, J., 168, 176
Guilleragues, 202

Hamburger, K., 56, 59, 63, 66, 67, 68, 203
Hathaway, H., 165
Hawking, S., 21, 30
Hegel, G. W. F., 121, 164, 171, 173, 174, 177
Heidegger, M., 67, 68, 174, 177
Hérodote, 188
Homère, 162, 175, 188, 189, 202
Hubert, E. A., 142
Hugnet, G., 143
Hugo, V., 124, 152, 154, 156, 160, 203
Huxley, A., 71
Huysmans, J. K., 89, 93
Hyvernaud, G., 116, 147-160

Ionesco, E., 80
Iser, W., 16, 17, 29, 30, 100, 108, 187

Jakobson, R., 59, 96
James, H., 153
Jankélévitch, S., 176
Jeanson, H., 80
Jarry, A., 76, 77, 78, 80, 90, 116, 142
Jenny, L., 63, 68, 112, 114, 117, 185, 186, 202
Jouve, V., 29, 67, 82, 84, 92
Joyce, J., 24, 155
Juin, H., 144
Juvet, G., 164

Kafka, F., 71, 142, 151
Kant, E., 20, 22, 29, 30, 31, 62, 68, 177
Kany-Turpin, J., 195, 203
Kauffmann, J., 31
Kipling, R., 102
Kleist, H. von, 84, 87, 88, 92, 93, 116
Kristeva, J., 19, 29, 85, 92, 111, 112, 117, 144

Labarthe, P., 23, 31
Lacan, J., 53, 92, 101, 108
Lacoue-Labarthe, P., 29, 60, 67, 175
La Fontaine, J. de, 38, 39, 50
Lamba, J., 175, 176
Lanson, G., 180, 201
Laplanche, J. et Pontalis, J. B., 82, 83, 176

INDEX DES NOMS

Lautréamont, 37, 40, 42, 43, 44, 50, 52, 93, 119-145, 170, 200
Law, J., 131, 135
Le Clézio, J. M. G., 93, 95-108
Leibniz, G. W., 68
Leiris, M., 80, 142
Lejeune, P., 71, 79, 189, 190, 192, 202
Le Lionnais, F., 76
Limat-Letellier, N., 52, 117
Longin, 38
Loyola, I. de, 184
Lucrèce, 194, 195, 203

Mallarmé, S., 38, 60, 61, 62, 68, 170, 181
Malraux, A., 160, 179
Manguel, A., 30
Marchal, B., 60, 68
Marx, K., 143, 164, 183
Maulpoix, J. M., 191, 203
Mauriac, F., 160, 192
Mayaux, C., 203
Ménager, Y., 159
Merleau-Ponty, M., 197
Michaux, H., 23, 151, 156, 160
Migeot, F., 168, 176
Miller, H., 148, 151, 156-158, 160
Miró, J., 80
Mitchell, M., 102, 108
Molière, 84
Montaigne, M. de, 22, 23, 30, 31
Mussolini, B., 100
Muzard, S., 176
Myers, F. W. H., 166, 176

Nancy, J. L., 29, 60, 67, 175
Narjoux, C., 203
Nerval, G. de, 46
Nietzsche, F., 67, 68
Nimier, R., 160
Nizan, P., 160

Orwell, G., 71, 75

Pascal, B., 21, 30, 203
Paulhan, J., 191
Peirce, C. S., 22, 30
Pennac, D., 19, 29
Pépin, J., 175
Perec, G., 24, 31, 69-80, 93, 116, 142, 145, 200
Péret, B., 176
Perron-Borelli, M., 82, 83, 91, 92
Petrone, 202
Picard, M., 17, 25, 58, 67, 84, 93, 97, 108, 117
Picard, R., 17, 180, 201
Picasso, P., 160
Piégay-Gros, N., 116, 117, 203

Pierre, J., 176
Platon, 58, 162
Plon, M., 176
Plutarque, 188
Poictevin, F., 39
Porphyre, 162, 175
Pouchkine, A. S., 124
Prévert, J., 80
Proust, M., 19, 37, 113, 181

Queneau, R., 24, 76, 142
Quignard, P., 23, 31, 81

Rabau, S., 117, 187, 202
Racine, J., 180, 193
Rank, O., 85, 121
Rauzy, A., 143
Ray, E. R., dit Man, 80
Retz, J. F. G., cardinal de, 114, 117
Rey, A., 68
Richard, J. P., 20
Richet, C., 166
Ricoeur, P., 21, 30, 62, 68
Riffaterre, M., 112, 113, 117
Rimbaud, A., 23, 41, 165, 193
Robert, M., 82, 88, 92, 93, 103, 104, 108
Rolland de Renéville, A., 172, 177
Romains, J., 160
Roudinesco, E., 176
Rousseau, J. J., 87, 90, 116, 189, 190, 202
Roussel, R., 76, 142, 165, 176
Rousset, J., 92

Sacco, N., 52
Sade, D. A. F., 37, 90, 116, 143, 184, 202
Sainte-Beuve, C. A., 181
Saint-John Perse, 37, 67, 193, 194, 203
Saint-Pierre, Bernardin de, 165
Samoyault, T., 117
Sarraute, N., 160
Sartre, J. P., 160, 190, 196-199, 202, 203
Saussure, F. de, 63
Schaeffer, J.M., 19, 29, 30, 37, 52, 57, 58, 67
Schelling, F. W. J., 21, 60, 162, 163, 175
Schlegel, F., 13, 29, 60, 68, 162, 163, 175
Schwob, M., 194, 195, 202, 203
Searle, J., 28, 38, 40, 46, 52, 57, 58, 67
Sellier, P., 144
Shakespeare, W., 21, 30, 87, 196
Smiley, A., 145
Souiller, D., 92
Soupault, P., 128
Starobinski, J., 19, 23, 27, 29, 31, 68, 166, 176, 189, 202
Stendhal, 113, 149, 150, 154, 156, 159, 171
Stoker, B., 26

Suleiman, S., 89, 93

Thibaudet, A., 19, 149, 156, 160
Thucydide, 188
Tilliette, X., 175
Tirso de Molina, 84, 85
Tournier, F., 30
Toulouse, S., 175
Triolet, E., 89, 90, 93, 116, 160
Trouvé, A., 31, 53, 89, 90, 93, 108, 117, 143, 145, 177
Turbayne, M. C., 21, 30

Unamuno, M. de, 160
Unik, P., 176

Vaché, J., 128
Vailland, R., 160
Valéry, P., 16, 17, 181, 193
Vanzetti, B., 52

Vassevière, M., 53
Velcic-Canivez, M67.,
Ventresque, R., 203
Véra, A., 121
Verlaine, P., 153, 154
Verne, J., 70, 71, 95, 142
Viala, A., 183, 202
Vian, B., 76
Victor, P.E.80,
Vinci, L. de, 167, 169
Vircondelet, A., 90

Wagner, R., 17
Wheelwright, P., 21, 30
Winnicott, D. W., 25, 31, 58, 67

Yourcenar, M., 160, 192, 203

Zola, E., 153
Zumthor, P., 183, 202

Table des matières

PREMIÈRE PARTIE
PROPOSITIONS

Chapitre 1
DE LA LECTURE LITTÉRAIRE AU TEXTE DE LECTURE............ 13

Chapitre 2
ROMAN DE LA LECTURE.. 19

DEUXIÈME PARTIE
EXPLORATIONS

Chapitre 3
DISCOURS CRITIQUE ET FICTION DANS LE *TRAITÉ DU STYLE* D'ARAGON.. 37
Un contrat de lecture ambigu.. 38
Le discours contaminé par la volonté de roman?................................. 42
Le surréalisme : généralisation ou dissolution de la fiction?............... 46
    La Fontaine/L'armée française... 50

Chapitre 4
LECTURE ET FICTION... 55
«Noyaux durs» de la fiction : lectures discriminantes......................... 56
    Modèles logico-linguistique et narratologique.............................. 56
    Le modèle ludique.. 57
    Lecture littéraire et fiction... 58
La fiction élargie au langage (*fiction seconde*)
et à la lecture (*fiction induite*)... 59
    Fiction/Poésie... 59
    Poésie, philosophie et critique... 59
    Ambivalence du langage-fiction/lecture critique et fiction induite.... 61
Deux «axes» de la *fiction induite* dans le texte de lecture :
concept et fantasme.. 62
    Concept et fiction... 62
    Fantasme et lecture, lecture du fantasme..................................... 64

Chapitre 5
GEORGES PEREC : *W OU LE SOUVENIR D'ENFANCE* DU NAUFRAGE AU JEU LITTÉRAIRE 69
Lecture et expérience de la perte 69
   Structure 70
   Déstabilisation des codes 70
Lier pour réparer : lecture, travail de deuil et jeu 71
   Signaux 71
   L'obstacle de la forclusion 72
   Le jeu 73
Jeux sur le signe 74
   Débordements du signe 75
   Orwell : retournements idéologiques 75
   La lettre, l'Oulipo et la pataphysique 76
   W/X 77

Chapitre 6
LECTURE, FANTASME ET SUJET PROCESSUEL 81
Du fantasme ordinaire au fantasme dans la lecture 82
Fantasmes à l'œuvre 84
   Tirso de Molina : L'Abuseur de Séville 84
   Kleist : Le Tremblement de terre du Chili (1807) 87
Expériences à géométrie variable 88

Chapitre 7
ONITSHA DE J.-M.-G. LE CLÉZIO : IDIOLECTE ET EXPÉRIENCE DE LECTURE 95
Entrelacements de signes 95
Du pré-symbolique au symbolique 97
Mise à distance et symbolisation 99
Implications idéologiques 106

TROISIÈME PARTIE
RÉVISIONS

Chapitre 8
ROMAN DES INTERTEXTES 111
Amplitude de l'intertexte 111
Polarisation 113
Réminiscence, interlecture 114
Roman des intertextes 115

Chapitre 9
AVATARS D'UNE STROPHE MALDORORIENNE 119
1. André Breton-Paul Éluard : *L'Immaculée conception* et la strophe fantôme 119
2. De *Maldoror* aux *Voyageurs de l'Impériale* : résonances scripturales ... 128
Image-titre : d'une source à ses résurgences 129
Voyage et paralysie : dialectique du mouvement et de l'immobilité 133
Engloutissement, survol : vertige/prestige 136

Chapitre 10
LE JEU DES ÉPIGRAPHES DANS *LE WAGON À VACHES* DE GEORGES HYVERNAUD 147
Les épigraphes du point de vue énonciatif 148
L'épigraphe comme commentaire du texte 150
    Commentaire transparent 150
    Allusion 150
    Allégorie 151
    Énoncés ironiques ou indécidables 151
Les épigraphes et le rapport au patrimoine littéraire 152
    L'effet-épigraphe : une pratique atypique et porteuse d'intention 152
    Désacralisation du patrimoine 153
    Assimilation 154
    Les épigraphes comme filiation sélective 156
    Printemps noir : de la connivence à l'hypertextualité 156

QUATRIÈME PARTIE
PRINTEMPS NOIR : DE LA CONNIVENCE À L'HYPERTEXTUALITÉ

Chapitre 11
CRISTAL ET SEMPERVIVUM : L'ÉCRITURE ALLÉGORIQUE DANS *L'AMOUR FOU* D'ANDRÉ BRETON 161
«Mythologie moderne» 162
    Le terreau de la mythologie antique 162
    Schelling et Schlegel corrigés? 162
    Énigmes de l'amour et de la ville 163
    Vers une lumière nouvelle 163
    Vérité obscurcie 165
Rêve et herméneutique freudienne : limites de l'auto-analyse 166
    L'inconscient freudien : substitut de Dieu? 166
    Le rival de Freud 166
    Exégèse et textanalyse 168
    Création littéraire et rêve éveillé 169
Cristal, nuage et sempervivum 170
    Surréalisme et cristal 171
    Vitesses de la lumière 171
    Cristal et beauté convulsive 172
    Coraux et plantes 172

Chapitre 12
ROMAN DE L'AUTEUR 179
Retour de l'Auteur? 180
    Histoire littéraire, déterminismes, textualité 180
    Restauration ou mutation de l'auteur 183
    Des répliques à la secousse initiale : figures de l'acte créateur 186
Fictions d'auteurs 187
    Identités légendaires ou controversées 188
    Le continent autobiographique 189
    Extensions lyriques et romanesques de l'autobiographie 191

Regards de tiers 192
Jeux biographiques 193
Espace romanesque de l'auteur 195
    Esquisse 195
    Biographies existentialistes : la totalité envahissante et interminable
196
    L'ellipse et la rêverie 199

APHORISMES 203

BIBLIOGRAPHIE 205

INDEX DES NOMS CITÉS 209